366 gute Gedanken

366 Inspirationen & Affirmationen für ein ganzes Jahr voller Möglichkeiten

Manuela Thiel

1. Auflage

Sommer 2024

Covergestaltung und -konzept: Manuela Thiel-Preuß

Copyright © 2024

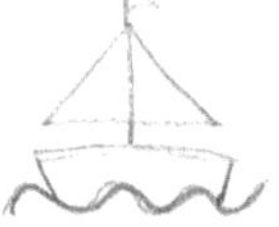

Impressum:

Manuela Thiel-Preuß
Im Weidenbruch 173a
51061 Köln

E-Mail: **manuela_thiel@hotmail.com**

Blog: **manuela-thiel.blogspot.com**

„Achte auf deine Gedanken,
denn sie werden deine Worte;
achte auf deine Worte,
denn sie werden deine Taten;
achte auf deine Taten,
denn sie werden deine Gewohnheiten;
achte auf deine Gewohnheiten,
denn sie bilden deinen Charakter;
achte auf deinen Charakter,
denn er wird zu deinem Schicksal."

(Talmud)

Die Blume des Lebens

Symbol für vollkommene Harmonie

Widmung

Für meine liebe Freundin Anja Olejar

& für unsere Freundschaft

Ein Traumfänger

Symbol für Schutz & Geborgenheit,
gute Gedanken & gute Träume

Inhaltsverzeichnis

**„Gib jedem Tag die Chance,
der schönste deines Lebens zu werden."**
(Mark Twain)

Einführung

Ein ganzes Jahr in bewusster Achtsamkeit für mehr Lebensfreude, Leichtigkeit & Zufriedenheit!

Beginne jeden Tag mit einem guten Gedanken und einem guten Gefühl und **spüre den Zauber des Augenblicks!** Es geht um die vielen kleinen Momente, die wir täglich erleben können und die unser Leben bereichern, aber auch um die großen Augenblicke, an die wir uns bewusst erinnern und aus denen wir neue Kraft schöpfen können. Sie sind besonders kostbar.

Eine Schatztruhe mit 366 Tagesimpulsen, die dich durch das Jahr begleiten, wartet auf dich! Du erhältst den Schlüssel zu einer Fülle an Möglichkeiten, denn schon ein einziger guter Gedanke am Tag setzt Glückshormone frei. Die gute Nachricht ist:

Es gelingt ganz leicht!

Wir können mit nur wenigen Minuten täglich dafür sorgen, ein erfülltes Leben zu führen. Dieses Kalender-Buch dient dir als hilfreicher Wegweiser durch die verschiedensten Themenbereiche. Es gibt praktische Anregungen, dein Leben achtsamer zu gestalten und von Tag zu Tag ein klein wenig zu verbessern. Dazu bietet es dir 366 Impulse und Aha-Erlebnisse für dich und deine Belange, die dir neue Perspektiven aufzeigen. Indem wir die Einfachheit des Seins anstreben und uns darauf konzentrieren, was in unserem Leben wirklich wichtig ist, erinnern wir uns wieder an die wahren Werte des Lebens. Manchmal reicht schon eine Änderung des Blickwinkels aus, um zufriedener zu sein und die Chancen zu erkennen, die vor oder in uns liegen.

Gestalte daher jeden Tag so, dass du dich gerne an ihn erinnerst!

Dieser **Leitfaden für „Positives Denken"** wurde so aufgebaut, dass du jederzeit während des laufenden Jahres einsteigen kannst. Die einzelnen Tages-Kapitel wurden ausnahmslos wohlwollend formuliert. Sie tun der Seele gut. Wir wollen den Fokus auf das Schöne und Angenehme im Leben legen und das Bewusstsein dafür schärfen. Dadurch können wir auch scheinbar negativen Aspekten noch etwas Gutes abgewinnen. Wir erkennen schon bald, wie wir unser Schiff über Wasser halten und auf unserem Kurs bleiben können.

Wir können die Stürme des Lebens nicht immer vermeiden, aber wir können lernen, unser Schiffchen um die Klippen zu steuern!

Das Buch dient dir als Anker in den Wellen der Zeit. Es steckt voller Wahrheiten und Weisheiten. Erlebe selbst, wie gute Gedanken dein Leben bereichern und dich deinem Lebensziel näherbringen. Wir können zwar nicht verhindern, dass ab und an negative Gedanken oder Umstände in unser Leben treten und uns herausfordern, doch wir können ihnen mit mehr **Gelassenheit** begegnen und sie rascher überwinden. Wir entscheiden selbst, wo der Hase langläuft. Es gibt für alles eine Lösung! Mit der Zeit werden sie weniger und harmloser, die inneren und die äußeren Teufelchen, die uns das Leben sauer machen. Dann siegt vermehrt das Engelchen, das in uns allen wohnt.

Wenn wir gute Gedanken hegen und schöne innere Bilder sammeln, entstehen harmonische Gefühle in uns. Zahlreiche Metaphern in anschaulicher und bildhafter Sprache verdeutlichen, was gemeint ist: wie die Raupe, die zum Schmetterling wird. Wir können uns von negativen Gedankenmustern befreien und unsere Stimmung positiv beeinflussen. Tipps und Anleitungen zum direkten Anwenden, nebst einiger Übungen und Meditationen, sind wie ein **Methodenkoffer** aufgebaut. Er enthält alles, was sich als praktisch und hilfreich erwiesen hat, um **Gesundheit und Wohlbefinden** für Körper, Geist und Seele aufzubauen und zu erhalten. Dazu wurden die unterschiedlichsten Themengebiete sinnvoll zusammengefasst und greifbar gemacht. Es sind erprobte und bewährte Methoden, **auf den Punkt gebracht**, die dich weiterbringen. Darüber hinaus werden wir immer wieder innehalten, um zu reflektieren, was das Gelesene mit uns persönlich zu tun hat. An den jeweiligen Stellen im Text wurden drei Punkte „..." oder ein Gedankenstrich „–" eingefügt, damit wir den gelesenen Satz nachklingen lassen können.

Jeder Tag beginnt mit einem **Schlüsselwort**, dem **Wort des Tages**. Schlüsselwörter können als „Anker" dienen. Sie verankern die Vision des Ziels, das wir erreichen wollen, in unserem Unterbewusstsein, z. B. **Entspannung**. Sie können eine Stütze sein und Orientierung bieten, Brücken bauen und für eine **Bewusstseinserweiterung** sorgen. Als Intention dienen sie der Einstimmung auf das Tagesthema, der Besinnung oder auch der Meditation. Dieses Stichwort kann dich den ganzen Tag über begleiten. Du kannst es in Ruhe von allen Seiten betrachten und beleuchten und herausfinden, was es dir außerdem noch sagen will, ergänzend zu meinen Ausführungen. Auf diese Weise können Geistesblitze dich erreichen und du erfährst viele wertvolle und erstaunliche **Aha-Momente**, die dir in schöner Erinnerung bleiben werden. Es sind besondere **Schlüsselmomente**, die dir bewusstmachen, wo du gerade stehst und wo du hinwillst.

Imaginationsübungen schulen die Kraft unserer Vorstellungen. Einfache Beispiele aus dem Alltag, in denen wir uns wiedererkennen, erleichtern die Umsetzung der **Denkansätze**. Sie haben einen reellen

Bezug zu unserem Leben und decken alle wichtigen Bereiche ab. Unser Gehirn ist stets bestrebt, unsere Gedanken und unser Verhalten auf einen Nenner zu bringen. Es unterscheidet nicht zwischen Fiktion und Realität. **Innere Bilder** helfen uns dabei, unser Unterbewusstsein neu zu programmieren. Diese Erkenntnisse können wir sinnvoll einsetzen und umsetzen. Aus den guten Gedanken werden schließlich Tatsachen:

Es reicht nicht zu denken, man muss es auch tun!

Achtsamkeitsübungen wirken sich positiv auf das seelische Wohlbefinden aus. Sie beseitigen Stress und lindern nervöse Anspannungen. Emotionale Verspannungen werden gelöst und positive Emotionen verstärkt. Dadurch wird unser **Selbstwertgefühl** angehoben, das **Selbstvertrauen** wächst und die **Lebensqualität** verbessert sich. Damit folgt das Buch den **Grundsätzen der Positiven Psychologie**.

Jedem Kalendermonat ist ein bestimmtes Motto zugeordnet, welches einen Überblick auf die Themen des Monats gibt. Positive Aussagesätze, sogenannte **Affirmationen**, in Form eines Wunsches oder einer guten Absicht, unterstützen uns dabei. Sie beinhalten nährende Gedanken zum jeweiligen Thema und runden jeden Tag ab. Als **Energieverstärker** lassen sie unsere **innere Stärke** aufblühen, denn sie bejahen unsere neuen positiven Glaubenssätze. Liest du sie am Morgen, können sie die Sonne in deinen Tag scheinen lassen und dich begleiten. Liest du sie am Abend, begleiten sie deine Träume und können ihre Wirkung im Unterbewusstsein entfalten. Nach 366 Tagen hast du **ein Füllhorn an Möglichkeiten**, die dein Leben und deine Seele beflügeln. Nutze die Kraft deiner positiven Gedanken und Gefühle und erfahre selbst die eine oder andere „**Initialzündung**"!

Unsere Gedanken sind Kräfte, die sich verwirklichen wollen!

Jeder unserer Gedanken und jedes gesprochene Wort ist im Grunde eine Affirmation. Wir bringen unsere Gefühle zum Ausdruck und bekräftigen sie, wenn wir sie denken oder aussprechen, ob bewusst oder un(-ter)bewusst. Wir glauben, was wir denken, sagen und hören. Deshalb wurden alle Affirmationssätze in der Ich-Form geschrieben, z. B.: „Ich verdiene nur Gutes!" Wenn wir uns diejenigen Affirmationen aufschreiben, die uns am meisten ansprechen, vertiefen sie ihre Wirkung sogar noch.

Genieße den Moment! Genieße die einzelnen Tages-Kapitel wie Pralinen. Sie laden dich auf eine inspirierende Reise zu dir selbst ein. Gönne dir ab heute **täglich 5 Minuten** nur für dich und etabliere diese neue, effektive Routine in deinem Alltag. Diese Minuten können dein Leben verändern. Sie helfen dir bereits ab dem ersten Tag, deine Wünsche und Bedürfnisse in dein Leben zu integrieren. Nimm dieses

Buch gerne als Tagebuch oder Arbeitsbuch, das dich dazu einlädt, aktiv an und mit ihm zu arbeiten, wenn du magst. Mache dir während des Lesens eigene Notizen, notiere deine Gedanken und Ideen, deine eigenen Erfahrungen und Erlebnisse. Schreibe oder klebe etwas in das Buch hinein, unterstreiche oder markiere etwas. Lass es kunterbunt werden wie dein Leben!

Du kannst dieses Buch über die Jahre hinweg immer wieder zur Hand nehmen. Manche Themen, die besonders wichtig sind, werden von mehreren Seiten beleuchtet, um dir weitere Impulse zu geben. Da wir uns im Laufe der Zeit weiterentwickeln macht es Sinn, hin in wieder noch einmal neu auf den einen oder anderen Aspekt zu schauen und festzustellen, was sich inzwischen vielleicht verändert hat. Das hilft, das Beste in dir zum Vorschein zu bringen, **deine innere Perle**, damit positive Veränderungen in deinem Leben stattfinden können. Ich lade dich ein, deine eigene Wahrheit zu finden, die tief in deinem Inneren schlummert. Lass sie uns gemeinsam wecken, deine innere Weisheit, und überrasche dich selbst mit deinen neuen Erfahrungen, Einsichten und Erkenntnissen:

Finde den Schatz in deinem Innern!

Dieses Buch unterstützt dich dabei. Es ist ein wahres Schatzkästchen an **Geistesblitzen** und dient dir als immerwährender Kalender und Begleiter durch das Jahr und für dein Leben. Wir beziehen die Natur und ihre Elemente sowie zahlreiche Rituale mit ein und bewegen uns geschmeidig durch den Jahreskreis. Wir lernen neue Techniken kennen, um uns zu entspannen und gut für uns zu sorgen. Damit ist dieses Buch eine praktische Lebenshilfe. Es bietet dir **die Lösung**, nach der du vielleicht schon lange gesucht hast und ist **die Essenz** meiner jahrelangen Recherchen und Erfahrungen, die ich hier mit dir teilen möchte. Wähle die Themen aus, die zu dir passen. Sie dienen dir als Werkzeuge auf deinem Lebensweg und sind maßgeschneidert und individuell anwendbar.

Das Besondere an diesem Buch ist, dass wir das Gelesene selbst fühlen können, da immer wieder die **Emotionen** angesprochen werden. Wir lassen uns vom Verstand ins Gefühl fallen und spüren das Gelesene sofort und unmittelbar. Es wird erfahrbar gemacht anhand plastischer Beispiele aus dem Leben und einiger neuer und alter „Lebensweisheiten" und eingestreuter Zitate, die uns **wichtige Denkanstöße** liefern. **Inspirierende Momente** führen oft zum größten persönlichen Wachstum. Sie eröffnen neue Horizonte und weihen uns in die **Lebenskunst** ein. Wir steigern unsere Resilienz, die Widerstandsfähigkeit unserer Psyche. Ähnlich einem Gummiband, das unter großer Anspannung steht, wenn wir es dehnen. Entspannen wir es wieder, kehrt es umgehend in seinen ursprünglichen Zustand zurück.

Sieh die Chancen und Möglichkeiten!
Es beginnt alles mit einem Gedanken!

Bitte nimm dazu diejenigen Gedanken und Impulse in dich auf, die dich inspirieren, und lass jene, die dich momentan weniger ansprechen, bei mir. Probiere aus, was dir entspricht. Manche Kapitel in diesem Buch könnten ganze Bücher füllen. Wenn dich das eine oder andere Thema tiefer interessiert, fühle dich frei, weiterzuforschen. Zu einigen Themen gibt es Bücher von mir. Du findest sie im letzten Kapitel unter „Publikationen". Doch auch viele andere Autor*innen haben wertvolle Arbeit geleistet. Hin und wieder steht im Text ein entsprechender Buchtipp.

Ich möchte dir nun noch ein kleines Rätsel mit durch das Jahr geben. Am Ende des Buches wirst du deine Antwort darauf gefunden haben:

„Glück besteht darin, herauszufinden, was das eine Notwendige in meinem Leben ist, und freudig auf den Rest zu verzichten."
(Thomas Merton)

Diese Frage, was das Wesentliche in unserem Leben ist, kehrt im Laufe des Buches immer mal wieder zu uns zurück. Wir werden uns der Lösung nun gemeinsam annähern. Starte beim Lesen einfach mit dem Tag des heutigen Datums. Vorher erläutere ich noch kurz, was es mit den monatlichen **Ruhebildern** auf sich hat:

Mit diesem **QR-Code**, der zu meinem kostenlosen **Blog** führt, findest du unter der Rubrik **„366 gute Gedanken"** Fotos der **Ruhebilder** für die Monate **Januar** bis **Dezember**. Sie können dir als Vorlage für deine inneren Bilder dienen. Ein Ruhebild kann ein reales Bild sein oder eine Vision in unserem Kopf. Es dient der schnellen Entspannung. Dazu brauchen wir es uns nur anzusehen oder im Geiste vorzustellen, und schon entsteht dieser ersehnte Moment der Ruhe, der uns rasch vom Alltag abschalten lässt. Um einfach und schnell auf den Blog zugreifen zu können, kannst du dir auch einen „Shortcut" aufs Handy legen. Dazu einfach „zum Startbildschirm hinzufügen" auswählen.

Mögen gute Gedanken dich zu jeder Zeit durchs Leben begleiten und dir viele glückliche und erhellende Momente bescheren!

JANUAR: Zeit zum Innehalten

Wir beginnen das neue Jahr in der Zeit der Raunächte, die an Weihnachten, in den geweihten Nächten begannen. Es ist eine besondere Zeit, die wir gut nutzen können, um uns neu zu orientieren und zu prüfen, was bleiben kann oder was wir verändern wollen.

In der Tiefe des Winters, wenn die Natur sich zurückgezogen hat, um mit ihren Kräften zu haushalten und sich zu erneuern, liegt auch für uns die Zeit des Innehaltens. Es geht nicht darum, die altbekannten Vorsätze zu fassen und wieder zu verwerfen, sondern darum, klar zu erkennen, was tatsächlich in unser Leben passt. Wir richten den Fokus bewusst neu aus und gehen **vom Denken zum Fühlen** über. Unsere Emotionen sprechen eine deutliche Sprache, wenn wir auf sie hören.

So lade ich dich dazu ein, das neue Jahr einmal ganz anders zu beginnen als sonst. Fühlen wir gemeinsam hinein, was es braucht, um dir selbst ein erfülltes Leben zu gestalten!

<u>Dein **Ruhebild** für diesen Monat, das dich dabei unterstützt:</u>

Dein Lieblingsort:

Diese Übung kannst du gerne täglich machen, auch wenn du vielleicht nur wenige Sekunden Zeit hast, aber dringend der Ruhe bedarfst. Sie verschafft dir eine kleine, wohlverdiente Verschnaufpause. Gestalte dir eine neue Alltagsgewohnheit daraus:

Mache nun bewusst **zwei tiefe Atemzüge** ... und schließe gleich nach Möglichkeit kurz deine Augen. Dann stelle dir vor, dass du dich gerade an deinem Lieblingsort befindest. Wo liegt er und wie sieht es dort aus? Wonach riecht es? Wie sind das Wetter und die Temperatur?

Sieh diesen Ort nun so genau wie möglich vor deinem inneren Auge, mit allen Details, und sei in Gedanken ganz dort. **Fühle**, wie sich dein Lieblingsort für dich anfühlt. Dieses innere Bild und das Gefühl dazu speicherst du nun in deinen Gedanken ... Du brauchst dir dann zukünftig in stressigen Situationen lediglich deine zwei Atemzüge und dein Ruhebild vor Augen zu führen – und alles wird gut!

1. Januar: Neustart

Es geht los: am **Neujahrstag! Die 8. Raunacht** steht traditionell für die Themen Neubeginn und Veränderung und gehört zudem zum Monat **August**. Heute ist der Geburtstag des neuen Jahres, der weltweit gefeiert wird. Fangen wir gemeinsam an! Jeder Tag unseres Lebens kann ein Neubeginn sein, und du entscheidest, wie du ihn gestalten willst. Einfach neu anfangen und scheinbar ein neues Leben beginnen, wie ein unbeschriebenes Blatt. Dazu lädt dieser Tag uns ein.

Um wahres Glück zu ermöglichen, müssen wir die richtigen Voraussetzungen schaffen. Damit beginnen wir nun, Tag für Tag ein bisschen mehr. Das, was uns im Leben antreibt, ist genau das, was wir in unser Leben ziehen wollen. **Was ist dein innerer Motor?**

Wir sind umso glücklicher, je kleiner der Abstand ist zwischen dem, was wir uns wünschen und dem, was für unser Leben zurzeit wichtig ist und sich stimmig anfühlt. Denke kurz nach und fühle hinein, was es bei dir ist …

Nicht zufällig werden heute gerne zahlreiche Glückssymbole verschenkt wie Töpfchen mit Glücksklee, Glückskäfer, kleine Schornsteinfeger, Schweinchen aus Marzipan oder goldene Glückspfennige, mit denen wir alle unsere guten Wünsche ausdrücken wollen. Beim Glück ist es stets der Augenblick, der zählt. Dieser kurze Moment im Hier und Jetzt, den nur ich wahrnehme, der nur mir allein gehört. Ich kann mich ganz bewusst dazu entscheiden, wie Voltaire es erkannte:

„Da es sehr förderlich für die Gesundheit ist, habe ich beschlossen, glücklich zu sein."

2. Januar: Erneuerung

Dieser Tag lädt uns dazu ein, uns im Inneren wie auch im Außen zu erneuern. Wir gehen zunächst nach innen, in unsere innere goldene Mitte, um uns neu auszurichten. Wir stellen unsere Fühler nun bewusst auf Empfang. Schließe dafür kurz deine Augen, atme tief ein und aus und spüre, wie es in dir drin langsam ruhiger wird …

Aus deinem inneren Kern erwächst eine neue Kraft. In ihm findest du Ruhe und Frieden. Aus dieser inneren Stille heraus klärt sich für dich das Neue: **Was braucht es nun? Was nicht mehr?** Denke nicht darüber nach, lass den Verstand einmal außen vor.

Es geht hier vielmehr um die **Erkenntnis**, die als **spontaner Geistesblitz** auftaucht, und um **das Gefühl**, das in dir entsteht. Notiere dir deine Eindrücke. Alles, was wir schriftlich für uns festhalten, strebt danach, sich zu verwirklichen! **Die 9. Raunacht** steht für Erneuerung und Neuausrichtung und wirkt auch auf den Monat **September** ein. Ich weiß: Gutes kommt auf mich zu! Es ist alles bereits da, ich kann es nur noch nicht sehen. „Das Gute ist unterwegs zu mir!"

3. Januar: Glaube

Heute geht es darum, was wir *glauben* und um Glaubenssätze. Unsere emotionalen **Glaubenssätze** sind Annahmen über uns selbst und über das Leben. Sie erzeugen unsere Wirklichkeit. Wir können auch um etwas bitten oder beten und es bejahen. Unser Unterbewusstsein ist der Sitz der Emotionen und Speicher unserer Erinnerungen, auf den wir zugreifen können. Was wir glauben und für wahr halten oder als wahr empfinden, wird sich in unserem Leben verwirklichen.
Im **Unterbewusstsein** haben wir Zugang zu unserer inneren Weisheit, unserer Intuition. Wenn wir innerlich ganz still werden, sind wir in der Lage, Eingebungen und Fügungen wahrzunehmen. Wir folgen vermehrt unseren Inspirationen, neuen Einfällen und Impulsen. Auch sogenannte Vorahnungen erreichen uns leichter. Insgesamt werden wir sensitiver. **Lausche deiner inneren Stimme!**

Es siegt nicht die Technik, sondern der Geist!

Die 10. Raunacht lädt dich dazu ein, deine Vorstellungskraft zu entfalten und einzusetzen. Sie gehört zum Monat **Oktober**. Was wir denken, das glauben wir. Und was wir glauben, wird sein. Es liegt allein an uns. Was soll sich wandeln und verbessern? Forme es in deinem Geist. Hier liegt der Ursprung allen Seins und Werdens. Gehe wieder kurz in deine innere Stille und lass ein Gefühl dazu entstehen ...
Sage dir: „Ich glaube an das Gute!"

4. Januar: Loslassen

Ein großes Thema. Es passt auf sämtliche Lebensbereiche und ist darüber hinaus ein Leben lang gültig. Dazu gehört auch das Loslassen von Vorstellungen, wie die Dinge zu sein haben und das Loslassen von Sorgen und Grübeleien. Es gibt dazu einen schönen Brauch aus Guatemala und Mexiko, und er ist nicht nur für Kinder gedacht. Es sind die „Sorgenpuppen" oder **„Sorgenfresserchen"**.

Wir können ihnen unsere Sorgen, Ängste und Nöte erzählen und die Püppchen dann unters Kopfkissen legen. Während der Nacht werden alle Kümmernisse aufgelöst. Und wir können die Veränderung auf der emotionalen Ebene *fühlen*! Wir können die Probleme auch in eine Kiste stopfen und sie mental an den Adressaten schicken, von dem sie einst kamen. Haben wir gleich mehrere Nöte, dürfen wir sie für eine Weile parken und zunächst von den Problemen abschalten. Wir kümmern uns später wieder um sie. Zuerst müssen wir Kraft schöpfen. Manches erledigt sich inzwischen auch, zu anderem fällt uns im Laufe der Zeit eine Lösung ein, wenn wir etwas Distanz aufgebaut haben.

Wichtig ist das **Durchatmen**. Halte inne und löse auf, was dich (noch) schmerzt. Schneide auch alte Verbindungen und emotionale Verstrickungen ab. Löse dich von negativen Gedanken und Gefühlen und lass die Vergangenheit ruhen. Lass sie los. Du schuldest ihr nichts. Wir sind nicht dazu verpflichtet, uns immer und immer wieder an sie zu erinnern, sonst geschieht sie andauernd aufs Neue. Sie ist vorbei und erledigt: **Oki**, wie die Hawaiianer sagen. Mach einen Haken dran. Die Zeit des „Gründelns" ist vorbei, sie bringt keinen von uns weiter.

Harmonisiere, wo es noch stockt. Verabschiede dich dann von dieser Energie. Du brauchst sie nicht mehr. Sie hatte deiner Entwicklung gedient. Das ist die Intention der **11. Raunacht**. Sie steht stellvertretend für den Monat **November**. Nun kannst du frei und unbeschwert durchstarten. Lass alles Alte zurück. Lass los, was nicht mehr zu dir gehört. Wenn du in einem alten Gedankenkarussell feststeckst, hilft auch ein Spaziergang. Er macht den Kopf wieder frei und klar.

In der nächsten Nacht folgt der Abschluss der Raunächte. Schließe auch du nun ab, was beendet sein soll und **finde inneren Frieden und Freiheit für Geist und Körper**. Vertraue darauf, dass es so ist.

Denke und fühle: „Ich lasse alles los!"

5. Januar: Umwandlung

Ein Prozess, der uns nur Gutes bringt. Wenn wir die Geschicke unseres Lebens selbst in die Hand nehmen, liegt es an uns, was wir daraus machen. Sei Gestalter*in deines Lebens!
Wenn wir in kleinen Schritten denken, kommen wir leichter ans Ziel, da wir uns unterwegs nicht verrennen. Dazu gehört auch das Umdenken, wie wir aus einer vermeintlich negativen Situation etwas Positives gewinnen können.

„Jedem Anfang wohnt ein Zauber inne." (Hermann Hesse)

Nutze ihn für dich. **Was soll sich für dich ändern?** Zentriere dich in deiner inneren Mitte. Hier kommst du in deine Kraft, die du für deinen neuen Weg brauchst. **Lass alles weg, was du nicht bist!** Was willst du wirklich? Was ist für dich von Wert? Wonach sehnst du dich? Auch die Sehnsucht ist ein Gefühl.

Mache eine Liste und notiere dir Stichpunkte von den Dingen, die dir in den Sinn kommen. Sortiere sie anschließend nach Wichtigkeit und setze Prioritäten. Du musst es wollen, sonst nützt es nichts. Was soll heute geschehen, nächste Woche, nächsten Monat, in einem Jahr, in fünf, zehn oder fünfzehn Jahren? **Wo siehst du dich?**

Heute, vom 4. auf den 5. Januar, war **die 12. und letzte Raunacht.** Sie gehört zum Monat **Dezember.** Es ist die Nacht der Wunder. Nutzen wir ihre transformative Kraft. Heute wird alles bereinigt. Alles geht noch einmal auf Anfang: „Ich blicke freudig in meine Zukunft!"

6. Januar: Geduld

Wenn etwas Altes endet, kommt oft etwas Besseres nach. Es ist sogar die Voraussetzung dafür. Allein: Es braucht Geduld. Und Vertrauen, dass sich die Dinge regeln werden. Nun ist Platz für Neues in unserem Leben. Es wird kommen. Alles ist gut so, wie es ist. Wir dürfen stets **das Beste erwarten** und uns in innerer Losgelöstheit üben, wann und wie die Dinge sich zu unserem Besten weiterentwickeln werden. **Die Zeit wird kommen.** Sei dir dessen gewiss!

Die Raunächte wurden abgeschlossen und die Tore zur feinstofflichen Anderswelt haben sich wieder geschlossen, doch die Veränderungen, die sie in uns wachriefen, wirken nach. Habe noch ein wenig Geduld und sei optimistisch gestimmt, dann werden sich die Wunder auch vor dir entfalten.

Wir feiern heute den **Dreikönigstag.** Die Sonne siegt ab heute über die Dunkelheit. Ihr neues Leuchten und Strahlen ist nun deutlich erkennbar. Fühle dich in ihrem Licht gesegnet. **Mögen deine Wünsche in Erfüllung gehen, das wünsche ich dir!** Es geht für uns nun darum, alle gewonnenen Erkenntnisse in die Umsetzung zu bringen. Gibt es etwas, das besonders in den Vordergrund gerückt ist?

„Voller Vertrauen erwarte ich das Beste für mich!"

7. Januar: Achtsamkeit

Wenn wir achtsam sind, leben wir in der Gegenwart und sind ganz im **Hier und Jetzt.** Wir werden unserer Gedanken und Gefühle gewahr sowie des Körpers. **Sei heute ganz entspannt.** Das Gestern ist vorbei, das Morgen noch nicht da, also hast du nur deine **Gegenwart**, um aufmerksam durchs Leben zu gehen und ganz präsent zu sein. Innehalten, Atem schöpfen und mit allen Sinnen wahrnehmen, was gerade ist, nichts bewerten und nichts verändern, einfach nur beobachten. Das ist heute die angenehme Herausforderung des Tages.

Eine kleine **Achtsamkeits-Meditation** kann uns wirkungsvoll dabei unterstützen. Dazu richten wir die Aufmerksamkeit bewusst auf unseren Atem:

Tief und gleichmäßig fließt mein Atem durch meinen Bauch ein und aus ... Ich spüre, wie sich mein Bauch hebt und senkt, ganz ruhig und gleichmäßig – in meinem eigenen Rhythmus ... Ich lege meine Hände auf meinen Bauch und spüre deutlich, wie er sich mit jedem Atemzug mitbewegt – hoch und runter ...

Alle Gedanken und alle Geräusche sind nun vollkommen gleichgültig. Sie sind vielleicht da, aber ich schenke ihnen jetzt, in diesem Moment, keinerlei Aufmerksamkeit ... Ich lasse sie einfach vorüberziehen wie Wolken am Himmel ...

Mit jedem Einatmen werde ich ruhiger und ruhiger ... Und mit jedem Ausatmen atme ich nun alle Sorgen, allen Kummer und jedwede körperliche oder geistige Anspannung aus ...

„Ich bin ganz ruhig und entspannt ... Jeder Atemzug entspannt mich mehr und mehr ... Ich bin ganz im Moment, im Hier und Jetzt!"

8. Januar: Ordnung

Die innere und die äußere Ordnung bedingen einander. Wenn in meinem häuslichen Umfeld Chaos herrscht, werde ich kaum zur inneren Ruhe finden können. Mein Zuhause ist stets auch ein Spiegel meines Inneren. Daher ist es wichtig, es mir behaglich und nach meinen Bedürfnissen einzurichten und eine klare Ordnung und Struktur hineinzubringen. Organisation ist das Zauberwörtchen. Sieh dich um:

Ist alles an seinem Platz? Fühlst du dich wohl?

Würden Gäste sich wohlfühlen? Sonst verändere etwas, bis es sich stimmig anfühlt. Lass dir Zeit dazu. Es ist ein Prozess, der sich allmählich entwickelt, Stück für Stück, Tag für Tag. Sollte es nicht allein in deiner Macht liegen, die Dinge zu ändern, dann kannst du auch um die göttliche Ordnung bitten, die alle Angelegenheiten richten möge:

„Ich bitte um die göttliche Ordnung!"

Wir können **Danke** sagen für diese **kosmische Ordnung**, als wäre sie bereits vollbracht. Alles ist so, wie es sein soll – alles geschieht, wie es geschehen soll. Alles ist in Harmonie, innen wie außen – außen wie innen. Wenn ich *in mir* Harmonie herstelle, finde ich sie auch im Außen – und umgekehrt: Ist mein Umfeld in Ordnung, hält auch die innere Ordnung Einzug in mein Leben und Sein!

9. Januar: Gesundheit

Geht es dir gut? Gesundheit für Körper, Geist und Seele, das ist es, wonach wir alle streben. Die Seele ist immer heil und ganz. Sie kann nicht verletzt werden. Sie ist für immer. Kümmern wir uns also um Körper und Geist. Es liegt an uns, sie gesund und munter zu halten und ihnen das zu geben, was gut und förderlich ist.
In der Regel wissen wir genau, was wir brauchen. Das ist individuell sehr verschieden, und es gibt kein Patentrezept. Wenn wir uns auf unser **Gefühl** verlassen, sind wir jedoch auf einem guten Weg. Also: **Was tut dir gut?**

Bewusst tue ich mir Gutes! Ich bin meinem Körper stets ein guter Freund oder eine gute Freundin und bringe mir selbst Wertschätzung entgegen. Mein Körper ist mein Tempel, und entsprechend andächtig behandle ich ihn auch. Dann bleibe ich in meiner Energie und meiner Gesundheit stabil. Wenn ich ein stabiles Energiefeld habe, bin ich besser vor Einflüssen von außen gefeit. Ich schütze mich bewusst, z. B. vor zu viel Hitze, Kälte, möglicher Ansteckung, Hunger, Durst usw.
Es gibt eine einfache und effektive Übung dazu: Wir können einen Schutzschild visualisieren, z. B. für die Atemwege. Wir stellen uns vor, dass eine schützende Hülle uns wie ein Kokon umgibt und nichts Schädliches zu uns durchdringen kann und denken dabei: „Bronchien warm und entspannt." **Finde deine eigene Gesundheits-Formel!**

„Ich bedanke mich bei meinem wunderbaren Körper, dass er mir treu als Seelengefäß dient und bejahe Gesundheit in allen Körperteilen und Organen!"

10. Januar: Heilung

Es geht um die Heilung des Körpers sowie um die Heilung von Situationen. Beides bedingt einander. Oft sind die Grenzen fließend, sie verschwimmen. Wir können unsere ureigenen **Heilkräfte** entwickeln. Dazu bauen wir eine Verbindung zu unserem Körper auf und fragen ihn in einem stillen Moment der Achtsamkeit, was er braucht, um gesund und heil zu werden:

„Was brauchst du heute, mein Körper? Was muss ich wissen?"

Vielleicht erscheint dir ein Bild vor deinen Augen oder ein Gedanke blitzt auf. Jemand gibt uns vielleicht einen Hinweis in einem Gespräch oder wir stolpern über ein Buch, über ein angebotenes Seminar, einen Kurs oder über einen Link. So kam ich einst u. a. zum Autogenen Training, das mich sehr bei meinem Asthma unterstützt.
<u>Aber Vorsicht:</u> Eine Krankheit, was es auch sei, niemals googeln! Das Internet bläst alles nur zu einem Schreckgespenst auf. Und es versteht sich von selbst, dass wir stets alles von Ärzt*innen abklären lassen. Darüber hinaus dürfen wir unseren Körper natürlich mit alternativen Mitteln stärken.

Es ist wichtig, meinen Körper zu lieben und ihn zu trösten, wenn er kränkelt. Er braucht nun Aufmerksamkeit. Ich kann ihm etwas Nettes sagen, immer rein positiv formuliert. Auch Singen und Summen hilft, es kann uns und andere sogar aus einer Schockstarre befreien und löst Traumata, damit sie sich nicht festsetzen. Sogar alte Wunden, die noch in unserem **Energiefeld** und in unseren **Emotionen** gespeichert sind, können nun Heilung finden. Wir regenerieren uns auf allen Ebenen unseres Seins und vereinen Körper und Seele.
Wenn wir mit etwas Abstand auf die Situation schauen, können wir möglicherweise den Segen an der Sache oder an der Erkrankung, erkennen. Vor welchem Fehler hat sie uns vielleicht bewahrt? Was haben wir gelernt und ändern es jetzt schlussendlich? Erlauben wir uns nun eine Auszeit, eine Unterstützung oder Ähnliches? Jede Krankheit ist ein Prozess, und jeder Prozess, den wir durchlaufen, bedeutet **Wachstum**. Suche dir Hilfe im Außen und finde heraus, was es zu deiner Heilung braucht. Es gibt immer mehrere Wege.

<u>**Hier ist eine schöne Übung dazu:**</u>
Ich schließe gleich meine Augen und atme bewusst tiefer ein und aus. Ich begebe mich an den Ort meiner inneren Stille ... Nun stelle ich mir vor, dass zum Zeitpunkt meines Entstehens alle meine Zellen in einem gesunden, intakten Zustand waren. Alles war perfekt und ganz:

„Ich erinnere alle meine Zellen jetzt an ihren ursprünglichen, gesunden Zustand. Ich segne meinen Körper und sehe mich gesund und munter!"

11. Januar: Quelle

Wir alle tragen tief in uns eine unendliche Quelle intuitiven Wissens: den göttlichen Funken. Er ist in allem und in jedem von uns. Wir wollen eigentlich die Einheit, Gott und die Quelle finden. Aber das ist alles eins! Das **All-eins-Sein** geht über den Verstand hinaus, es ist ein *Gefühl*. Wir haben alles mitgebracht, es ist alles in uns enthalten. Wir können diese Quelle intuitiven Wissens anzapfen. Durch ein unermesslich großes Netzwerk sind wir mit allen und mit allem im Außen und im Inneren verbunden. Das Geheimnis des Buddhismus besagt:

„Alle Kraft liegt im Innern." (Ryokan)

Eine Übung: Stelle dir in Gedanken vor, dass es tief in deinem Inneren einen blauen See gibt. In ihm findest du alles an Wissen, was du benötigst. Alle Antworten auf alle deine Fragen des Lebens liegen hier. Schließe gleich deine Augen. Gehe in die Stille, kehre in dein Inneres und begib dich zu deinem inneren See. Sieh das Blau, wie es schillert und glänzt ... Lass dich ganz auf diese Erfahrung ein ... *Fühle* die Antworten, die du brauchst ... Manchmal dauert es auch ein paar Tage, aber die Antwort wird kommen. Sie wird sich dir zeigen. **Vertraue!**

Ich weiß nun: „Die ewige Quelle sprudelt in mir!"

12. Januar: Bewusstsein

Es ist alles immer eine Sache unseres Bewusstseins. Unsere inneren Überzeugungen gestalten unsere Wirklichkeit. Es kommt darauf an, wie wir die Dinge bewerten, die uns in unserem Leben begegnen. **Wenn ich das Gute sehen möchte, dann werde ich es auch finden.** Das Glas ist eben auch halb voll, nicht nur halb leer.

Alles um uns herum hat ein Bewusstsein, jeder Mensch, jedes Tier und jede Pflanze. Die ganze Natur hat Bewusstsein: die Berge, Gewässer und Landschaften und selbst das Haus, in dem wir wohnen. Jedem Gegenstand, der uns etwas bedeutet, können wir Leben einhauchen, denn alle Materie besteht aus Energie. Deswegen verwahren wir auch gern schöne Dinge, an denen gute Energien haften.

Wenn wir Sachen benennen und zum Beispiel unserem Auto oder dem Haus, in dem wir wohnen, einen Namen geben, wie wir es auch bei unseren geliebten Haustieren tun, verändern wir die Beziehung zu ihnen. Wir schätzen sie wert.

Darüber hinaus können wir unser Bewusstsein schärfen für alles in unserem Leben, was wirklich wesentlich ist. Wir erkennen, dass alles mit allem zusammenhängt. Dieses **kosmische Bewusstsein** beinhaltet alle Informationen und jedes Verständnis über die Zusammenhänge des Lebens sowie alle Erfahrungen, die je von Menschen gemacht wurden. Sie sind wie in einem großen Topf und stehen uns allen zur Verfügung.

Erinnere dich an eine Situation, in der du dich sehr wohl gefühlt hast, wo sich alles stimmig anfühlte in deiner Welt. Lass dieses Gefühl nun wieder in dir aufleben, fühle es erneut! **Wenn ich die Welt um mich herum verändern will, muss ich bei mir beginnen!** Nicht jeder hat sein Bewusstsein für die Geschicke der Welt geöffnet. Aber wir alle haben die Wahl. **Wenn ich ein gutes Leben haben will, muss ich gute Gedanken denken:**

„Ich kann auch hier und jetzt schon glücklich sein – ich entscheide mich ganz bewusst dazu!"

13. Januar: Verwandlung

Verwandle alles Alte, das dir nicht mehr dient, in Glück!
Es ist eine schöne Übung des Tages, um Altes zu transformieren. Beschwöre diese neue Emotion, das angenehme **Glücksgefühl**, nun herauf. Immer und immer wieder. Bade mental darin:

Immer wenn es etwas gibt, das dich nervt oder stört oder dich traurig macht, setze dem kurzfristig ein neues, anderes Gefühl entgegen, indem du dich an einen **sehr glücklichen Moment** in deinem Leben erinnerst. **Fühle diese Emotion**, das schöne Gefühl, das dazugehört!

Lass das Gefühl in dir entstehen. Steigere dich hinein! Es ist ab jetzt **dein Retter in der Not**. Diese Technik kann man auf alles anwenden. Sie ist besonders hilfreich in allen Situationen, die wir nicht ändern oder beeinflussen können oder die bereits vorbei sind. Sie hat nichts mit Verdrängung zu tun. Wir arrangieren uns nur einfach damit und machen das Beste daraus. Versuche es doch bei nächster Gelegenheit:

„Ich verwandle ... (z. B.: Traurigkeit) in Glück! Ich fühle es!"

14. Januar: Wahrheit

Sag einfach die Wahrheit! Sei stets ehrlich zu dir selbst und auch zu allen anderen. Kommuniziere aufrichtig. Immer! Es gibt keine harmlosen Lügen. Auch Schwindeln ist Lügen. Was wir sagen, wird von uns selbst und von anderen gehört. So sollten wir mit unserer Wortwahl stets achtsam sein, denn einmal gehört, können die Worte nicht mehr zurückgenommen werden. Auch zynische Kommentare verletzen, ebenso wie die Unwahrheit. Etwas „im Spaß" zu sagen, ist kein Spaß, sondern Ernst, da es auf Kosten anderer geht. Wir sollten uns niemals über andere lustig machen und nicht schlecht über sie reden oder lästern, wenn sie nicht dabei sind.

Alles, was wir aussenden, kehrt stets zu uns zurück. Wie wir andere behandeln, so werden auch wir behandelt. Also sollten wir nur tun und sagen, was wir selbst auch erleben wollen. Oder es in Zukunft besser unterlassen. Es hilft der Welt nicht, wenn wir unehrlich sind und uns nicht authentisch mitteilen. Also sage stets, was du wirklich *denkst* und *fühlst*. Bleibe immer bei der Wahrheit. Lege jedes Wort auf die **Goldwaage**, bevor eine Unwahrheit deine Lippen verlässt, und sei sie noch so klein. **Sage nur, was wirklich wahr ist.**
Viele von uns sind anders aufgewachsen, so manches wurde verharmlost. Wie lange geht es gut, bevor du wieder ins alte Muster zurückfällst? Wenn wir stets ehrlich sagen, was wir denken, dann werden auch uns Wahrheit, Ehrlichkeit und Gerechtigkeit im Außen begegnen. Letzten Endes kommt die Wahrheit sowieso heraus. Immer. Dann können wir auch gleich heute damit anfangen. Kleine Kinder sagen stets die Wahrheit, und das ist herzerfrischend. Wir können uns ein Beispiel an ihnen nehmen und ihnen darüber hinaus ein gutes Vorbild sein, damit sie bleiben, wie sie sind: schonungslos ehrlich.
Wir können sowieso meist *fühlen*, wenn es jemand nicht ehrlich mit uns meint. Genauso verhält es sich, wenn *wir* nicht die Wahrheit sagen. Gut fühlt sich das nicht an, es bleibt ein schaler Nachgeschmack zurück und ein diffuses Gefühl des Unwohlseins. Da hilft nur, selbst mit einem guten Beispiel voranzugehen:

<u>„Ich bin stets ehrlich und wahrhaftig!"</u>

15. Januar: Zufall

Ein Zufall bringt dir das, was dir *zufallen* soll. Nichts geschieht umsonst oder aus Versehen, denn alles ist durch einen inneren Sinn mit allem verbunden. **Alles geschieht zu seiner Zeit.**

Wenn die Zeit reif ist, und wenn wir selbst reif dafür sind, fällt uns etwas zu, das gerade jetzt zu unserem Leben passt. Manchmal handelt es sich um angenehme Dinge, manchmal um zunächst scheinbar unangenehme. Aber in jedem Fall haben sie einen Bezug zu unserem Leben und tragen eine Lernaufgabe im Gepäck. Nachher erkennen wir meist den tieferen Sinn und Zusammenhang.

Oder wir denken an jemanden, und diese Person ruft uns kurz darauf an. **Wir alle senden und empfangen unbewusste Impulse.** Es sind unsichtbare Energiespuren, die unsere ganze Umwelt wie ein Netz umfassen, eine Art „feinstoffliches World Wide Web". Alles ist ständig mit allem verknüpft und beeinflusst sich gegenseitig. Es gibt keine „Zufälle", denn alles, was ist, soll auch so sein. Freuen wir uns darüber, denn jeder sogenannte „Zufall" kann uns als Hinweis dienen und bringt uns weiter: „Ich glaube fest an das Gute in allem!"

16. Januar: Gleichmut

Annehmen, was ist: Das ist die Freiheit des Geistes. Eine wahre Befreiung. Etwaige Hindernisse sind dazu da, um von uns gemeistert zu werden. Auf Umwegen, die wir einschlagen, sehen und lernen wir stets am meisten. Für irgendetwas sind sie immer gut. Auf jeden Fall sind sie ein Bestandteil unseres Lebens, damit wir neue Erfahrungen machen. Die Aufgabe besteht darin, das Bestmögliche aus unserem Leben herauszuholen. **Gleichmut** hilft uns dabei. Man kann es auch **Langmut** nennen, einen langen Atem haben. Geduldig und gelassen der Dinge zu harren, die da kommen und sich in Ruhe entwickeln müssen, ist eine Gabe, die wir erwerben, wenn wir älter werden.

Übung: Es hilft, ein paar bewusste und tiefe Atemzüge zu nehmen: Einatmend **„annehmen"** denken – und ausatmend **„was ist"** denken. Das ist unser Motto des Tages heute:

„Annehmen, was ist – das ist der kleine Schlüssel zum Glück!"

17. Januar: Einklang

Frage dich: **Bist du in Einklang mit dir selbst?** Mit deinen Lebensumständen? Was muss geändert werden? Wo musst du nachbessern? Und was ist richtig gut und kann so bleiben?

Wir sind im Einklang, wenn Körper und Seele eine Einheit bilden. Das ist der Fall, wenn wir zufrieden und einverstanden sind mit dem, was wir im Leben vorfinden. So laden diese Fragen dich heute zur Reflexion ein. Lass dir Zeit dazu!

Der Weg geht auch hier wieder über die **Gefühle**. Wir spüren deutlich, wenn wir im Einklang und in Harmonie mit uns und den Außenumständen sind. Dann fühlen wir tiefe, anhaltende Zufriedenheit. Dort, wo dieses angenehme Gefühl fehlt, sollten wir hinsehen. Hier besteht Handlungsbedarf.

Stelle fest, in welchem Bereich es sich gut anfühlt und wo eher nicht. Dazu brauchst du nicht zu grübeln. Spüre einfach in die jeweilige Situation hinein, wenn sie da ist. Dann verändere sie so lange, bis du dir sagen kannst:

<u>„Ich bin im Einklang mit mir!“</u>

18. Januar: Erfüllung

Erfüllung ist kein Zustand, sondern ein Gefühl! Es ist sehr kostbar, jedoch kann man es für alles Geld der Welt nicht kaufen. Es besteht nicht in Dingen und Besitz. Man kann es auch nicht suchen. Nur finden kann man es. Und das ist unsere Aufgabe. *Worin* wir Erfüllung finden, ist sehr subjektiv. <u>Erfüllung bedeutet</u>: **Ich bin gefüllt von allem Guten. Ich bin „er-füllt“. Voll mit schönen Gefühlen.**

Was schenkt dir Erfüllung? Welche kleinen Dinge im Leben reichen schon dafür aus? Es sind die kleinen Freuden, die nichts kosten und uns dennoch ausfüllen und auffüllen. Sie fallen uns meist spontan ein, ohne langes Nachdenken. Was ist es bei dir? Wann kannst du Erfüllung *fühlen*? Sehen kann man sie im Gesichtsausdruck. Die Gesichtszüge werden weich und entspannt und die Augen strahlen und glänzen. Ein Lächeln umspielt unseren Mund. Der ganze Mensch scheint von innen heraus zu leuchten. Heute hast auch du Zeit zum Leuchten! Fühle es:

<u>„Ich bin innerlich vollkommen erfüllt!“</u>

19. Januar: Optimismus

Achte ab heute gut auf deine Gedanken! Denn unser Denken erschafft unsere Erfahrungen. Es hängt von unserem Denken ab, wie wir Situationen erleben. **Unser Denken ist der Schlüssel.** Affirmationen helfen uns dabei. Sie sind positiver innerer Dialog, der uns täglich begleiten kann. Wir tragen mit ihrer wiederholten Anwendung die Möglichkeit in uns, eine neue, positivere Wirklichkeit zu erschaffen.

Es ist hilfreich, wenn wir uns so verhalten, als wäre es bereits so, wie wir es uns wünschen. Optimismus hilft, Krisen und Probleme als Chancen zu erkennen. Alles geht irgendwann vorbei. Wir wachsen an unseren Herausforderungen und gehen gestärkt aus jeder Krise hervor. Wie der berühmte Phönix, der zu Asche wird und anschließend neu aus ihr geboren wird. Wenn wir nach vorne blicken, können wir das Gute an der Situation suchen und schließlich erkennen. Alles ist zu etwas gut. Nichts geschieht umsonst oder aus purem Versehen. Es gibt immer einen Grund. Wenn etwas Altes geht, kommt stets etwas Besseres nach. Das ist **optimistisches Denken**! Es kommt auf uns an, wie wir mit den Situationen, die uns im Leben begegnen, umgehen, wie wir auf sie reagieren.

> **„Wenn es eine Lösung gibt, kümmere dich nicht darum,**
> **wenn es keine Lösung gibt, auch nicht."**
> (Mallorquinisches Sprichwort)

Ein Problem ist nur dann wirklich ein ernsthaftes Problem, wenn wir eines daraus machen. Stattdessen sollten wir den Fokus auf mögliche Lösungen richten und optimistisch nach vorne blicken. Es geht immer irgendwie weiter. Das hat uns doch schon die Erfahrung aus anderen Situationen gelehrt! Wir können unsere Denkmuster ändern und umschreiben, wenn wir uns mit ihnen nicht (mehr) wohlfühlen, wenn sie uns nicht mehr dienlich sind. Wir können einen besseren Weg finden. Dieser ist einer davon: **Optimismus! Alles wird gut!**
Wenn ich positive Gedanken denke, erschaffe ich mir eine positive, neue Sichtweise. Wie innen, so außen.

<u>„Ich gehe immer vom Besten aus. Ich weiß: Nur das Gute ist wahr!"</u>

20. Januar: Handeln

Gehen wir aktiv in die Vorwärtsbewegung! Taten zählen mehr als Worte. Wenn wir unser Leben verändern oder verbessern wollen, werden wir handeln müssen. **Eine Liste** zu erstellen mit den Dingen, die wir wirklich gerne tun wollen, ist stets hilfreich. Schreibe sie per Hand. Das ist verbindlicher und du kannst diese Liste vor dich hinlegen, damit dein Blick immer wieder darauf fällt. Jede Veränderung beginnt mit dem ersten Schritt: deiner Liste.
Als Nächstes überlege dir, was es im Einzelnen braucht, um dorthin zu kommen. Welche Informationen brauchst du, und woher kannst du sie bekommen? Welche Voraussetzungen musst du erfüllen? Fortbildungen, Ausbildungen, Seminare, einen Gewerbeschein usw...

Auch diese Erkenntnisse solltest du notieren. Nun portioniere es dir in Häppchen, sodass es übersichtlicher wird. Bringe eine Richtung, ein klares Ziel hinein. Eine Gliederung in kleinere Teilziele verschafft dir zudem schnellere Erfolgserlebnisse.

<u>**Aber das Wichtigste ist:**</u> Fang sofort damit an und beginne mit dem ersten Schritt! Wir sollten in den ersten 24 Stunden starten, sonst verwässert unser Vorhaben und verliert sich wieder in den vielen Kleinigkeiten unseres Alltags. Von nichts kommt nichts. Wir müssen schon auch die Weichen stellen. Sonst kann der Zug nicht fahren.

Wenn wir wissen, wo die Reise hingehen soll oder wohin nicht, müssen wir jetzt **den ersten Schritt gehen**. Alles Weitere folgt dann. Es kommt nur auf diesen einen ersten Schritt an! Damit erklären wir uns selbst und dem Universum, dass wir bereit sind, und das universelle Gesetz der Anziehung kann sich vor unseren Augen entfalten.

Wisse: <u>„Die Dinge entwickeln sich!"</u>

21. Januar: Manifestation

Unter Manifestation verstehen wir **das Sichtbarwerden des bisher Unsichtbaren**. Wenn wir uns im Geiste vorstellen, wie es sein wird, wenn wir ein angestrebtes Ziel erreicht haben, wie wir uns dann fühlen werden, wo wir dann sein werden und was wir dann tun, haben wir den **Grundstein zur Manifestation** bereits gelegt.

Wir ziehen jetzt alles ins Leben, was es zur **Zielerreichung** braucht. Sichtbar unterstützen können wir das im Außen, wenn wir uns z. B. Bilder des angestrebten Zustands hinlegen oder etwas in Miniatur aufstellen und es gedanklich immer wieder bejahen und bekräftigen, dass es **so oder besser** sein wird. Dass es eigentlich schon da ist, wir es nur noch nicht sehen können. Das Unsichtbare sichtbar machen. Zunächst vor dem inneren Auge, dann vor den äußeren Augen. Jetzt ist es manifestiert:

<u>„Ich sehe alles schon vor mir!"</u>

<u>**Ein Beispiel aus dem Leben:**</u> Ich habe so lange gedanklich unser neues Haus renoviert und möbliert, Kataloge geblättert und Bilder gesammelt etc., bis es zur Wirklichkeit wurde, sich manifestierte. Es hatte gedauert. Aber nun ist es endlich so weit! Während des Entstehens dieses Buches. **Manifestation ist eine Kraft, die zur Verwirklichung strebt!** Was willst du manifestieren und sichtbar werden lassen? Sieh das Unsichtbare sich vor deinen Augen entfalten!

22. Januar: Erfolg

Ich wünsche dir gutes Gelingen bei allem, was du anstrebst! Was immer wir <u>ernsthaft</u> angehen – es wird zum Erfolg führen. Freilich ist es nicht immer ganz genau das, was wir zunächst vielleicht wollten. Aber es wird immer das sein, was gerade unter den gegebenen Umständen möglich ist. **Auch unsere kleinen Erfolge wollen gefeiert und wertgeschätzt werden!**
Manchmal müssen wir in kleinen Schritten denken und diese dann feiern. Und ein anderes Mal haben wir möglicherweise direkt das große Los gezogen. Also: Offen sein für Neues, auch für Unerwartetes. Dann wird sich der Erfolg einstellen. Vielleicht müssen wir auch flexibel sein und hin und wieder etwas anpassen oder verändern.

Was war dein letzter kleiner oder größerer Erfolg?
Wenn du das Bild wieder vor Augen hast, <u>hole dir das Gefühl zurück</u>, das du damals hattest. Lass es erneut in dir entstehen … Wenn du es fühlen kannst, transportiere es auf das Bild des Neuen, das du anstrebst. Verknüpfe das gute Gefühl mit dem neuen Bild und sage dir:

<u>„Ich sehe mich erfolgreich und glücklich!"</u>

23. Januar: Halten

Es geht um das Halten und Beibehalten des Neuen und des Alten, solange es uns dienlich ist. Halten und Loslassen sind zwei Optionen, die sich ständig im Leben abwechseln. Immer mal wieder müssen wir überprüfen, was für uns noch Sinn macht und was nicht. Das Leben ist einem steten Wandel unterworfen. Das ist auch gut so, denn auch wir entwickeln uns beständig weiter. So prüfe regelmäßig, woran es sich weiterhin festzuhalten lohnt.
Was liegt dir wirklich am Herzen? Das Halten ist ja auch etwas Schönes, es gibt uns Halt, im wahrsten Sinne des Wortes. Es kann uns jedoch auch förmlich festhalten und uns ausbremsen. Auf die richtige Mischung kommt es an. Was behältst du nur aus Gewohnheit oder Bequemlichkeit bei? Stelle dir in Gedanken eine altmodische Waage vor, wie man sie früher hatte. Auf der einen Waagschale liegt das, was du halten möchtest, auf der anderen das, was losgelassen werden will. Bringe beide in Balance, indem du etwas hinzufügst oder etwas wegnimmst. Werde dir klar, was du wirklich brauchst. Du siehst es nun plastisch vor deinem geistigen Auge:

<u>„Ich weiß, was richtig und wichtig für mich ist!"</u>

24. Januar: Wurzeln

Unsere Wurzeln haben wir da, wo wir geboren wurden. Es ist in der Regel unsere erste Heimat, in der wir aufwuchsen und an die wir unsere frühesten Erinnerungen haben, ohne jegliche Bewertung, ob wir das als gut oder weniger gut empfinden. Unser ganzes Leben lang haben wir einen Bezug zu dem Ort, wo unsere Wurzeln und die Wurzeln unserer Vorfahren, der Ahnen, liegen. Meistens liegt uns etwas daran, wir sind auch emotional damit verbunden. Wir haben angenehme Gefühle, wenn der Ort und die Familie uns Sicherheit vermittelten.

In allen anderen Fällen mache deinen Frieden mit diesem Ort deiner ursprünglichen Verwurzelung und mit deinen Ahnen. Was wollen sie dir sagen? Was ist ihre Botschaft an dich? Was sagt dieser Ort über dich und dein Leben aus, und wie beeinflusst er deinen Lebensweg? Wie hat er dich geprägt? Gehe in die Stille, schließe deine Augen und **fühle hinein in deine Wurzeln** … Es gibt immer eine Botschaft. Sie kommt stets leise und ohne Drama …

„Ich ehre und segne meine Wurzeln!"

25. Januar: Erkenntnis

Erkenntnisse sind wichtig und wesentlich für uns. Es ist die innere Gewissheit, was das Richtige ist und wo wir vielleicht auf dem Holzweg waren. Einsichten muss ich mir erarbeiten. Sie kommen nicht durchs Lesen allein – erarbeitet wollen sie sein. Unser Verstand erkennt etwas, und **wir erleben einen inneren Aha-Effekt:**

„Ach, so ist das!" Es fällt uns wie Schuppen von den Augen. Nun geht es darum, diese Erkenntnis auch anzunehmen und umzusetzen, sonst ist sie leider nutzlos. Wir müssen sie auch anwenden.

Erkenntnisse gewinnen wir jedoch nicht nur durch den Verstand allein. Auch **innere Erkenntnisse** bringen uns weiter, wenn wir plötzlich **ein Gefühl** bekommen, dass etwas nicht stimmt. Oder aber, dass etwas ganz besonders stimmig ist: **„Das ist es!"** „Diese Person/dieser Beruf usw. ist es!" Es kommt uns dann vor, als stünde etwas oder jemand in einem besonders hellen Licht vor uns und stäche aus dem Rest hervor. Versprich dir:

„Ich nehme alle Erkenntnisse wahr und beherzige sie!"

26. Januar: Paradies

Das Paradies ist für jeden woanders. Für den einen liegt es im kühlen Norden, für mich liegt es am Mittelmeer, in Andalusien. Da wir uns nicht alle das ganze Jahr über dort aufhalten können, suchen wir nun das Paradies in unserem Inneren auf. Schaffe dir jetzt dein eigenes **Paradies auf Erden**, in das du eintauchen kannst, wann immer du es brauchst: Wo liegt dieser Ort? Was macht ihn so besonders für dich? Male dir alle Einzelheiten, wie sie sein müssen, genau aus: die Farben, den Duft, die Luft, die Geräusche, das Wetter …
Liegt er in den Bergen, im Wald oder am Meer? Gibt es diesen Ort in der Realität oder möchtest du etwas hinzuerfinden? Setze alle deine Sinne ein: rieche, schmecke, fühle, sieh und höre, was diesen besonderen Ort für dich ausmacht …
Auf den Flügeln deiner Fantasie kannst du dir das Paradies gestalten, wie du es haben möchtest. Vielleicht ist es aber auch schon fertig und ist perfekt so, wie es in Wirklichkeit ist. Es darf alles sein. Mache es dir schön, nach deinen eigenen Bedürfnissen. **Heute ist Wunschkonzert!** Dieses Paradies kann dein persönlicher Rückzugsort sein. Du trägst es doch sowieso im Herzen! Erinnere dich daran, wenn du mit Zitronen gehandelt hast oder das Leben dir eine Zitrone bietet. Dann mache Limonade daraus und trinke sie in deinem Paradies. Das verleiht deinem Leben die nötige Süße, gerade in eher sauren Zeiten:

„Ich bin Gestalter*in meines inneren Paradieses!
Ich verdiene und genieße ein schönes Leben!"

27. Januar: Unsterblichkeit

Wenn im Leben auch nichts von Dauer ist, so gibt es doch eine Tatsache, die alles überdauert: **Unsere Seele ist für immer.** Alle Erfahrungen, die wir machen, werden in ihr gespeichert wie in einem riesigen, unsichtbaren Gedächtnis. Unser Körper weilt nur eine begrenzte Zeit auf Erden. Und es ist bekannt, dass, wenn sich unser Dasein irgendwann dem Ende zuneigt, wir über unser Leben reflektieren und Bilanz ziehen, was wir gerne mehr gelebt oder gesagt hätten, aber immer aufgeschoben haben, und was wir lieber gelassen hätten.
Das einzig Wichtige, das über allem steht und uns als Letztes präsent bleiben wird, ist **die Liebe**, die wir gegeben und die Liebe, die wir erfahren haben. Sie ist auch das Einzige, was wir im Herzen mitnehmen oder anderen mitgeben können auf ihrem Weg und das Einzige, was bei unseren Lieben an Wertvollem in der Erinnerung zurückbleiben wird. **Sie wird in unseren Seelen unauslöschlich festgeschrieben.**

Zur Erinnerung daran kann ich mir eine **„Blume des Lebens"** als Schutzsymbol hinlegen. Oder ein duftendes Lorbeerblatt. Es steht für Unsterblichkeit, Sieg und göttlichen Segen. Beim Betrachten fühle ich:

<u>„Nur die Liebe zählt. Ich bin heil und ganz und für immer!"</u>

28. Januar: Regenbogen

Die Kunst besteht darin, den Regenbogen zu sehen, wo andere mieses Wetter beklagen! Ich kann mich auch einfach über die bunt schillernden Farben am Himmel freuen und in Gedanken einen stillen Wunsch formulieren. Am Ende des Regenbogens befindet sich bekanntlich ein Topf voll Gold, so will es die Legende. Was ich daraus mache, liegt allein an mir. Die Aufgabe liegt also darin, die Möglichkeiten zu erkennen, wenn uns Herausforderungen oder Unannehmlichkeiten im Leben begegnen. Vielleicht denkst du daran, wenn du das nächste Mal einen Regenbogen erblickst. Sieh die Chance und definiere selbst, was der Topf voll Gold für dich symbolisieren soll. Das kann bei jedem Regenbogen etwas Anderes sein!

Heute machen wir eine schöne **Regenbogen-Meditation**. Du kannst sie immer dann machen, wenn Körper und Seele eines Trostes bedürfen. Sie wirkt sehr schnell und nachhaltig und vermittelt dir innere Stärke und Zuversicht:

Lausche deinem Atem, wie du ruhig einatmest und wieder ausatmest, und schließe gleich deine Augen. Fühle, wie dein Atem immer ruhiger und gleichmäßiger wird …

Stelle dir nun eine wunderschöne Wiese vor und beobachte die Natur um dich herum. Schau dir die Blumen an und höre die Geräusche, die dich umgeben … Atme den Duft der Blumen und des Grases tief in dich ein und halte dich eine Weile auf dieser Wiese auf … Wenn du nach oben zum Himmel schaust, wirst du einen Regenbogen entdecken, der bis auf die Erde hinab reicht. Lege dich auf die Wiese und lass die Farben des Regenbogens in deinen Körper strömen: das Rot für den Mut, Orange für Lebensfreude, Gelb für das Licht der Sonne, Grün für Ruhe, Hellblau für Inspiration, Indigoblau für die Intuition und Lila für die Wandlung. Vertraue darauf, dass die richtigen Farben zu dir kommen und dich in deinem Heilungsprozess unterstützen …

Lass dir Zeit …

Wenn du das Gefühl hast, genug Farben aufgenommen zu haben, verabschiede dich von deinem Regenbogen und wisse:

<u>„Ich strahle das Regenbogenlicht nun selbst aus und gebe es weiter!"</u>

29. Januar: Seelengeschwister

Seelengeschwister zeichnen sich dadurch aus, dass man sich nahesteht und sich auch ohne Worte versteht. Man muss sich nicht erklären, da der oder die andere genau *fühlt*, was wir meinen. Vielleicht kennst du dieses Gefühl. Es müssen nicht unbedingt die eigenen Geschwister sein. Auch besonders gute Freund*innen kommen in Frage. Ihr denkt gleichzeitig aneinander. Oft ruft man sich sogar gleichzeitig an – und bei beiden ertönt das Besetztzeichen.

Seelengeschwister zu haben ist sehr wertvoll. Wir fühlen uns in ihrer Gegenwart, und sei es auch nur am Telefon, wenn eine große räumliche Trennung vorhanden ist, angenommen und aufgehoben. Nicht immer hält die Verbindung ein Leben lang. Aber sie hält immer genau so lange, wie es für beide Seiten richtig ist. Sie währt so lange, wie man gemeinsame Themen hat und sich miteinander weiterentwickelt. Ist es tatsächlich bis ans Ende unserer Tage, dürfen wir uns gesegnet fühlen:

„Ich ehre und segne meine tiefen, wahrhaftigen Beziehungen!"

30. Januar: Himmel

Schon Hildegard von Bingen wusste:
„Du hast in dir den Himmel und die Erde."

Es liegt an uns, das Beste daraus zu machen und sich den Himmel auf die Erde zu holen. Wenn wir anerkennen, dass es in unseren Händen liegt, wie wir unser Leben formen und gestalten, und mit welchen Augen wir es sehen (wollen), mit den Augen des Optimisten oder mit den Augen des Pessimisten, dann haben wir schon den ersten Schritt auf der Leiter zum Himmel getan. Der Himmel wird seit Jahrtausenden als Paradies beschrieben. Was ist, wenn wir das auch hier bei uns auf der Erde haben könnten? Wer sagt denn, dass es nicht vor unseren Füßen liegt???

Es ist ein Stück harte Arbeit, aber sie lohnt sich. Es beginnt, wie immer, mit dem ersten Schritt. Und der erste Schritt ist die Erkenntnis, ob wir nun gläubig sind oder nicht. **Glaube einfach an dich selbst und daran, dass es möglich ist!** Gehen wir gemeinsam Schritt für Schritt voran. Und eigentlich erkennen wir dann, dass wir den Himmel auf Erden bereits haben. Wir müssen nur genau hinschauen. Das meinte die gute Hildegard.

Im Laufe des Buches werden wir dieser These langsam auf die Schliche kommen und sie zu verstehen und umzusetzen wissen, step by step. Wir sind unserem Himmel tatsächlich näher, als wir denken. Aber der Himmel hat uns noch mehr zu bieten. Wir können ihn sehr gut zu unserer Entspannung nutzen: **In der Ruhe liegt die Kraft.**

Und in der Ruhe kommen uns oft die besten Ideen, gerade wenn wir nichts Besonderes denken, sondern unsere Seele einfach baumeln lassen. Wir können jeden Tag ein paar Minuten „**Wolkenträumen**", das Nichtstun genießen, einfach nur unsere Gedanken schweifen lassen, sie loslassen. Kleine Wartezeiten, selbst wenige Sekunden, können hervorragend dazu genutzt werden, sogar wenn wir z. B. im Stau oder in einer Warteschlange stehen:

Schau dir die Wolken an und lass für einen Moment alle deine Gedanken ziehen, wie die Wolken am Himmel ... Es gibt nun nur noch dich und die Wolken, sonst nichts ...

<u>„Alles ist gut in meiner Welt!"</u>

31. Januar: Universum

Das Einssein mit allem, was ist: Wir sind nur ein kleiner Teil der Schöpfung. Im Universum ist alles enthalten, was ist, was jemals war und was sein wird. Wir sind ein Teil des großen Ganzen, ein buntes Steinchen im Mosaik des Weltgefüges.

Alles besteht gleichwertig nebeneinander, ein jedes lebende Wesen. Daher gibt es auch keine Konkurrenz. Es ist genug für alle da. Alles ist mit allem verbunden und beeinflusst sich gegenseitig, alles steht in Beziehung zueinander. Das ist der **Schmetterlingseffekt**:

Der Flügelschlag eines einzigen Schmetterlings kann am anderen Ende der Welt eine Flutwelle auslösen – oder sie verhindern.

Wenn wir uns dessen bewusstwerden, relativiert sich Vieles in unserem Leben. Wir müssen unserem Ego nicht allzu viel Bedeutung beimessen. Und wir sollten stets so handeln, dass wir diese unsere Welt zu einem besseren Ort machen. Sei einfach Vorreiter*in, ein leuchtendes Beispiel, an dem sich andere gerne orientieren.

<u>„Ich bin ein Teil des großen Ganzen und trage Gutes dazu bei!"</u>

FEBRUAR: Zeit der inneren Planung

Nachdem im tiefsten Wintermonat Januar für uns die Zeit des Innehaltens war, in welchem wir gemeinsam begonnen haben zu reflektieren, was sich in unserem Leben stimmig anfühlt und was nicht (mehr), und uns vielleicht auch die ersten Notizen diesbezüglich gemacht haben, gehen wir nun einen ganzen Schritt weiter und sehen, was es dazu braucht, um die Dinge in unserem Leben umsetzen zu können. Wir entwickeln eine klare Vorstellung und einzelne Schritte kristallisieren sich allmählich heraus.

Wir nutzen diesen Monat auch, um immer wieder ganz bewusst in der Gegenwart zu verweilen. Wir lernen, von der Zeit der Planung für die Zukunft stets wieder **ins Hier und Jetzt** zurückzukommen und erkennen, welche Chancen in den Herausforderungen liegen, die uns begegnen, was wir bereits Gutes in unserem Leben haben und wofür wir dankbar und zufrieden sein können. So pendeln wir uns durch Raum und Zeit, denn auch der Geist geht hin und wieder gerne auf Reisen:

Dein **Ruhebild** für diesen Monat, das dich unterstützen kann:

Der Himmel über dir:

Schaue in den Himmel. Wann immer du etwas Zeit und Muße und die Gelegenheit dazu hast, schaue in den Himmel. Wir können uns innerhalb kürzester Zeit entspannen, wenn wir einfach nur auf das Blau schauen, oder welche Farben der Himmel auch immer gerade hat, sowie auf die Wolken, wenn sie vorüberziehen. Ansonsten brauchst du nichts zu tun, einfach nur schauen. Das allein kann schon sehr meditativ sein ...

Gedanken, die auftauchen, lass nun einfach ziehen wie Wolken am Himmel ... Lass sie kommen und gehen, halte sie nicht fest ... Sie haben nun keine Wichtigkeit ...

Wenn du dich irgendwo aufhältst, wo du den Himmel nicht sehen kannst oder es schon dunkel ist, dann hole ein schönes Bild aus deiner Erinnerung hervor. Schließe dazu die Augen, wenn du magst. Der Himmel ist immer da. Er ist nun auch in dir, in deinem Geist. Du kannst innerlich mit ihm verschmelzen. Alles ist eins ...

1. Februar: Visionen

Welche Projekte und Vorhaben wollen in diesem Jahr von mir ver-
wirklicht werden? Was will ich erreichen? Habe ich schon ein klares
Ziel vor Augen, wo meine Reise hingehen soll? Notiere dir auch die
Schritte, die zum Erreichen deiner Vorstellungen notwendig sind.
<u>Nutze deine Einbildungskraft:</u>
Wo siehst du dich? Was ist deine Vision?
Versenke dich ruhig in einen kleinen Tagtraum und male dir aus, wie
es sein könnte. Lebe deinen eigenen Traum, deine aktuelle Lebensvi-
sion, und finde dich darin wieder:
Ich schaue nun in meine Zukunft. In meiner gedanklichen Vorstellung
sehe ich mein Vorhaben, die neue Situation oder das geplante Projekt
schon vor mir und habe ein gutes Gefühl dazu. Ich muss FÜHLEN, was
ich in mein Leben ziehen will ... Es hat sich alles bereits verwirklicht,
und die Menschen um mich herum beglückwünschen mich dazu. Ich
halte z. B. das neue Buch schon fertig in den Händen. Oder ich freue
mich des Geldes, (auch wenn ich es noch nicht habe). **Ich fantasiere
und kreiere mir mein Leben so, wie es mir gefällt!** Es ist dann so,
als würde ich auf mein Leben zurückblicken und auf die einzelnen
Schritte, die dazu geführt haben, dass dieser Traum sich erfüllte.

<u>„Ich kann auch heute schon so leben, als ob!"</u>

2. Februar: Träume

Achte verstärkt auf deine Träume in der Nacht. Oft enthalten sie eine
Botschaft aus deinem Unterbewusstsein. **Sie sind Post deiner Seele.**
Es kann nicht schaden, genauer hinzusehen.
Heute feiern wir **Lichtmess**. Die Natur erwacht langsam wieder und
es ist an der Zeit, Neues in die Umsetzung zu bringen. **Setze deine
Träume *jetzt* um – lebe sie! Lebe nicht in der Zukunft, lebe jetzt!**

Wir kommen mit einem Herzen voller Träume auf die Welt und haben die angenehme Pflicht, diese auch wahr zu machen! Teile dazu
auch anderen wohlwollenden Personen deine Träume mit, damit sie
rasch an Kraft gewinnen und Fahrt aufnehmen. Alles fängt mit der
ersten Idee an. Außenstehende sehen vielleicht Wege, die wir nicht
erkennen. Das Leben steckt voller Möglichkeiten und Wunder:
<u>„Ich glaube an mich!"</u>

> **„Allein die Möglichkeit, dass ein Traum wahr werden kann,
> macht das Leben lebenswert."** (Paulo Coelho)

3. Februar: Gegenwart

Nachdem wir die letzten beiden Tage in unserer schönen, neuen Zukunft geschwelgt haben, kehren wir heute wieder zurück ins **Hier und Jetzt**. Dadurch findet die Konzentration unseres Bewusstseins zu neuer Kraft. **Gegenwärtigkeit** ist unser heutiges Bestreben. Wichtig ist der Wechsel zwischen diesen Zeiten. So schön unsere Zukunftsfantasien auch sind, wir sollten nicht unser aktuelles Leben darüber vergessen. Wenn wir nur im Wünschen festhängen, können wir leicht in die Falle des inneren Mangeldenkens tappen. **Wir sollten es uns auch *jetzt* schon schön machen!**
Dazu gibt es eine einfache Übung aus dem Zen: „Wenn ich Tee trinke, trinke ich Tee." Es geht darum, nur Tee zu trinken, und sonst nichts zu tun. Oder eine bewusste Kaffeepause einzulegen, den Sonnenaufgang oder -untergang zu betrachten, Sonnenschein auf dem Gesicht zu spüren usw. Es sind die kleinen Dinge, die gar nichts kosten müssen, uns aber dennoch den schönsten Genuss bescheren können, wenn wir sie bewusst und achtsam mit allen Sinnen ausführen und auskosten. Auch zum Genuss gehört die **Achtsamkeit**, denn genießen können wir nur **in der Gegenwart, im Hier und Jetzt**.

Hier habe ich drei Entspannungstee-Rezepte für dich:
Einen Teelöffel getrocknete Lavendelblüten mit kochendem Wasser aufgießen, etwa 5 Minuten ziehen lassen und nach Geschmack mit Honig süßen. Wir können Lavendel auch mit Zitronenmelisse kombinieren. Oder du gießt getrocknete Rosenblüten (aus der Apotheke, damit sie ungespritzt sind) als Tee auf. Hier passt Honig ebenfalls.

4. Februar: Erdenweg

Unseren individuellen Weg auf Erden gehen wir vom ersten bis zum letzten Tag. Nach meiner Auffassung hat es einen Grund, warum wir hier sind. Wir sind ins Leben gekommen, um unsere Erfüllung zu finden. Eigentlich suchen wir nicht nach dem Glück, sondern nach dem **Sinn im Leben**. Und der ist für jeden von uns ein anderer.
Wenn wir achtsam und präsent sind, erkennen wir jeweils, was für uns als Nächstes dran ist, was an der Reihe ist. Wir **fühlen** es einfach. Es ist hilfreich, sich von anderen nicht irritieren zu lassen und ganz bei sich zu bleiben, im eigenen Gefühl.
Bei all dem Streben nach einer schönen Zukunft wollen wir nicht vergessen, dass wir *jetzt* leben und die Zeit, die uns zur Verfügung steht, nicht nur mit Planen verbringen, sondern auch darin SEIN. Mache deinen Kopf leer. Dein Atem hilft dir schnell und einfach dabei:

Schließe deine Augen und konzentriere dich auf dein Ein- und Ausatmen, bis du innerlich ganz ruhig geworden bist … Dann formuliere in deinem Kopf die Frage: „Was ist als Nächstes dran?"

Die Antwort kann als Bild, als ein spontaner Gedanke und/oder als ein Gefühl kommen. Lass dich leiten …

5. Februar: Quantenphysik

Die Quantenphysik ist ein Bereich der Physik, der weit über unseren logisch denkenden Verstand hinausgeht. Sie befasst sich mit dem Verhalten sowie der Wechselwirkung kleinster Teilchen, die sich in unsichtbaren Kraftfeldern bewegen. **Alles ist Energie**, die sich in Wellen bewegt. Es bedeutet, kurz gesagt, dass alles mit allem in Verbindung steht und sich darüber hinaus in jedem Moment neu gestalten kann. Die Natur folgt ihren eigenen Gesetzen. Ein Objekt kann sich sogar gleichzeitig an mehreren Stellen befinden. So ist es beispielsweise möglich, dass sich der Körper im Bett liegend befindet, unsere Seele bzw. der Geist auf Reisen aber ganz woanders ist. Das nutzen wir gezielt in der Meditation.
Wir können in Gedanken bei einer uns nahestehenden Person sein, die weit entfernt lebt. Vielleicht gibt es auch jemanden, bei dem du gerne öfter wärst. Du kannst nun eine imaginäre Reise zu diesem Menschen antreten und ihm **gefühlsmäßig** nahe sein. Das funktioniert sogar bei Personen, die nicht mehr auf ihrem Erdenweg unterwegs sind. Es tut beiden Seiten gleichermaßen gut:
Begib dich mental also zu deinem Herzens-Menschen oder zu deinem Lieblings-Menschen … Verbringt in Gedanken eine wertvolle Zeit miteinander … Genieße anschließend das angenehme Gefühl, das dabei in dir entsteht. Es ist stets mehr, als Worte sagen können:

„In Gedanken bin ich bei dir!"

6. Februar: Weite

Von Zeit zu Zeit müssen wir unseren Blick öffnen und weiten. Das ist die **Weite des Geistes**. Weit wie das weite Meer, wie der weite Horizont. Dabei ist der Horizont im doppelten Sinne gemeint: Es ist die Weite unseres eigenen Horizonts, unseres Glaubens und Denkens, und die Weite des Himmels über uns. **Unser Geist ist stets frei.** Wir können unser Bewusstsein sogar weit über unsere Körpergrenzen hinaus ausdehnen. Dazu gibt es eine hilfreiche Übung:

Lenke deine Achtsamkeit auf deinen Atem und nimm wahr, wie der Atem durch deinen Körper fließt: durch die Nase bis in den Bauch … Dann weite das Feld deiner Wahrnehmung etwas weiter aus, sodass du deinen Körper nun als Ganzes wahrnimmst …

Und vielleicht kannst du dich noch darüber hinaus weiter ausdehnen, bis du deine ganze Umgebung mit einbeziehst. Nimm dich atmend in deinem Umfeld wahr – und dehne dich immer weiter aus, bis du mit allem um dich herum zu verschmelzen scheinst …

Werde eins mit deiner Umgebung, mit dem Kosmos, mit dem ganzen Universum … Es können Bilder und Gefühle entstehen – lass alles kommen, was mag. Vielleicht gibt es in dir auch aktuell eine Frage, auf die du eine Antwort suchst. – Alles Wissen ist in dir. – Lass dir Zeit. – Du wirst es finden, tief in dir drin.

Wisse und fühle: „Ich bin frei und weit!"

7. Februar: Naturgewalten

Wenn Urgewalten wirken: Wie klein und unbedeutend wir (mit unserem Ego) und unsere Probleme doch sind, erfahren wir in der Nähe eines aktiven Vulkans. Die Kräfte der Natur zeigen sich ungebremst, ungehemmt und unbeherrscht. Es liegt eine Energie in der Luft, die bescheiden macht und zur **Besinnung** anregt.

Wie schnell alles vorbei sein kann, sieht man an Orten wie auf der Insel La Palma, wo der Vulkan Cumbre Vieja noch immer aus mehreren Schloten raucht. In kürzester Zeit nahm sein Ausbruch Teile der Insel in Besitz, die nun für immer unter der erstarrten schwarzen Lava verborgen liegen oder zum Teil noch herausschauen. Teilweise ist der Boden noch heiß. Schilder weisen auf giftige Gase hin. Hingegen wurden andere Anwesen in allerletzter Sekunde verschont. Lange war nicht klar, wie weit die Ausmaße reichen würden.

Und da denken wir Menschen, wir hätten irgendetwas in der Hand … Auch dies ist eine Illusion. So kann uns der Anblick eines Vulkans oder einer Vulkanlandschaft wieder heilsam auf uns selbst zurückwerfen. Die Natur zeigt uns auf ihre Art, was wir zu lernen haben, und dass die meisten Probleme gar keine sind. Wir werden bescheiden, wenn wir ihre Botschaft verstehen:

„Ich bin zufrieden mit dem, was ich habe!"

8. Februar: Buntheit

Das bunte Leben leben!
Farben bringen Leben in unser Sein. Jeder Farbe ist eine andere positive Eigenschaft zugeordnet. **Welche ist deine Lieblingsfarbe?** Weiß steht für Reinheit, Rot für Energie, Blau für Vertrauen, Grün für die Ruhe, Gelb für Heiterkeit, Orange für Lebensfreude, Rosa für die Liebe, und Lila für Transformation. **Die Seele braucht Farben!**
Wir umgeben uns oftmals automatisch mit Farben, die wir brauchen und die uns guttun. Die Welt der Blumen und der Pflanzen ist uns ein hervorragendes Vorbild. Das ist es doch auch, was wir auf Reisen und Ausflügen so genießen: die Farbenpracht. Hole sie in dein Leben und umgib dich täglich damit!

Unsere Stimmung verändert sich augenblicklich, wenn wir die Farbe unserer Kleidung wechseln. Bei der **Farbtherapie** sowie der **Farblichttherapie** setzt man gezielt **die Wirkung der Farben auf Psyche und Körper** ein, um das Wohlbefinden zu steigern. Es gibt sogar Brillen mit farbigen Wechselgläsern.
Wenn du traurig bist, umgib dich mit Gelb. Das heitert dich sofort auf und macht das Leben etwas leichter. Dazu noch ein sonniges Gemüt aufsetzen und dich an die heitere südländische Mentalität unserer Nachbarn erinnern. Wie oft sind im Süden selbst die Häuser bunt gestrichen. Schau dir Bilder von Tazacorte auf La Palma an! Und dabei die Sonne des Südens auf dem Teller oder im Glas genießen. Das ist es! Das ist es, was wir brauchen: Buntheit! „Es ist schön zu leben!"

9. Februar: Einfachheit

Unser Leben kann einfach sein, und dennoch bunt und voller Abwechslung. Dazu braucht es keinen Luxus. Wir können uns die Leichtigkeit der Einfachheit auch nach Hause holen, einen ganzen Tag entspannt zu Hause genießen, lecker kochen und speisen. Und später einen ausgedehnten Abendspaziergang durch die Nachbarschaft und die Natur machen. Manchmal erholen wir uns dadurch besser, als wenn wir anstrengende Freizeitaktivitäten anstreben.

Die Kunst besteht darin, im Wenigen und Einfachen die Fülle zu finden. Ein Leben in Einfachheit kann durchaus sehr erfüllend sein! Im spanischen Peñíscola gibt es ein Muschelhaus: La Casa de las Conchas. Es liegt fast versteckt zwischen engen Gassen aus Kopfsteinpflaster. Die äußeren Hauswände wurden komplett mit einheimischen Muschelschalen gestaltet, aus Liebe zum Meer.

Man verwendete, was da war, und es entstand etwas absolut Einmaliges. Maurische Elemente machen dieses Haus zu etwas ganz Besonderem. Die Tür und die Markisen der kleinen Arabeskenfenster sind meeresblau ... Den Rest überlasse ich nun deiner Fantasie. Gestalte dir dein eigenes privates Muschelhaus als deinen ganz persönlichen Rückzugsort, und nur mit dem Nötigsten ausgestattet:

Hier darf alles so sein, wie du möchtest. Und es dürfen nur Dinge hinein, die eine positive Bedeutung für dich haben und die notwendig sind, damit du dich wohlfühlst. Wie müsste dieses kleine Haus aussehen? Was wäre darin? Was würdest du dort tun oder lassen, in deinem Muschelhaus?

Du kannst dir diesen Ort in deiner Fantasie und in deinem Inneren gestalten, als wäre er real. Vielleicht gibt es darüber hinaus in deinem Zuhause eine kleine Ecke, die du ganz für dich und für deinen Rückzug gestalten könntest? Aber selbst, wenn nicht, sei in Gedanken dort. Es macht so gut wie keinen Unterschied. Setze dir dazu einfach einen äußeren Anker: Ich lege mir eine Muschel hin, um mich daran zu erinnern: „Das Leben ist einfach!"

10. Februar: Blau

Heute unternehmen wir eine entspannte Reise ins Blaue. Das unendliche Blau soll uns Schutz und Geborgenheit vermitteln und unser Urvertrauen stärken, damit wir besser für etwaige Stürme des Lebens gewappnet sind. Wir nähren die innere Gewissheit, dass alles gut wird. In Gedanken begebe ich mich nun auf eine Reise zu meiner Insel im Meer:

Mit meinen Füßen stehe ich im Wasser. Es ist angenehm warm und prickelt leicht auf meiner Haut, wenn die Wellen kommen und gehen und die weißen Schaumkrönchen sanft meine Fußknöchel und die Waden umspielen ...
Ich bin im Blau, endlich. Unter mir das Blau des Ozeans, über mir das Blau des weiten Horizonts, und ich bin mittendrin. Inmitten all des Blaus. Wunderbar! Ich gehe auf in meiner Umgebung. Ich bin der Sand, die Sonne, das Meer, der Wind, das Rauschen, alles ... Mehr Meer gibt es nicht ...
Ich schwimme ein Stück der Sonne entgegen. Das Wasser ist ganz ruhig und trägt mich sicher. Ich verschmelze scheinbar mit dem Wasser und all dem Blau um mich herum ... Und auch in mir breitet sich jetzt eine tiefe innere Ruhe aus ...

Dann lasse ich mich eine Weile auf dem Wasser treiben. Ich weiß:

<u>„Spuren des Meeres sind auch in mir. Es geht mir gut!“</u>

11. Februar: Sonnenaufgang

Der Sonnenaufgang symbolisiert den Neubeginn. Ein neuer Tag wird geboren. Wir können ihn auch im doppelten Sinne deuten: Es findet ein bewegendes Naturschauspiel statt, an dem man sich nie sattsehen kann. Und dann geht für uns ganz persönlich die Sonne auf, wenn die Zeiten leichter und besser werden, wenn z. B. eine Zeit der Krise überstanden ist. Mein inzwischen verstorbener Vater sagte vor vielen, vielen Jahren während einer sehr schweren, traurigen Zeit einmal zu mir: **„Irgendwann scheint auch für uns die Sonne wieder.“** Das gab mir damals Trost und Zuversicht. Und es bewahrheitete sich.

Der Sonnenaufgang ist auch ein Gefühl. Er findet analog zum Horizont gleichzeitig auf der Gefühlsebene statt. Zuerst ist das Gefühl da, dann gesellen sich ein paar Gedanken hinzu. Die Sonne scheint für jeden von uns, und sie scheint *auf* jeden. Keiner wird vergessen! Irgendwann kommt alles wieder ins Licht. Diese schöne Gewissheit ist **ein Sonnenschein für die Seele!**
Sonnenaufgänge sind noch schöner als Sonnenuntergänge. Der neue Tag beginnt erst noch, und mit ihm viele neue Möglichkeiten und Erfahrungen. Er trägt ein stilles Versprechen in sich und ist noch ein nahezu unbeschriebenes Blatt:

<u>„Alles ist möglich. Alles kann sein!“</u>

Ich mag es, wenn morgens der neue Tag beginnt und alles noch vor mir liegt, um den Zauber im Kleinen zu finden, im Alltäglichen. Dann wird er groß, weil wir ihm eine Bedeutung beimessen. Ich kann den neuen Tag als Einladung sehen, das Beste aus ihm zu machen. Denn:

Die Sonne wird kommen!

12. Februar: Sonnenuntergang

Ein Sonnenuntergang kann sehr romantisch sein. Wir können ihn an fast allen Orten der Welt beobachten. In Stille und in Ruhe die Sonne bei ihrem Untergang zu beobachten, ist zu jeder Jahreszeit schön. Wir können dabei den vergangenen Tag reflektieren:

Was war heute gut?

Denke einen Augenblick nach – so lange, bis dir etwas eingefallen ist, und sei es noch so winzig …

Begib dich heute oder bei nächster Gelegenheit auf die Suche nach einem Sonnenuntergang und erfreue dich daran! Wenn du am Meer lebst, bist du gesegnet. Ansonsten wisse:
„Ich trage das Meer und die Sonne in meinem Herzen und kann überall einen schönen Sonnenuntergang finden!"

**„Man muss nur langsam genug laufen,
um immer in der Sonne zu bleiben."**
(Antoine de Saint-Exupéry)

13. Februar: Sonnengeflecht

Lass heute deine innere Sonne scheinen!
Deine innere Sonne hat ihren Sitz im **Solarplexus**, in der Magengegend. Es ist unser **drittes Chakra**. Der Solarplexus, auch Sonnengeflecht genannt, ist das größte Nervengeflecht unseres Körpers. Wir können ihn und unser gesamtes Nervensystem stärken, indem wir das gute Licht der Sonne tief in uns einatmen und spüren, wie sich das Sonnengeflecht in uns erwärmt und strahlt …

Beim Ausatmen verteilen wir das Licht in unserem Körper … Wir können auch eine Hand oder beide Hände untereinander auf den Solarplexus legen, um die Wärme besser zu spüren. Einatmen und das Sonnenlicht aufnehmen – ausatmen und das gute Licht der Sonne in alle Zellen fließen lassen …
Diese Übung entspannt Körper und Seele.

„Alle Kraft kommt von innen, aus meiner Mitte. Unbegrenzte Kraft steht mir ab jetzt zur Verfügung. Über meinen Solarplexus kann ich sie jederzeit wieder abrufen. In *mir* liegt der Schlüssel dazu!"

14. Februar: Wunsch

Heute, am **Valentinstag**, hast du einen Wunsch frei! Was ist dein größter Wunsch? Hast du einen geheimen Traum? Was braucht es noch, damit er sich erfüllt? Was kannst du dazu beitragen? Oder was hältst du von einer neuen Wunschliste, einer **„Bucketlist"**?

Finde **100 Dinge in 100 Tagen** und notiere sie! Damit fixierst du sie, was zu ihrem Gelingen beiträgt. Allein die gedankliche Beschäftigung mit ihnen schüttet körpereigene Endorphine, unsere Glückshormone, aus und stimmt dich fröhlich.

Beginne jetzt gleich mit dem allerersten Punkt, formuliere ihn für dich, gehe davon aus, dass er sich erfüllen wird und genieße das schöne Gefühl, das in dir entsteht: **die Vorfreude!**

„Ich freue mich auf ... (z. B.: mein neues Zuhause/meinen Umzug ...)!

15. Februar: Schicksal

Vieles, was wir im Vorfeld oft als Schicksal interpretieren, beinhaltet im Nachhinein **neue Chancen** für uns. Wir können eine zunächst scheinbar negative Situation nutzen, um Altes zu verlassen, das nicht mehr zu uns passt, und damit unsere Lebenssituation verbessern. So werden wir dazu ermuntert, bei allen widrigen Situationen in einem ruhigen Moment noch einmal neu darauf zu schauen, ob es vielleicht auch eine andere Sichtweise der Dinge geben könnte. **Frage dich: Worin liegt die Botschaft oder der Segen?** Welche neue Tür öffnet sich, nachdem sich die alte schloss? Dazu ein Beispiel aus dem Leben:

Es gab für uns alle eine Zeit, in der wir unter bestimmten Voraussetzungen das Haus für eine ganze Weile nicht verlassen durften. Wir erinnern uns. Zunächst erschien uns dies nur negativ. Jedoch befreite es uns auf der anderen Seite auch von leidigen Verpflichtungen, denen wir nun nicht mehr nachkommen konnten und durften. In meinem Fall war das ein Segen!

Ich wurde darüber hinaus vor einem großen Fehler bewahrt, den ich aus einer emotionalen Verpflichtung heraus sicherlich begangen hätte und unter dem ich in der Folge wohl ein Leben lang gelitten hätte. Es spielt keine Rolle, was es war. Aber in meinem Fall wäre es gravierend gewesen. Durch die Maßnahmen jedoch stand ich nicht zur Verfügung, und das völlig schuldlos. Ich kam aus der ganzen Geschichte raus, und die Situation erledigte sich schließlich auf andere Weise.

In unser aller Leben gibt es solche Momente, wo das Schicksal hineinspielt. Den Segen erkennen wir oft erst viel später. Aber immer gibt es ihn in irgendeiner Art und Weise. Er wird sich zeigen:

„Ich suche und finde den Segen in jeder Situation!“

16. Februar: Bewusstheit

Wenn wir wach und bewusst sind, können wir in Zukunft die Weichen selbst stellen, damit es nicht von außen kommen muss. Sogenannte „Schicksalsschläge" kommen oft in unser Leben, weil wir uns nicht bewegen (wollen). Alles ist einem ständigen Wandel unterworfen, wie die Jahreszeiten:

Wenn ich mich nicht entsprechend ankleide, kann ich mich erkälten oder überhitzen, je nachdem. Dann werde ich unpässlich. Ich kann aber auch bewusst reagieren und mich der jeweiligen Situation anpassen und ihr sogar vorgreifen, indem ich mich im Voraus informiere, was es gerade braucht.

Bewusstheit setzt auch voraus, dass wir ein Stück weit unser Ego im Zaum halten. **Eigensinn bringt keinen Gewinn.** Das wissen wir. Eigentlich. Kurze Sachen zu tragen, weil Sommer ist, es draußen aber eiskalt ist, macht keinen Sinn. Und so gilt dies auch für alle anderen Situationen in unserem Leben, vor allem für die großen Dinge.

Welcher Schuh (im übertragenen Sinne) passt mir noch, welcher nicht? Wo muss ich mich vielleicht anpassen und verändern?
Auch hier können wir wieder auf unser **Gefühl** hören, darauf, **was es braucht.**
Wenn ich mit dem Strom der Zeit schwimme, kann ich nicht untergehen. Denn: „Der Strom des Lebens bringt mich stets weiter voran!"

17. Februar: Gebete

Ein Gebet ist nichts anderes als **eine Bitte**. Und eine Bitte kommt einer **positiven Affirmation** gleich. Wir bejahen etwas Bestimmtes für uns und drücken es in unseren Worten aus. Wir glauben schließlich, was wir denken, sagen und hören. Aus diesem Grunde sollten alle unsere **Affirmationssätze** in der Ich-Form geschrieben und gesprochen werden. Dadurch sprechen sie das Unterbewusstsein direkt an und können ihre positive Wirkung entfalten.

Wir bekräftigen sie, wenn wir sie aussprechen, ob leise oder laut. Eine mehrmalige Wiederholung ist dabei sehr hilfreich. Was wir oft hören, das sind wir geneigt zu glauben. So funktioniert Werbung. Und Nachrichten, im guten wie auch im negativen Bereich.

„Ich denke und spreche stets positiv!"

18. Februar: Aufmerksamkeit

Wohin ich meine Aufmerksamkeit richte, da fließt auch meine Energie hin. Wenn meine Aufmerksamkeit also ständig bei meinen Sorgen und Problemen weilt, dann mehre ich sie, die Sorgen. Soll meine Energie also wirklich zu den Sorgen fließen?
Da mache ich mir doch lieber Tee, statt Sorgen …

Wir lenken unseren Fokus bewusst auf die kleinen Momente und Begebenheiten, die schön sind und die uns glücklich machen.

Genieße den Moment!

Finde heraus, was gut ist für dich und für deinen Weg, was sich gut anfühlt. **Was willst du wirklich?** Dann sende Energie in diese Richtung durch <u>positive Gedanken, Worte und Handlungen</u>. Nun richte deine Aufmerksamkeit auf deine Wünsche und Ziele, das ist stets der allererste Schritt zu ihrer Verwirklichung. Von Buddha stammte dieser weise Spruch:

„Unser Geist erschafft die Welt.“

Wenn wir anderen Geistes werden, verändern wir die Welt, zumindest *unsere* Welt. Es ist hilfreich, sich am Tag immer mal wieder zu besinnen, wo wir mit unserer Aufmerksamkeit sind und uns zu fragen: Ist das förderlich? Tut es mir gut? Macht es mich zufriedener? Wenn nicht, weißt du, dass du etwas ändern kannst:

<u>„Mein Denken erschafft meine Welt!“</u>

19. Februar: Geld

Es gibt einen Grundsatz, eine goldene Regel zum Thema Geld:
Geld sollte nie ein Grund sein, seine Träume nicht zu verwirklichen! Wenn du etwas liebst, solltest du es auch tun. Denke nicht ans Geld, das kommt mit der Zeit. Tue es, weil es dich glücklich macht! Fang im Kleinen damit an! Einen besseren Grund als dein Glück gibt es nicht. Höre nur auf dein Herz, das dir sagt, was ihm Erfüllung bringt.

Werfen wir einmal einen anderen Blickwinkel darauf. **<u>Frage dich:</u>** Was ist der Preis des Geldes? Was hat es dich gekostet, es zu bekommen? Wie viel Lebenszeit ging dafür drauf? Und ist es das wirklich wert? Sein Geld beständig zu mehren und zu halten, kann auch sehr anstrengend sein. Geld kann regelrecht abhängig machen.

Wenn sich im Leben alles immer nur ums liebe Geld dreht, stecken wir oft im Mangeldenken fest. Das bringt uns nicht weiter. Fragen wir uns also lieber, wo wir mehr sparen können, um mehr Zeit und Möglichkeiten für die Dinge zu haben, die uns am Herzen liegen.

Ich habe mir vor Jahren ein Lebensmotto angewöhnt, nach dem ich lebe:

„Ich arbeite Teilzeit, um Vollzeit zu leben!"

Was macht dieser Satz mit dir? Bringt er etwas in dir zum Klingen? Es hatte gedauert, bis mir die Umsetzung möglich wurde, aber es war eines meiner erklärten Ziele für **mehr Lebensqualität**. Sparfüchsen wie mir fällt es gewiss leichter. Auch das Alter hilft, umzudenken.

Letztendlich muss jeder für sich selbst entscheiden, wo die Prioritäten liegen. Wenn du glücklich und zufrieden mit allem bist, dann ist ja alles gut. Ansonsten lohnt ein neuer Blick darauf, ob die vielen Dinge in deinem Leben ihr Geld wirklich wert sind. Zeit ist eben auch Geld.

20. Februar: Wohlstand

Wohlstand heißt: **wohl stehen**. Mit äußerem Reichtum muss er aber nicht zwingend zu tun haben. Es geht zunächst um den inneren Reichtum, um das Gefühl der Fülle, die wir auch empfinden können, wenn wir nicht im Überfluss schwelgen. Wir können uns trotzdem erfüllt *fühlen*.
Wenn wir von allem genug zum Leben haben, ist das auch schon **„Wohl-stand"**. Wohlstand ist relativ. Wer definiert denn, was und wie viel man besitzen *muss*? Ich kann einfach auch heute schon glücklich sein, unabhängig vom Erfolg oder vom Einkommen!

Wir können uns auch wohlfühlen, wenn wir mehr Zeit mit den Menschen verbringen, die uns wichtig sind, oder mit Tieren. **Wohlstand bedeutet eben auch, Zeit zu haben, nicht nur Geld.** Dennoch kann es natürlich sein, dass es tatsächlich hinten und vorne an Vielem fehlt, obwohl es wirklich notwendig und wichtig wäre.

In diesem Fall können wir unsere Einstellung dazu verändern, um unseren äußeren Wohlstand zu mehren. Manchmal verhindern alte Glaubenssätze, dass wir auf einen grünen Zweig kommen. Wir müssen es uns offiziell erlauben. Möge dir diese Affirmation dienlich sein:

„Ich bin es wert, in Wohlstand zu leben! Ich erlaube es mir!"

21. Februar: Reichtum

Reichtum ist ein Gefühl! Ich kann mich immer und überall reich fühlen, unabhängig von äußeren Umständen. **„Wer weiß, wie man das Leben genießt, braucht keine Reichtümer."** Eine Weisheit meines Yogi-Tees.
Nur der innere Reichtum nährt nachhaltig unsere Seele und das Herz. Denn: Ein Herz, das reich an Liebe ist, ist mit Gold nicht aufzuwiegen! Wir sind seelisch reich, wenn wir glücklich sind und ein ausgeglichenes, friedvolles Leben führen. Für schöne Erinnerungen muss man im Vorfeld sorgen! Wenn wir unserer Freude und unserer Leidenschaft folgen, gesellt sich Reichtum ganz von allein dazu, innerlich wie äußerlich. Es ist eben alles eine Sache der Definition. Es beginnt zunächst immer mit dem *inneren* Gefühl des Reichtums:
Womit bist du *reich gesegnet*?

Bedenke: Was hast du der Welt zu geben, das mit Geld nicht zu bezahlen ist? Oft sind es auch Tugenden wie z. B. Geduld, gut zuhören zu können, Ideenreichtum, Organisationstalent usw.. Oder wir sind reich an Kindern und Enkelkindern, reich an Fantasie, an Mut, an Lebensfreude, an Liebe, Tierliebe oder Nächstenliebe et cetera.

Denke so lange nach, bis dir mindestens **eine Sache** eingefallen ist, **die dich innerlich reich macht** und forme deinen Satz:

<u>„Ich bin reich an ... (z. B.: schönen Erinnerungen)!"</u>

22. Februar: Verantwortung

Die Verantwortung für uns selbst: Wenn wir erwachsen sind, sind wir selbst dafür verantwortlich, ob wir glücklich sind. Wir sind für die Umstände in unserem Leben zuständig. Missfallen sie uns, müssen wir Veränderungen einleiten. Ansonsten sollten wir versuchen, sie zu akzeptieren, wie sie gerade sind, und uns mit ihnen arrangieren. Wir können das niemand anderem in die Schuhe schieben. Selbstverantwortung ist gefragt.

**Wir können die ganze Welt nicht ändern –
aber wir können bei uns anfangen!**

Das ist ein Zeichen emotionaler Reife. Für ein schönes Leben, jetzt und in Zukunft, bin ich selbst verantwortlich. Das bunte Leben, mein eigenes Paradies, kann ich mir selbst erschaffen!

Wenn ich die Verantwortung für mich selbst übernehme, für mein Leben und Sein, dann bin ich in meiner eigenen Kraft:

„Ich erkenne meine Eigenverantwortung an und gestalte mir mein Leben lebenswert. Ich bin so glücklich, wie ich es zulasse!"

23. Februar: Kontrolle

Die Wahrheit ist: **Wir allein haben die Kontrolle über unsere Gedanken!** Niemand anderes kann sie für uns kontrollieren. Das birgt Potenzial! Im Gegenzug müssen wir wissen und akzeptieren, dass wir andere Menschen und deren Gedanken nicht kontrollieren können. Es wäre auch nicht statthaft, da es mit negativer Machtausübung zu tun hätte. Jeder ist sein eigener Herr und Meister.

Auch vieles, was im Außen geschieht, können wir nicht kontrollieren. Aber wir können unsere Reaktion darauf beeinflussen! Wir leben leichter und entspannter, wenn wir lernen, das zu akzeptieren. Wir sparen uns eine Menge Ärger, Frust und Grübelei. Es macht einfach keinen Sinn, sich ständig über Begebenheiten wie das Wetter, den Stau, den Verkehr oder die Verspätungen von Bussen, Bahnen oder Zügen zu ereifern. Davon wird es nicht besser oder schneller gehen. **Wenn wir uns mit der Realität anlegen, können wir nicht gewinnen.** Wohl aber können wir beeinflussen, was wir denken (wollen). Das allein unterliegt unserer Kontrolle. Wir dürfen es uns zur lieben Gewohnheit machen, jeden Tag einen guten Gedanken zu formulieren und zu notieren, um uns daran zu erinnern, wenn uns im Außen wieder einmal etwas stört, das sich nicht ändern lässt. Nimm z. B.:

„Ich bin und bleibe innerlich vollkommen ruhig!"

24. Februar: Weitblick

Weitblick ist ein vorausschauender Blick auf Situationen, die aus anderen heraus entstehen können, denn jedes Handeln trägt Konsequenzen nach sich. Und so schadet es nicht, in Zukunft *vorher* darüber nachzudenken, bevor wir womöglich eine Übersprungshandlung aus dem Affekt begehen oder aus Übereifer vorschnell handeln. Bei weitreichenden Situationen und Entscheidungen hilft es, vorher gedanklich durchzuspielen, welche Folgen es haben kann:

„Was immer du tust, bedenke das Ende!" (nach Herodot)

Hast du ein Vorbild? Wir können auch von Beobachtungen sowie von den Erfahrungen anderer lernen. So müssen wir nicht alles selbst ausprobieren und sparen uns unter Umständen eine Menge Zeit und Umwege. **Besonnenheit ist der Schlüssel zum Weitblick:**

<u>„Ich blicke ruhig und klar voraus und handle besonnen!"</u>

25. Februar: Humor

„Kein Geist ist in Ordnung, dem der Sinn für Humor fehlt." (Samuel Coleridge) Manchmal müssen wir das Leben mit Humor nehmen, insbesondere wenn es uns mal wieder eine saure Zitrone anbietet. Humor ist, wenn man trotzdem lacht. Und dafür gibt es nur ein wirksames Rezept:

Easy going: Es locker angehen lassen und echte Heiterkeit an den Tag legen.
Wenn wir alles nur mit bitterem Ernst betrachten, dann bleibt kein Raum für ein schönes Leben übrig! Es gibt ja auch immer wieder Situationen im Leben, die wir in diesem Moment nicht ändern können. Dann nützt alles nichts, und wir müssen das Beste daraus machen. Und das Beste ist in diesem Fall, es mit Humor zu nehmen. Auf welche konkrete Situation könntest du das aktuell anwenden? Humor hilft schließlich heilen, auch in Situationen. Ich mache mir heute zur Abwechslung einmal keine Sorgen und bin so glücklich wie möglich:

<u>„Don't worry, be happy!"</u>

26. Februar: Erfahrung

Im Laufe unseres Lebens machen wir viele Erfahrungen. Wir müssen sie nicht in gut oder schlecht bewerten, sondern sie einfach anerkennen. Aus jeder Erfahrung lernen wir etwas. Wir erkennen, was förderlich für uns ist – und was eher nicht. Die Kunst besteht nun darin, die gemachten Erfahrungen auch anzuwenden und sie umzusetzen. Das gleiche gilt für Wissen:

Wissen ist nur dann wirkliches Wissen, wenn wir es auch anwenden. Dann wird das theoretische Wissen aus Büchern, aus dem Studium, der Ausbildung oder aus Seminaren etc. zu einer **Erfahrung auf unserem Lebensweg**. Diese können wir nun praktisch umsetzen und in unser Leben integrieren, sie leben.

Wir finden heraus, was und wie es funktioniert und können dieses Wissen, das nun unser *eigenes* **Wissen** ist, später auch authentisch an andere weitergeben. Auf dem Weg dahin haben mir vor allem in turbulenten Zeiten diese beiden Sätze mit Weitblick geholfen, denn die Erfahrung zeigt:

„Alles wird sich richten. Alles im Leben hat einen Sinn."

27. Februar: Sicherheit

Es gibt eine sehr wirksame Strategie für zukünftigen Schutz, wenn du dich verletzlich fühlst: deinen **Schutzschirm**. Wann immer du dich „antastbar" fühlst und dich vor Situationen oder Menschen im Außen schützen willst, stelle dir in Gedanken vor, dass du über dir einen großen Schirm aufspannst, der alles Negative von dir fernhält.

Welche Form und Farbe muss er für diese Funktion haben? Je klarer und detaillierter du ihn dir vorstellen kannst, desto besser hilft er dir.

Meiner trägt die fröhlich-bunten Farben eines Regenbogens. Spanne deinen Schutzschirm gedanklich in jeder belastenden Situation auf und wisse, dass es hilft! Auf deinem Schirm perlt jetzt alles ab, was auf dich herabregnet. Nun bist du emotional besser gewappnet. Du kannst dir den Schutz, den du brauchst, heutzutage selbst geben! Was immer auch bisher in deinem Leben geschehen ist, wisse *jetzt* und für immer:

„Ich bin in Sicherheit. Ich bin behütet, beschützt und sicher!"

28. Februar: Nachrichten

Meine Erfahrung: Lass das besser sein mit den Nachrichten. Sei achtsam, was du konsumierst, und lege deinen Fokus, wenn schon, auf die guten, echten Nachrichten. Nimm darüber hinaus nur an positiven Unterhaltungen teil. Wenn dich innerlich etwas aufregt und anstachelt, weißt du, dass es dir nicht guttut. Ich habe die Erfahrung gemacht, dass alles, was ich wissen muss, auch zu mir kommt. Das reicht mir.
Sich immer wieder über etwas aufzuregen, ändert die Welt nicht. Vor allem am Abend sollten wir keinerlei Nachrichten mehr konsumieren, sonst nehmen wie die Bilder und Worte mit in die Nacht hinein. Ganz besonders übel ist es, vor dem Fernseher einzuschlafen.

Unser Unterbewusstsein nimmt das Gehörte, egal ob es sich dabei um Nachrichten oder um Filme handelt, für bare Münze und wir glauben nachher, dass das, was über den Äther flimmerte, die Ehrenwahrheit ist. Das kann fatale Auswirkungen haben!

Wenn du meinst, ohne Nachrichten nicht sein zu können und Sorge hast, etwas zu verpassen, dann filtere sie vorab. Du kannst dir z. B. eine kostenlose App deines Radiosenders o. ä. herunterladen. Anhand der Überschriften kannst du bereits vorselektieren, was du dir wirklich zu Gemüte führen willst.

Alles andere lass weg. Die wichtigsten Nachrichten erreichen dich sowieso im Gespräch mit anderen Leuten. Dann sind sie aber schon etwas entschärft und es fehlt ihnen an Drama und Panikmache. Ich für meinen Teil mache gerade eine geistige Nachrichten-Diät. Sie bekommt mir wirklich gut und fördert das Positive, denn:

„Das negative Leben und Denken verliert an Gewicht!"

29. Februar: Lostag

Heute hast du das große Los gezogen, denn es geht um deinen **Lieblingsgedanken!** Welcher ist es? Denke nicht lange nach – sei spontan! Bei welchem schönen Gedanken geht dir das Herz auf?
Was ist der allerschönste Gedanke, den du jemals hattest? Welcher Gedanke versüßt dir den Tag oder macht dein Leben insgesamt leichter, schöner und bunter?

Du kannst einen Gedanken oder eine Affirmation aus diesem Buch aufgreifen oder einen eigenen schönen Gedanken formulieren. Die eigenen Gedanken tragen stets die größte Kraft in sich. Sie streben unaufhörlich ihrer Verwirklichung entgegen.

Einer meiner Lieblingsgedanken ist:

„Alles, was ich brauche, um glücklich zu sein,
trage ich bereits in mir!"

Ich reflektiere damit, dass alles *in mir* und *an mir* liegt. Es ist alles schon da. Ich muss mich dessen nur noch erinnern und mich meiner eigenen inneren Ressourcen bedienen. Gute Gedanken und Gefühle helfen mir dabei. **Damit halte ich das große Los in meiner Hand!**

MÄRZ: Zeit der Tatkraft

In den letzten beiden Monaten haben wir festgestellt, was sich in unserem Leben stimmig anfühlt und was nicht mehr zu uns passt. Wir haben Vorbereitungen getroffen und uns vielleicht schon die eine oder andere Notiz gemacht und festgestellt, was es braucht, um die nächsten Schritte in Richtung einer positiven Veränderung zu gehen.

Im März unterstützt uns nun eine neue Tatkraft, die aus unserem Inneren kommt. Parallel dazu findet sie auch in der Natur statt. Der Winter hat seine klamme Umarmung gelöst und der Frühling hält Einzug in unser Leben und Wirken sowie in Geist und Körper. Alles kommt wieder in Wallung und eine neue Energie beflügelt uns. Dazu bedienen wir uns im Laufe des Monats einiger hilfreicher Techniken, die uns wirksam unterstützen können.

Der Frühjahrsputz kann auch in unserem Inneren stattfinden! Mit ihm bereiten wir uns vor, um Raum und innere Ordnung für Neues zu schaffen. Wir pflegen unseren Körper und die Seele, die darin wohnt, tanken frische Energie auf und fassen darüber hinaus neuen Mut und neues Vertrauen in unsere eigenen Fähigkeiten.

Ein paar sehr leicht auszuführende Körperübungen und Mentalreisen runden diesen Monat ab. Sie dienen der Entspannung und aktivieren unsere Selbstheilungskräfte.

Dein **Ruhebild** für diesen Monat, das dich dabei unterstützt:

Der Apfelbaum:

Im Apfelkern steckt bereits das Bild des ganzen Apfelbaums. Wir verfolgen sein Werden und Gedeihen nun von Anfang an:
Vor deinem geistigen Auge hältst du einen kleinen braunen Apfelkern auf der flachen Hand. Du hast in deinem Garten ein passendes Fleckchen Erde ausgesucht und gräbst den Kern vorsichtig ein. Sonne und Regen lassen ihn wachsen, der Wind streichelt ihn, und ganz allmählich wächst ein Keimling heran. Von Tag zu Tag wird er größer und kräftiger. Sieh es im Geiste genau vor dir, wie im Zeitraffer...
Als stattlicher Apfelbaum steht er nun vor dir. Seine reifen Früchte tragen bereits die nächste Saat in sich für die nächste Runde im ewigen Kreislauf des Lebens. Und so geht es immer weiter ...

1. März: Reinigung

Heute ist meteorologischer Frühlingsbeginn! Auf geht's: Gehe in die Vorwärtsbewegung, schreite zur Tat und starte ihn mit einem Frühjahrsputz, innen wie außen! Wir können uns innerlich reinigen, indem wir diese Zeit nutzen, um uns auf eine etwas gesündere Ernährung umzustellen. Nach dem Winter brauchen unsere Zellen wieder frisches Grün in Form von Kräutern und gesunden Tees. Wir entschlacken, werden womöglich ein paar Gramm Winterspeck los und fühlen uns eindeutig besser.
Wir haben jetzt auch deutlich mehr Tageslicht, das wir zum Putzen nutzen können. Den Winterstaub entfernen, wieder gut durchlüften und frische Energien hereinlassen. Das dient auch als Grundlage für eine energetische Reinigung, für eine Klärung der Energien. Wir können eine Raumreinigung beispielsweise auch mit **Räuchern** erzielen. Es gibt wunderbare Räuchersets, die alles beinhalten, was wir dazu brauchen, nebst Anleitungen, z. B. unter **raeucherkultur.com,** oder wir nutzen das „Zirbenwald **Raumspray** bio" von **Primavera**.

Während ich dieses Buch anfange zu schreiben, sanieren wir gerade unser Haus, das wir bald beziehen werden. Um die Energien zu harmonisieren, räuchere ich derzeit einmal wöchentlich mit Weihrauch indisch. Zusätzlich versprühe ich jeden Tag das o. g. Raumspray, wenn ich das Haus begrüße und betrete, um mich heimisch zu fühlen. Dabei öffne ich kurz alle Fenster und Türen. Als ich es jedoch einmal vergaß, spürte ich nach kurzer Zeit, wie mein Energielevel sank und ich mich nicht gut fühlte. Das ließ sich flott beheben!

<u>„Ich sorge für gute Energien in meinem Zuhause und in mir!"</u>

2. März: Aufräumen

Wenn wir unser Zuhause aufräumen und säubern, fühlen wir uns augenblicklich wohler darin. Dabei kann das Aufräumen sehr subjektiv empfunden werden. Ein jeder von uns hat unterschiedliche Vorstellungen davon. In einem aufgeräumten Umfeld können wir uns besser entspannen, aber auch besser konzentrieren. Auch die Schränke unseres Unterbewusstseins wollen einmal aufgeräumt werden. Der Keller unseres Wohnhauses steht zum Beispiel symbolisch für das Unterbewusstsein. Wie sieht es hier aus bei dir?
Man sagt nicht umsonst, man hat Leichen im Keller liegen. Daher sollten wir hier nur Dinge verwahren, die noch eine Funktion für uns haben und die uns schöne Erinnerungen bescheren.

Alles andere, auch kaputte und vor allem ungeliebte Sachen, werde los. Lass auch im Geiste alles Alte los, das dir nicht mehr dient:

<u>„Ich räume die Schubladen und Schränke meines Geistes auf. Die Energie fließt nun frei und ungehindert!“</u>

3. März: Seelenpflege

Seelenpflege ist wie Sonnenschein für die Seele. Begib dich heute ganz bewusst auf die Sonnenseite des Lebens – und lass die Schatten (mental) hinter dir. Regelmäßige Seelenpflege ist wichtig:

„Man muss zu Zeiten etwas für die Seele tun und ihr hin und wieder etwas Ruhe gönnen.“ (Seneca)

Zur Seelenpflege gehört auch die Entspannung, damit wir wieder auftanken können und in die innere Harmonie finden. Für mich bedeutet Seelenpflege ein Gefühl der inneren und der äußeren Harmonie, die ich mir selbst schaffen muss. Ich finde sie stets in der Ruhe und Abgeschiedenheit.

Was tut deiner Seele gut? Wovon braucht es mehr in deinem Leben? Was ist Balsam für deine Seele? Beachte: Es sind in der Regel Dinge, die nichts kosten und die uns auch keine Kalorien kosten. Was die Seele nährt, ist stets immateriell. Manchmal müssen wir unserer Seele auch einfach nur Trost spenden und ihr gut zureden, wie einem kranken Kind. Sie hat es verdient, verwöhnt zu werden!

Versprich deiner Seele und dir: <u>„Alles kommt in Harmonie!“</u>

4. März: Körperpflege

Unser Körper ist gleichzeitig auch unser heiliges Seelengefäß. Wir müssen gut für ihn sorgen, damit unsere Seele Lust hat, darin zu wohnen. Jeder Körper ist einzigartig und individuell. Wir alle haben sehr unterschiedliche Bedürfnisse. Mein Körper z. B. braucht, wie auch meine Seele, immer wieder **Ruhepausen**, um optimal zu funktionieren. In dieser Zeit hege und pflege ich ihn und gebe ihm von innen und außen alles, was er braucht, um heil und ganz zu sein.
Eine gesunde Ernährung pflegt den Körper von innen, und eine gute Pflege nährt ihn von außen. Es ist wichtig, meinen Körper wertzuschätzen. Er tut, was er kann, um meiner Seele Obdach zu geben.

Ohne meinen Körper bin ich nicht mehr. Also liegt es an mir, gut mit ihm umzugehen und nachsichtig mit ihm zu sein, auch wenn er vielleicht nicht immer so aussieht oder funktioniert, wie ich mir das wünschen würde. Dazu ist es wichtig zu wissen, dass jedwede Krankheit ein Prozess ist. Unser Körper gibt uns Zeichen, dass etwas nicht in Harmonie ist, und wir müssen uns Hilfe und ärztlichen Rat holen. Das größte Bestreben unseres Körpers ist, am Leben zu bleiben. Wir können ihm vom Grunde her dankbar dafür sein, wenn er uns Hinweise gibt, was nicht im Lot ist. Ich mache nun meinen Frieden damit und segne meinen wunderbaren Körper in Gedanken:

„Danke, mein Körper, dass es dich gibt! Was brauchst du heute?"

5. März: Eins-Sein

In den vergangenen vier Tagen haben wir zunächst unser Zuhause aufgeräumt, um eine neue energetische Basis zu schaffen, dann haben wir unseren Geist gereinigt und befreit und Seelen- sowie Körperpflege zelebriert. Heute können wir alles wieder neu zusammenfügen. Das ist mit dem Eins-Sein gemeint: **Körper, Geist und Seele** bilden eine **Einheit**. Diese Einheit ist wiederum eins mit der Welt um uns herum. Verinnerliche heute diesen Satz, wenn du magst:

„Ich bin in der Welt – und die Welt ist in mir."

Es gibt keine Grenzen, wo das eine aufhört und das andere beginnt. Wir alle sind gemeinsam mit der großen **Weltenseele** verbunden und mit dem unendlichen Wissensspeicher unserer ganzen Menschheitsgeschichte. Wir müssen dieses Wissen um die Einheit nur noch abrufen. Am besten gelingt uns das in der Ruhe, in der Meditation und beim Alleinsein mit uns selbst. Genieße heute eine Zeit mit dir!

6. März: Alleinsein

Auch wenn wir alle ein Teil des großen Ganzen im Weltgefüge sind, oder gerade auch deswegen, ist es wichtig, uns Zeiten des Alleinseins einzuräumen und diese bewusst zu genießen. Wir können die Zeit, die wir mit uns allein verbringen, als **Quality-Time** verstehen. Mit Einsamkeit hat sie nichts zu tun. Rückzug und Stille, Alleinsein und bewusste Erholung können Wunder bewirken und uns als Kraftquellen dienen, um unsere Batterien wieder aufzuladen. Diese Ruhe ist wohltuend und verbindet uns wieder mit der Einheit:

Eine Kurzübung: Ich atme ruhig und langsam ein und aus und stelle mir vor, dass ich mich in einen kleinen Tropfen Wasser verwandle … Von Atemzug zu Atemzug werde ich nun immer kleiner und kleiner, bis von mir nur mehr ein winziger Wassertropfen übrigbleibt … In diesem Tropfen befindet sich **meine Essenz**. Sie enthält alles, was ich bin, was ich jemals war und was ich sein werde …

Mein Wassertropfen, meine Essenz, verbindet sich nun mit dem großen Urmeer, mit der Einheit, und ich erkenne, dass ich ein Teil davon bin und immer war … Ich verschmelze jetzt wieder mit diesem unendlichen Meer und fühle mich sicher und geborgen … Hier finde ich alles, was ich brauche – und alle Antworten auf alle Fragen des Lebens. Alles ist da und war schon immer hier, im Kollektivgedächtnis der Weltenseele, wo ich mich als kleiner Tropfen wiederfinde:

„Ich ruhe allein in mir!"

7. März: Vertrauen

„Angst klopfte an die Tür, Vertrauen öffnete – und niemand war da." Hab Vertrauen ins Leben! Vertraue, dass die Kraft da sein wird, wofür auch immer. Sorge ist immer ein Mangel an Vertrauen! Erinnere dich: Vergangene Situationen wurden auch gelöst! Aus dieser Erfahrung können wir lernen und schöpfen: **das Urvertrauen**. Wir bringen es bereits mit, mehr oder weniger. Im Laufe unseres Lebens können wir es weiter nähren und auffüllen. Einst bekam ich eine Engelsbotschaft:

„Mag das Leben auch manchmal schwer sein und sich schwer anfühlen, so kannst du doch erkennen, dass die Energien der Allumfassenheit dich begleiten und behüten und beschützen. Bleibe tapfer für das Leben und im Leben. In Liebe Geraldine" (Köln, am 25.10.2010, überbracht von Ruth Korczak)

Aus Therapien weiß man, dass es hilft, einen sicheren Ort zu imaginieren. Ich suche mir nun einen Ort aus, an dem ich mich sicher und geborgen fühle. Er kann real vorhanden sein oder lediglich meiner Fantasie entspringen. Hierhin kann ich mich zurückziehen und an meinem Vertrauen arbeiten, denn hier bin ich beschützt. Alles kommt in Ordnung, ich vertraue darauf:

„Ich vertraue dem Leben. Alles hat seine Zeit. Alles ist möglich. Alles ist vorhanden. Hier und jetzt. Ich vertraue darauf und erwarte das Beste!"

8. März: Lebensfreude

Höre auf dein Herz und lass dein Leben wahre Freude sein!
Sei vergnügt, froh und ausgelassen. Voller **Energie**, **Lebenslust** und **Lebendigkeit**! Das Leben ist, was wir daraus machen. Mache es zu einem Fest! Feiere dich selbst. Dazu braucht es keinen Anlass, erfinde einfach einen! Beglückwünsche dich selbst und feiere all deine kleinen und großen Erfolge, das Wochenende oder was immer dir Freude bereitet. Wir können uns über alles freuen, wenn wir nur wollen: über die erste blühende Blume des neuen Jahres, einen Sonnentag oder einfach darüber, dass wir am Leben sind. Kreiere dir ganz besondere Augenblicke voller **Glanz und Lebensfreude**. Würdige das Schöne in deinem Leben und lebe deine Freude aus. Lade auch liebe Menschen aus deinem nahen Umfeld dazu ein, sich mit dir zu freuen und gemeinsam mit dir zu feiern.

Eine Übung: Innere Freude kannst du auch künstlich bewusst hervorrufen. Erinnere dich einfach an das tiefe Gefühl der Freude aus der Vergangenheit und stelle es dir wieder ganz genau vor … Damit aktivierst du es erneut. Steigere dich ruhig hinein und halte das Gefühl für ein paar Minuten aufrecht mit dem schönen Gedanken: „Das Leben ist großartig!"

Lass die Lebensfreude sprühen wie eine Fontäne! Verankere dieses Gefühl in deinem **zweiten Chakra**, dem **Sakralchakra**, das sich in deinem Unterbauch befindet. Lege eine Hand darauf, stelle dir oranges Licht vor und wisse, dass du hier deine Lebensfreude gespeichert hast, die du jederzeit aktivieren kannst. Ab jetzt und für immer!

> **„Die Freude ist überall. Es gilt nur, sie zu entdecken."**
> (Konfuzius)

9. März: Bedürfnisse

Wenn unsere Grundbedürfnisse nach Obdach, Kleidung, Nahrung, Sicherheit und Sozialkontakten gestillt sind, ist der Raum für unsere individuellen Bedürfnisse sowie für unsere Selbstverwirklichung gegeben. Sortiere deine Bedürfnisse mit einer kleinen Liste doch einmal nach **lebenswichtig**, nach **sehr wichtig** oder **weniger wichtig**, damit du dir einen Überblick verschaffst und Prioritäten setzen kannst. Dadurch findest du heraus, was du wirklich glaubst zu brauchen und was du aussortieren kannst, weil es (inzwischen) hinfällig geworden ist. Dies ist der Weg über die **Verstandesebene**.

Anschließend können wir auf die **Herzensebene** wechseln. Hier bekommen wir vielleicht ganz andere Impulse:

Folge den Bedürfnissen deines Herzens. Du erkennst sie stets daran, dass du sie *fühlen* kannst. Sie kommen nicht über den Verstand oder über das Denken, sondern nehmen die Abkürzung über unser Herz. Was wirklich wichtig und wesentlich ist für dich und deine Seele, erfährst du nur hier. Versprich dir heute:

„Ich sorge gut für mich und meine Bedürfnisse!"

10. März: Herzöffnung

Gehe von Zeit zu Zeit immer mal wieder in die Stille. Dort **öffne die Türen deines Herzens** und finde tief in dir jenen Frieden, der jenseits allen Verstehens ist. Halte an ihm fest, was auch immer im Außen geschehen mag ... Entspanne dich und ruhe dich aus. Öffne dein Herz für alles Schöne und für alle lieben Menschen und Tiere, die du kennst und die dir am Herzen liegen ...

Lege eine Hand auf dein Herz. Im Bereich deines Herzens liegt das **vierte Chakra**, dein **Herzchakra**. Durch diese Übung wird es genährt. Wir kommen in das Gefühl der Liebe hinein. Lass ein schönes, warmes Gefühl in deiner Herzgegend entstehen ... Lass dir Zeit ...

Frage dich: **Wie viel Liebe trage ich in mir?**

„Ich muss mir selbst so viel Liebe geben, wie ich sie auch anderen gebe! Ich habe es wirklich verdient!"

Betrachte dich selbst, die Welt und alles um dich herum mit großem Wohlwollen. Lächle und vertraue auf die Stimme deines Herzens. Alles ist gut. Lächle dich auch im Spiegel an, immer wenn du dir darin begegnest. Vielleicht möchtest du in Gedanken jemanden in dieses Gefühl mitnehmen? **Wer darf in deinem Herzensraum wohnen?** Wer bekommt ein warmes Plätzchen in deinem Herzen?

11. März: Lebenskunst

Die Kunst zu leben: Worin bist du ein/e Lebenskünstler*in? Was funktioniert bei dir besonders gut? Und wo kannst du gut improvisieren? Was fällt dir stets leichter als anderen?

Ich selbst bin ein **Steh-auf-Männchen**, von Kindesbeinen an. In mir liegt ein unerschütterliches Vertrauen, dass die Welt sich weiterdreht, egal, was gerade passiert. Das wurde mir in die Wiege gelegt und lässt mich immer weitermachen und nicht resignieren, auch wenn die Zeiten schon so manches Mal heftig auf Sturm standen.
Ich rapple mich immer wieder auf, klopfe mir den Staub von den Kleidern, und weiter geht's. Einmal tief durchatmen oder eine Nacht darüber schlafen, und frischer Mut kehrt zu mir zurück. Ich weiß: Alles geht schließlich irgendwann vorbei, auch miese Zeiten.

Winston Churchills kürzeste Rede war: **„Es geht weiter!"**

Das ist ein sehr gutes Motto für wahre (Über-) **Lebenskünstler**. Aus wenig viel zu machen, gehört auch dazu. Genauso wie:
„Morgen ist ein neuer Tag!"

12. März: Schönheit

Die Schönheit liegt im Auge des Betrachters, innen wie außen. Jeder hat seine eigene Anmut, seinen eigenen Glanz, und jeder Mensch ist unvergleichlich. Mit entspannten und freundlichen Gesichtszügen ist wirklich jeder Mensch schön, unabhängig von weiteren äußeren Merkmalen. **Auch ein Lächeln kleidet!**
Mach dir die Haare schön und kleide dich typgerecht, sodass du dich wohlfühlst. Kultiviere deinen ureigenen Stil und sei ganz du selbst. Dann wirst du immer fantastisch aussehen. Körpergröße und Gewicht spielen keine Rolle, ebenso wenig wie genetische Komponenten. Alles ist gut, alles darf sein.
Auch im Äußeren sollten wir unbedingt auf Schönheit achten, insbesondere in unserem Wohnraum, wo ein Großteil unseres Lebens stattfindet. Er sollte unserem eigenen Ordnungs- und Sauberkeitsempfinden entsprechen und so eingerichtet sein, wie wir es mögen. Wir müssen uns in unseren vier Wänden wohlfühlen können. Genauso wohl wie in unserem Körper: „Ich hole Schönheit in mein Leben!"

13. März: Naturerfahrungen

Welche Naturerlebnisse hast du persönlich schon erfahren? Es sind Momente, die uns besonders ergreifen, wie eine Sternschnuppe, eine Sonnenfinsternis, ein rauchender Vulkan, ein doppelter Regenbogen, Sonnenaufgänge und -untergänge usw. Ich erinnere mich an das erhebende und ergreifende Gefühl, das ich hatte. Es ist noch immer da!

In meiner Erinnerung lebt es fort. Alle schönen Erfahrungen bleiben mir ein Leben lang erhalten. Sie können sogar unschöne Momente aufbessern. Stets können wir Trost in der Natur finden, sie ist immer für uns da. **Und so begeben wir uns nun auf eine kleine Reise:**

Inmitten stiller, unberührter Natur liegt ein klarer Bergsee, blaue Gumpe genannt. Er hat magische Eigenschaften und lädt dich heute zu einem Seebad ein. Du schreitest über eine sommerliche Almwiese voll bunter Blumen und gehst hinein ins angenehm kühle Wasser. Es trägt dich sicher. **Kannst du es spüren?**
Allmählich wird nun alles Schwere von dir abgewaschen. Es geht ins Seewasser über und wird dort von geheimen Kräften neutralisiert ... Der See reinigt und klärt deine Energien, damit sie wieder frei und ungehindert fließen können ... Wisse, dass du jederzeit in diesen See eintauchen kannst, wann immer dir nach einer Erneuerung und Erfrischung zumute ist, denn:

„In der Natur finde ich Ruhe und Kraft!"

14. März: Spirit

Gibt es spirituelle Erfahrungen, die dich geprägt haben und dein Leben nachhaltig beeinflussen? Es reicht, wenn *du* allein weißt, dass sie wahr sind. Niemand anderes muss das wissen, glauben oder bestätigen können. Gab es äußerlich sichtbare Zeichen, etwa in der Natur? Ob wir an Geistwesen, Feen oder Blumenelfen und Fabeltiere glauben können oder nicht, spielt keine Rolle. Manchmal finden die Dinge einfach statt. Ich möchte dir dazu von den **Buschwindröschen** erzählen:

Der Winter hatte länger gedauert, und so hatten die blühenden Teppiche von den Buschwindröschen im Wald in jenem Jahr Verspätung. Sie blühten noch weit in den April hinein und warfen das helle Licht ihrer weißen Blütenköpfchen zu Füßen der Bäume in die Welt hinaus, einem glänzenden Meer gleich. Es ist jedes Jahr ein besonderer Zauber, aber in jenem war es nach dem langen und nassen Winter eine wahre Wohltat und ein Trost.

Und wie ich am Abend so still durch den Wald streifte, den Blick immer auf die Buschwindröschen gerichtet, überkam mich eine innere Stille. Die Gedanken hörten auf und ich begann, die Natur um mich herum zu *fühlen,* eins mit ihr zu werden. Meine inneren Antennen gingen auf Empfang und ich wusste, gleich würde etwas geschehen. Ich blieb offen und war frei von allen Erwartungen ...

Von einem Moment auf den anderen erreichte mich die innere Gewissheit, wie eine stille Botschaft, dass mein Vater sich auf den Weg gemacht hatte, diese Erde zu verlassen. Es war ein friedliches Gefühl und ich wusste, für ihn war es das Beste. Seine Seele war bereit. Drei Stunden später erreichte er die andere Seite ...

Als ich am Telefon davon erfuhr, war ich nicht überrascht. Ich hatte es ja bereits im Voraus *gefühlt und gewusst.* Ich hatte auch meiner Familie am gleichen Abend noch davon erzählt und sie sahen, dass es in dieser Nacht genauso gekommen war. Die Nachricht empfing ich von den Buschwindröschen, die mir seither ein lieber Trost sind. Sie hatten mich schonend auf das vorbereitet, was nicht zu ändern war. Es war somit keine traurige Geschichte, aber eine wahre.

<u>„Ich vertraue meinen Gefühlen und Eingebungen!"</u>

15. März: Enttäuschung

„Ent-täuschung" bedeutet: Die Täuschung wird aufgehoben, wir werden *„ent-täuscht".* Eine Täuschung endet. Es zeigt sich das wahre Wesen, das wahre Gesicht. Wenn jegliche Täuschung wegfällt, wird es ehrlich. Das ist eigentlich ein Segen, wenn die erste „Enttäuschung" vorüber ist. Es bedeutet lediglich, dass etwas anders ist, als du es dir vorgestellt hast. Hätte, könnte, täte, wäre, sollte, müsste, würde: das sind alles Worte, die uns nicht weiterbringen. Wenn wir sie aus unserem Sprachschatz und aus unserem Denken entfernen, geht es uns besser und das Leben wird leichter. Dann können wir eine „Enttäuschung" als wichtigen Hinweis verstehen, unser Denken diesbezüglich anzupassen. Wenn wir uns jedoch mit der Realität anlegen, die eben gerade so ist, wie sie ist, können wir nur verlieren. Dieser Kampf kann nicht gewonnen werden.

Wir reagieren „ent-täuscht", wenn Hoffnungen, Wünsche und Erwartungen sich (bisher) (noch) nicht erfüllt haben. Wenn wir wünschten, die Dinge wären anders, als sie gerade sind. Oder wenn etwas nicht unseren Vorstellungen entspricht. Das Leben jedoch lehrt uns:
Alles geschieht zur rechten Zeit, am rechten Ort und stets zum Wohle aller Beteiligten.
Wenn sich also etwas bisher nicht verwirklicht hat, dann wird es Gründe dafür geben. Dann war die Zeit (noch) nicht reif, oder ein anderer Außenumstand war noch nicht passend. Nie lässt sich etwas erzwingen. Doch wenn wir Geduld haben, kommt oft etwas Besseres nach. Eine hilfreiche Affirmation, wenn wir einen Wunsch haben, ist:

<u>„Dies oder Besseres geschehe!"</u>

16. März: Ausdauer

Worin hast du eine unerschütterliche, stoische Ausdauer, eine schier endlose **Gelassenheit** und kannst **Ruhe bewahren**, wo sie anderen bereits abhandengekommen ist? Wo bist du stets beharrlich? Was kann dich nicht umhauen? Es gibt immer etwas, bei dem wir anderen gegenüber eine Nase voraus sind. Wir alle können irgendetwas besonders gut meistern. Was ist es bei dir?
Du weißt doch: **Aus der Ruhe kommt die Kraft.** Und damit auch die **Geduld**. Geduld und Ausdauer zu haben bei Dingen, die uns am Herzen liegen, ist von großem Vorteil. Gut Ding will eben Weile haben. Wohl dem, der das zu beherrschen weiß. Wenn wir wirklich für etwas brennen, dann werden neue Energien in uns freigesetzt, die uns die Kraft zum Durchhalten geben. Wer eine Prüfung schaffen will, wird büffeln müssen. Der Lohn ist das Bestehen derselben. **Dann hat sich die Ausdauer gelohnt.** Wisse: „Die Kraft wird da sein!"

17. März: Stabilität

Du bist der Fels in der Brandung! Woran erkennst du es? Und woran können andere es erkennen? Was zeichnet dich aus? Wenn wir in uns ruhen, strahlen wir nach außen **Sicherheit und Beständigkeit** aus. **Wir ruhen stabil in unserer Mitte.** Diese innere Stabilität erlangen wir, wenn wir uns einer Sache sicher sind. Nichts bringt uns ins Wanken, nichts zerstört unser Gleichgewicht. Wir halten unsere innere Waage stabil. Das Pendel steht still. Unsere Festigkeit ist unerschütterlich. Nichts kann uns etwas anhaben und wir tragen die innere Gewissheit in uns, dass alles in Ordnung ist, wie es ist.

Wo trittst du für dich selbst ein und beweist Stabilität? Und wo bist du für andere Menschen ein Fels in der Brandung? Wo kann man auf dich bauen? Sei für andere der Leuchtturm, nach dem sie sich richten können, indem du ein gutes Beispiel abgibst. Dein Leuchtturm spendet auch dir selbst Licht! Du darfst dir jetzt gerne zu dieser Fähigkeit gratulieren und dich freuen: „Ich ruhe stabil in meiner Mitte!"

18. März: Beständigkeit

Was bedeutet Beständigkeit für dich? Wo schätzt du sie? Auch Rituale und gute Gewohnheiten gehören dazu. Sie geben uns Halt und Stütze im Leben, aus ihnen beziehen wir Kraft. Daher sollten wir sie pflegen. Beständigkeit bedeutet, dass etwas von längerer Dauer ist.

Wir behalten etwas bei, eine gute Angewohnheit, ein Hobby, eine Lebensart, unsere Ernährungsweise, Sport oder was auch immer in deinem Leben Bestand hat oder haben soll.

Beständigkeit gibt auch dir selbst **Halt**. Gewohnheiten und Routinen entwickeln sich. Auf viele von ihnen können wir uns freuen, manche müssen eben einfach getan werden, andere sind ein Ritual zu ganz bestimmten Anlässen. **Wenn dir etwas Freude bereitet, dann bleibe dabei! Nimm dir regelmäßig Zeit dafür!**

Hier habe ich eine kleine Morgen- oder Abendroutine für dich:
Mache dir eine Tasse Tee, setze dich gemütlich hin und notiere dir alles, was dir gerade in den Sinn kommt. Baue die schönsten Luftschlösser und male dir alle Details ganz präzise aus, wie es sein kann. Nur wenn du deine Träume bildlich visualisierst, kannst du sie Schritt für Schritt in Pläne verwandeln, die du dann angehst.

„Ich pflege meine liebgewonnenen Gewohnheiten!"

19. März: Muster

Das Leben besteht aus Gegensätzen, wie wir sicher wissen. Es gibt förderliche Muster, die wir an den Tag legen, und eher weniger förderliche. **Erkenne dich selbst!** Heute ist der Tag: Butter bei die Fische: Welche deiner Muster tun dir gut – und von welchen löst du dich besser? Heute ist der Tag der Wahrheit. Sei ehrlich zu dir selbst! Das gilt auch für überholte **Denkmuster**. Sie prägen unseren Alltag und damit unsere Zukunft.

Was wir heute denken, werden wir morgen sein!

Pflegen wir also die guten Muster! Gerade niedergeschrieben, und schon stehe ich auf und mache meine täglichen Qigong-Übungen, da ich oftmals einfach zu viel sitze. Dabei hilft mir das Denkmuster:

„Ich sorge gut für meinen Ausgleich!"

20. März: Abwechslung

Wo muss mal frischer Wind rein? Was will Neues ausprobiert werden? Raus aus dem Einerlei! Läute aktiv den Frühling ein mit einem **Himbeereis am Vormittag**. Genieße einen Geschmack mit schönen Erinnerungen an fröhliche und leichte Zeiten!

Nutzen wir die Zeit der Tatkraft einmal für Ungewohntes und Unkonventionelles. Das frischt schließlich auch den Geist auf und verschafft uns neue Impulse, Eindrücke und Erfahrungen. Wenn wir hin und wieder gezielt aus der gewohnten Routine ausbrechen und neue Muster schreiben, finden wir vielleicht durch Zufall etwas ganz Neues, das uns Freude bereitet, wie wir es nie erwartet oder vermutet hätten. Einfach weil wir es mal ausprobiert haben!

Nur Mut: Heute machen wir etwas anders als an anderen Tagen. Das Schöne ist: Du darfst es frei wählen! Was wird es sein? Etwas Kleines reicht schon, wie die Tasse Kaffee, die du heute mal nicht selbst gekocht hast. Oder das Himbeereis zum Frühstück. Abwechslung bringt positive Aufregung ins Leben, auf die wir uns (täglich) freuen können. Sei kreativ:

„Ich genieße den Zauber des Neuen und Unbekannten!"

21. März: Frühling

Heute ist **Frühjahrs-Tagundnachtgleiche**. Die Nacht und der Tag sind gleich lang. Die Tagundnachtgleichen sind besondere Tage im Frühling und im Herbst. Die Schleier zwischen der sichtbaren und der unsichtbaren Welt sind jetzt dünner. Sie lichten sich für diesen einen Tag, wie wir es auch von den Raunächten kennen. Heute sind wir eingeladen, uns mit der Natur und ihren Wesenheiten zu verbinden. Heute ist alles anders, für einen *besonderen* Tag.

Reflektiere einmal für dich:
Wenn du eine Blume wärst, welche wärest du?
Und warum? Was zeichnet diese Blume aus?
Was sind ihre Besonderheiten?
Hat sie Heilkräfte oder einen besonderen Duft?
Was sagt das über dich aus? Es gibt immer eine Verbindung von innen und außen, zwischen uns und der Natur:

„Ich verbinde mich mit Mutter Natur und lerne von ihr!"

22. März: Bewegung

Zweifellos ist es an der Zeit, uns wieder mehr zu bewegen. Yoga, eine aus Indien stammende Lehre mit geistigen und körperlichen Übungen, bietet eine gute Möglichkeit dazu.

Neben den Körperübungen, den Asanas, gibt es viele wichtige Atemübungen und Meditationen, denn auch Entspannung ist wichtig. Ein steter Wechsel zwischen Bewegung und Entspannung ist unserer Gesundheit sehr zuträglich und schafft den nötigen Ausgleich. Hier folgen drei kleine Beispielübungen für dich für **inneren Frieden und Zentrierung**:

Die Palme:

Stelle dich aufrecht hin, die Füße stehen hüftbreit auseinander, den Blick geradeaus auf einen Punkt fixieren, einatmen und das Gewicht auf die Zehen und Ballen verlagern. Die Fersen langsam vom Boden abheben, gleichzeitig die Arme über die Seiten nach oben über den Kopf ganz lang ausstrecken und die Handflächen aneinanderlegen. Wir strecken uns so lang, wie es geht, ohne dabei das Gleichgewicht zu verlieren. – Kurze Atempause, und mit dem Ausatmen die Fersen und die Arme langsam wieder senken ... Wieder eine kurze Atempause – und die Übung mehrmals wiederholen.

Variante: Der Baum:

Wir stehen stabil auf dem Boden, die Arme sind wieder lang über dem Kopf ausgestreckt, die Handflächen liegen aneinander. Nun den rechten Fuß anheben, das Knie nach außen drehen und den Fuß auf der Innenseite des linken Oberschenkels, etwa in Höhe des Knies, ablegen. Den Atem fließen lassen und die Position halten, solange sie angenehm ist ... Dann langsam wieder auflösen. Anschließend die Seiten wechseln.

Variante: Der kleine Baum der Gelassenheit:

Hier befinden sich die Arme vor der Brust, die Handflächen werden wie zum Gebet in der sogenannten Namaste-Haltung aneinandergelegt. Der Rest erfolgt analog der Baumübung. Wir stehen wieder stabil auf einem Bein und der Atem fließt ruhig ... Dann wechseln wir das Standbein. Dieser Satz kann uns beim Yoga begleiten:

„Ich ruhe still in mir."

23. März: Qigong

Qigong (sprich: Tschigong) ist eine viele Jahrtausende alte Bewegungs-, Konzentrations- und Meditationsform aus China, die der Harmonisierung der Energien in unserem Körper dient. Es ist eine der bekanntesten und ältesten Heilmethoden der TCM, der Traditionellen Chinesischen Medizin.

Körper, Geist und Seele werden als Einheit betrachtet. Qi steht für die Lebenskraft, den Lebensatem, Gong für die Bewegung. Wir bewegen also unseren Atem. Dazu führen wir leichte Atem- und Körperübungen durch, um die Energie in uns zu wecken und zum Fließen zu bringen. Dieses Fließen stellen wir uns währenddessen vor unserem geistigen Auge vor, bis wir den Energiefluss schließlich *spüren*.

Eine kurze Qigong-Übung, die wir täglich ausführen können, ist die **8. Brokat-Übung:** Alle (hundert) Krankheiten vertreiben. Sie kurbelt unser Immunsystem an. Brokat heißen die Übungen, weil sie ganz besonders wertvoll sind. Man nennt sie auch die „edlen Übungen". Sie stellen eine der bekanntesten Formen des Qigong dar.

<u>8. Brokat-Übung:</u> Alle (hundert) Krankheiten vertreiben:

Wir legen die Zungenspitze gegen die oberen Schneidezähne. Das ist die sogenannte **Elster-Brücke.** Wir schließen den Energiekreislauf damit. Wir stehen gerade und aufrecht mit geschlossenen Beinen und umschließen hinter unserem Rücken mit Daumen und Mittelfinger der einen Hand das Handgelenk der anderen Hand: Frauen umfassen das linke Handgelenk, Männer das rechte. Nun legen wir die Hände so weit oben wie möglich auf der Wirbelsäule ab, strecken unseren Körper lang, atmen tief ein und heben die Fersen vom Boden, sodass wir auf unseren Fußballen, (der sprudelnden Quelle), zu stehen kommen.

Wir atmen aus und lassen uns dabei auf die Fersen fallen, gleichzeitig rutschen unsere Hände mittig auf der Wirbelsäule wieder hinunter in Richtung Gesäß. – Wir machen eine kurze Pause, dann wiederholen wir die Übung.
Insgesamt führen wir sie 7-mal aus.

Dabei können wir folgenden Gedanken fassen:

<u>„Ich lasse die Energie durch mich strömen!"</u>

24. März: Yin und Yang

Diese zwei Begriffe aus der chinesischen Philosophie stehen für zwei polar einander entgegengesetzte duale Kräfte des Universums, die sich gegenseitig ergänzen und eine Harmonie herstellen. Wie Licht und Schatten. Oder wie der Mond und die Gezeiten. Herrscht auf der einen Seite Ebbe, ist auf der anderen Flut. Wenn auf der nördlichen Halbkugel Sommer ist, haben wir auf der südlichen Hälfte Winter.

Yin und Yang gelten für alle Lebensbereiche. Wir finden sie auch in der TCM und im Qigong wieder. Der Ausgleich von Yin und Yang trägt zu einem **Leben im Gleichgewicht** bei. Um dies erfahrbar zu machen, praktizieren wir diese Übung:

<u>**Yin und Yang-Ausgleich:**</u>
Wir stehen aufrecht, die Beine hüftbreit auseinander, und schließen wieder die Elster-Brücke. Wir halten unsere Hände wie zwei Schalen, die eine in Höhe der Hüfte, die andere wie eine umgedrehte Schale kurz oberhalb der Schulter über der anderen Körperhälfte. Mit dem Ein- und Ausatmen bewegen wir unsere Hände nun langsam gegenläufig hoch und runter und schöpfen mit unseren „Schalen" Energie, die sich auf beide Körperhälften gleich aufteilt: Einatmen und eine Hand hoch, die andere runter – kurze Atempause – ausatmen und wechseln. – Wiederhole diese Übung einige Male, fühle den energetischen Ausgleich und denke: „Ich bin in Harmonie!"

25. März: Stilles Qigong

Beim „Stillen Qigong" geht es vor allem um die **Ruhe**. Wir lenken unsere Konzentration bewusst auf die Atmung und auf Meditationen in unserer Vorstellung. Bewegungen finden nur vor unserem geistigen Auge statt. Wir stellen uns den Fluss der Energie in Gedanken vor. Körper und Geist beruhigen und entspannen sich. Positive innere Bilder werden allmählich entstehen. Angewendete Affirmationen können deren Wirkung nachhaltig vertiefen und in uns bewahren.

<u>Übung aus dem Stillen Qigong:</u> Warme Hände und Füße

Mache es dir im Sitzen oder im Liegen so bequem wie möglich und schließe gleich, nach dem Lesen, deine Augen. Dein Atem fließt ruhig und gleichmäßig ein und aus … Mit jedem Atemzug sinkst du immer tiefer und tiefer in die Entspannung hinein …
Nun stellst du dir ein Lagerfeuer oder Kaminfeuer vor. Riechst du es? Hörst du es knistern und knacken?
Gehe etwas näher heran und strecke erst deine Hände, dann deine Füße ans Feuer und spüre die Wärme, wie sie strömt … Deine Finger werden angenehm warm … Beide Hände sind jetzt ganz warm …
Auch deine Zehen werden warm … Beide Füße sind jetzt ganz warm geworden … Mit deinem Atem kannst du die Wärme in dich aufnehmen, in deine Hände und Füße … Von dort breitet sich diese Wärme in deinem ganzen restlichen Körper aus … <u>Fühle es …</u>
<u>„Ich bin ganz ruhig, entspannt und warm."</u>

26. März: Muskelentspannung

Mit dieser kleinen und einfachen Übung aus der Progressiven Muskelentspannung nach Edmund Jacobson kannst du dich im Alltag jederzeit und an jedem Ort schnell entspannen und zur Ruhe kommen. Wir spannen kurz und gezielt alle Muskeln an, halten die Spannung einen Moment lang und lösen sie dann ganz bewusst wieder auf.
Dadurch fühlen wir deutlich den Unterschied zwischen Anspannung und Entspannung:
Atme bewusst zwei Atemzüge lang tiefer ein und aus ...
Beim nächsten Einatmen spanne vom Kopf bis zu den Füßen alle Muskeln deines Körpers gleichzeitig an: das ganze Gesicht zusammenziehen, die Hände zu Fäusten ballen, Arme kräftig anwinkeln, die Schultern zu den Ohren hochziehen, Bauch anspannen, die Beine fest durchdrücken, die Zehen krallen – dein Atem fließt weiter und du hältst diese Spannung für drei Sekunden – zähle in Gedanken langsam bis drei – atme weiter dabei – und lass mit dem nächsten Ausatmen alle Spannung abrupt los! Wie fühlst du dich nun? Was hat sich verändert? Spüre nach ... „Ich bin vollkommen entspannt und gelöst!"

27. März: Autogenes Training

Beim Autogenen Training (kurz: AT), geht es um „Autosuggestive Selbstentspannung". Vor rund einhundert Jahren wurde das AT vom Psychoanalytiker Johannes Heinrich Schultz ins Leben gerufen. Autosuggestion bedeutet „Selbstbeeinflussung". Wir trainieren durch Selbst-Affirmationen unser Unterbewusstsein, an etwas Bestimmtes zu glauben.
Dazu wiederholen wir **einen guten Gedanken** immer und immer wieder, bis er schließlich fest in unserem Unterbewusstsein abgespeichert ist.
Hier eine Kurzübung:
Nach Möglichkeit suche dir jetzt einen ruhigen Ort. Du kannst, nach dem Lesen der Anleitung, auch für einen Moment deine Augen schließen und innehalten.
Richte deine Achtsamkeit nun auf deinen Atem. Atme bewusst langsam ganz tief ein – währenddessen sage in Gedanken zu dir selbst: „Ich bin ganz ruhig und entspannt."
Das Einatmen und dieser Satz sollten in etwa gleich lang währen ...
Nun atme restlos wieder aus und wiederhole für dich diesen einen Satz: „Ich bin ganz ruhig und entspannt."
Du gelangst automatisch in einen entspannten Atemrhythmus. Gönne dir noch zwei weitere Atemzüge ... Dann spüre kurz nach ...

28. März: Energiearbeit

Es gibt viele Formen der Energiearbeit, wie z. B. **Reiki** aus Japan. Rei steht für den kosmischen, universellen Aspekt, Ki für die Lebenskraft, die Energie, die in allem Lebendigen fließt und pulsiert. Wir können uns selbst mit der kosmischen Energie, die uns allen uneingeschränkt zur Verfügung steht, versorgen. Auch hier wird wieder unsere **Vorstellungskraft** eingesetzt. Gleichzeitig **fühlen** wir die **heilende und nährende Energie**, ihre Wärme und ihr Strömen durch unseren Körper, ähnlich wie wir es aus dem Qigong kennen. Wir können auch andere Menschen mit dieser Energie versorgen oder uns gegenseitig die Hände auflegen. Insbesondere unsere Kinder sowie auch unsere Tiere werden es dankbar annehmen!

<u>Zauberhände:</u>

Diese Übung können wir im Sitzen oder im Liegen ausführen. Wir reiben unsere Hände einige Sekunden lang aneinander. Dabei spüren wir, wie sie richtig warm werden ... Nun können wir die Hände dort auf unseren Körper legen, wo wir es heute ganz besonders brauchen, zum Beispiel auf den Bauch ...
Fühle die Wärme, wie sie aus deinen Händen in deinen Bauch strömt und sich von dort aus in deinem ganzen Körper verteilt ...
Vielleicht kannst du sogar spüren, wie die kosmische Energie über deinen Scheitel in dich hineinfließt und zu deinen Armen und in deine Hände fließt. Spürst du ein leichtes Kribbeln auf der Kopfhaut sowie in deinen Handflächen? Es wird kommen:

„<u>Ich fühle den Strom der Energie in mir!</u>“

29. März: Selbstheilung

<u>Der kleine Schamane:</u>

Eine Reise zur Unterstützung der Eigenheilung

Mache es dir so bequem und angenehm wie möglich und lenke deine Achtsamkeit bewusst auf deine Atmung. Spüre, wie dein Atem ruhig ein- und ausfließt. Du kannst auch eine Hand auf deinen Bauch legen, damit du besser spüren kannst, wie sich dein Bauch mit jedem Atemzug hebt und senkt – ganz ruhig und gleichmäßig, in deinem eigenen Rhythmus. – Allmählich spürst du, wie du immer ruhiger und ruhiger wirst ... Jeder Atemzug bringt dich tiefer in die Entspannung hinein ...

Vor deinem inneren Auge entsteht nun das Bild eines kleinen Schamanen in Miniaturformat. Wie muss er aussehen, damit du ihm vertraust? Stelle ihn dir in allen Einzelheiten vor:

Wie groß oder klein ist er? Welches Gewand trägt er? Hat er Kopfschmuck, eine Pfeife oder Ähnliches? Er kann aussehen wie ein indianischer Heiler oder wie ein Mediziner im weißen Kittel – ganz so, wie es dir beliebt …

Schicke deinen kleinen Heiler nun zu einem Bereich deines Körpers, welcher der Heilung bedarf, und stelle dir vor, dass er das nötige Werkzeug dabeihat …

In deiner Vorstellung macht er nun alles, um deine Leiden aufzulösen. Hilf ihm und atme im Anschluss alles aus, was er gelöst hat … Dann spüre nach, was sich in dir verändert hat. Bedanke dich zum Abschluss herzlich bei ihm. Du weißt nun sicher:

„Meine Heilung geschieht *jetzt* Schicht um Schicht!"

30. März: Zauberformel

Diese Atemübung dient als Werkzeug inneren Wandels. Wir können sie einsetzen bei Ärger, Wut und Stress, bei Ängsten, zur Raucherentwöhnung, bei übermäßiger Esslust usw. Also immer dann, wenn wir irgendetwas loswerden oder loslassen wollen. Wir können die Formel in jeder Situation anwenden, zur Transformation eines Ereignisses und unseres Umgangs damit. Dadurch konditionieren wir unseren Geist einfach und wirkungsvoll um:

Atme bewusst restlos aus … Ziehe den Bauch dabei sanft ein, während du alle Luft ausstößt, bis du ganz leer bist … Alles Alte und alles Negative, die Gefühle, den Drang kannst du nun gleichsam ausatmen. Lass alles raus … Sieh vor deinem geistigen Auge das Bild, dass all das, von dem du dich jetzt befreien willst, mit dem Ausatmen aus dir herausströmt … Lass alles los … Das Einatmen geschieht ganz von selbst, ohne dein Zutun. Du brauchst dich nicht darum zu kümmern. Fokussiere dich nur auf das Ausatmen und auf das Loslassen:
„Ich atme alles aus und lasse los!"
Praktiziere diese Übung ein paar Minuten. So lange, bis du glaubst, dass es fürs Erste gut ist. Wiederhole sie bei Bedarf immer und immer wieder, stets mental verknüpft mit deinem **inneren Bild**, wie alles Schadhafte dich wie in einem Strom für immer verlässt.

Das ist deine Zauberformel! Wisse, dass es so ist und dass es funktioniert! **Fühle es!** Nun ist Raum in dir für Neues und für Positives. Und vergiss nie: Sei stets freundlich im Umgang mit dir! Habe Geduld und Nachsicht mit dir. Verzeihe dir selbst und erfreue dich an deinen Fortschritten, die du ab heute von Tag zu Tag machst!

31. März: Magie

Magische Momente geben unserem Leben die nötige Würze. Wir können sie im zwischenmenschlichen Bereich finden bei Begegnungen, die mit Worten nicht erklärt werden können. Auch in der Natur erleben wir sie. Die Erinnerungen sowie die Gefühle, die wir dabei hatten, bleiben uns erhalten solange wir leben. Ich möchte nun einen meiner magischen Momente mit dir teilen und dich dorthin mitnehmen:

Die magische letzte Stunde des Tages:
Wir sitzen auf der großen Terrasse unserer Ferienwohnung in Andalusien mit Blick auf das Meer. Unsere weißen Liegen mit den dicken tintenblauen Auflagen stehen windgeschützt. Es beginnt die magische Stunde. Der Sonnenuntergang gleicht einem Himmelsspektakel! Er findet direkt über der schönen Hacienda statt, die gegenüber auf einem der vielen Hügel liegt.

Ganz großes Kino! Von sattem Gelb bis Himbeere ist alles dabei. Ein schmaler ellipsenförmiger Streifen Wolken öffnet sich. Es zeigen sich letzte gleißende Sonnenflecken, wie Botschaften des Himmels. Versonnen blicke ich vor mich hin. Der Mann fragt: Was denkst du? Ich: Nix. Und das stimmt sogar! Die Bilder vor meinen Augen sind genug. Sie sagen bereits alles. Weitere Gedanken sind überflüssig.

Der Abendhimmel, nun in warmen Bernstein getaucht, der ein blau durchwirktes Wolkendach trägt, reicht sich selbst. Den orange flammenden Zauber des Himmels kann man kaum aushalten, so beinahe schmerzhaft schön ist er. Ringsherum versinkt die Landschaft in Dunkelheit, während oben bei den Engeln noch immer das Spektakel zelebriert wird. Bühne frei für dieses grandiose und magische Schauspiel der Natur!

Welche magischen Momente mit Menschen, Tieren oder der Natur hast du bereits erlebt? Wo verschlug es dir die Sprache, weil Worte nicht ausdrücken konnten, was du empfandest? Magie kann nicht erklärt werden. Man muss sie **fühlen**, sonst ist sie es nicht.
„Ich lasse die Magie in mein Leben!"

APRIL: Zeit der Öffnung für Neues

Nachdem wir erfahren haben, was sich in unserem Leben stimmig anfühlt und was nicht (mehr) zu uns passt, haben wir tatkräftig bereits die ersten neuen Schritte umgesetzt, um Neues in unser Leben zu ziehen. Wir nehmen uns inzwischen täglich etwas Zeit für uns und für unsere Entspannung. Jetzt lassen wir bewusst Altes und Vergangenes los und finden dadurch zu neuer Kraft und Energie.

Wir spüren deutlich, was förderlich ist und was eher nicht, was wir halten sollten und was loslassen. Wenn etwas Altes geht, wird Raum und Energie für Neues frei. Wir können alte Rituale pflegen oder neue etablieren. **Alles, was uns guttut, ist erlaubt!**

Ein paar kleine Meditationen runden diesen Monat ab. Sie verleihen unserer Fantasie Flügel, tragen uns in andere Welten und lassen uns eine Weile den Alltag vergessen. Magische Geschichten und Erzählungen bereichern diese neue Zeit. Oftmals enthalten sie einen wahren Kern mit einer wichtigen Botschaft für uns. Sie können uns für neue Impulse und Ideen, Wahrnehmungen und Weltanschauungen öffnen, wenn wir wollen. Es ist dies nun die **Zeit der Öffnung für Neues**.

Dein **Ruhebild** für diesen Monat:

Die Rose:

Schließe deine Augen und stelle dir eine schöne große Rosenblüte vor. Es spielt keine Rolle, ob du ihren Namen kennst oder ob sie in Farbe und Form ausschließlich deiner Fantasie entspringt. Solltest du keine Rosen mögen, wähle einfach eine andere Blume.

Sieh die Blütenblätter deiner Blume sich im Sonnenschein ganz langsam öffnen ... Etwas Tau glitzert im Morgenlicht noch an ihren Rändern ... Wie in Zeitlupe geht die Blüte Stück für Stück auf und entfaltet ihre zarten Blätter ... Beobachte es einen Moment ...

Kannst du ihren Duft riechen? Atme ihn ruhig und gleichmäßig ein und aus, während du das Bild deiner Blume vor dem geistigen Auge aufrechterhältst ...

Das beruhigt und zentriert dich gleichermaßen ...

1. April: Naturgeister

Die Natur erwacht zu neuem Leben, die Blüten öffnen sich, und auch wir gehen wieder mehr ins Außen. Alles erwacht aus dem Winterschlaf. Unser Weg führt von innen nun wieder nach außen. Alle unsere Sinne sind jetzt offen und geschärft für das Neue, das in unser Leben kommen und entstehen will. Der Geist der Natur inspiriert uns und zeigt uns neue Möglichkeiten (der Wahrnehmung) auf.

Paracelsus schrieb einst ein Buch, das heute als Nachdruck unter dem Titel **„Der Feengarten"** erhältlich ist. Es ist ein Buch aus der abendländischen Kultur über die Elementarwesen und Naturgeister der Kräfte der vier Elemente: des Wassers (die Nixen), der Luft (die Feen), der Erde (die Gnomen und Zwerge) und des Feuers (hierzu gehören auch die Riesen, an die er glaubte).

Ihr Bewusstsein liegt allein auf der Gefühlsebene. So, wie wir Menschen **fühlen**, so „denken" sie, denn sie können alle unsere Gefühlsschwingungen wahrnehmen. Wie es Kleinkinder auch tun, wenn sie unsere gesprochenen Worte noch nicht verstehen können.

**Die Liebe, die wir empfinden und aussenden,
ist der Schlüssel dazu!**

Musik und Gesang senden durch ihre harmonischen Töne ebenfalls Schwingungen aus und können für Harmonie bei Menschen und Tieren, Pflanzen, Elementaren, Naturwesen und sogar für Harmonie an Orten sorgen. Die Form, in der wir Elementarwesen wahrnehmen, ist die, die wir in unserer Vorstellung oder in unseren Erinnerungen gespeichert haben. Sie findet Ausdruck in der Bildersprache der Sagen, Mythen und Legenden für uns große und kleine Menschen, um uns auf etwas ganz Bestimmtes hinzuweisen. Grundsätzlich aber sind sie formlos, das heißt, sie bedürfen keiner bestimmten Form.

Wenn wir mit ihnen kommunizieren wollen, können wir sie auch um Bilder oder um Traumbilder bitten. Es reicht aber oft schon aus, wenn wir auf innere Impulse und Zeichen achten bei allem, was wir mit Liebe und Achtsamkeit tun. Dann sind wir in Harmonie mit allem, was ist und haben wieder Zugang zu unserer Intuition und zu unserer inneren Welt. Wenn Elementarwesen auf diese Weise für uns tätig werden, denkt der Mensch dabei manchmal an ein Wunder:

<u>„Ich sehe die Wunder der Natur sich vor mir ausbreiten und nehme sie dankbar an."</u>

2. April: Heinzel

Der berühmte „**Heinzelmännchenbrunnen**" in der Nähe des Kölner Doms erzählt, eingemeißelt in verschiedene Reliefs, ihre ganze Geschichte und zeigt sie bei der Schneiderarbeit, die sie einst heimlich in der Nacht ausübten, um den Menschen in der mittelalterlichen Stadt Köln bei der Arbeit zu helfen und sie zu entlasten. Auch hier sind Elementarwesen anwesend.

Als die Frau des Schneiders sich der Sage nach mit ihrer Neugier und ihrem menschlichen Verstand einmischt, weil sie die Heinzelmännchen unbedingt bei ihrer Arbeit während der Nachtstunden sehen will, spielt sie ihnen einen Streich, indem sie Erbsen auf die Treppe streut, damit die Heinzel darauf ausrutschen.

Als sie schließlich allesamt die Treppe herunterpurzeln, verschwinden die Heinzel für immer, da sie auf der Ebene unseres menschlichen Verstandes nicht existieren können. Nur im hellen Schein der Lampe, also ihres Verstandes, konnte die Schneidersfrau sie einen winzigen Augenblick lang sehen, doch im Handumdrehen waren sie auch schon wieder verschwunden.

Die Heinzelmännchen stehen für das Thema Gerechtigkeit. Sie sind bereits seit dem Mittelalter in unterschiedlichen Sagen und Legenden bekannt. Allgemein gelten Heinzel und Wichtel als kleine gute Helfer, die anderen Menschen unerkannt Glück und Freude bringen. So entstand auch das Wichteln zur Weihnachtszeit.

Wenn der Mensch sie aufschreckt und verstört, wandern sie aus. Hätte die Schneidersfrau sie in Frieden gelassen und hätte sie die Harmonie nicht zerstört, wären sie sicherlich geblieben. Nun mussten alle Handwerker*innen in Köln ihr Tagwerk wieder selbst verrichten, und das ist bis heute so geblieben, leider. Wir haben uns sozusagen von der Welt der Elementarwesen entfremdet und abgetrennt. Doch wir können uns wieder an sie erinnern:

<u>„Das, was ich glaube, wird wahr werden!"</u>

Nutze diese Kraft der positiven Einbildung in deinem Inneren und male dir in Gedanken aus, was du dir für dich wünschst und wie es sich anfühlen wird, wenn es eingetreten ist. Setze alle deine Sinne dafür ein und gestalte dir ein buntes, aussagekräftiges Bild. Sieh es vor dir, als wäre es bereits Realität. Sei dein eigenes kleines Heinzelmännchen!

3. April: Halbzeit

Stell dir vor, die Hälfte deines Lebens wäre bereits um. Wie ist sie gewesen? Gibt es etwas zu verbessern? Zu optimieren? Wegzulassen? Eine Halbzeit hat immer zwei Seiten. Die eine zeigt zurück auf die erste Hälfte: **Was geschah bisher?** Die andere weist in die Zukunft: **Was wird werden?** Und was fehlt? Was würdest du lieber tun? Fang es an! Unsere Zeit ist kostbar! Aber was ist Zeit eigentlich? Jede Zeit ist geschenkte Zeit – in der Unendlichkeit, die keine Zeit kennt …
Wenn wir uns dessen bewusstwerden, ist es an der Zeit, die Dinge **jetzt** in die Hand zu nehmen. Vielleicht hilft es dir, eine Kollage zu erstellen, als deine persönliche **Schatzkarte**. Gibt es Bilder oder Fotos der Dinge, die du in dein Leben ziehen möchtest? Du kannst auch etwas in Miniatur aufstellen, um dich täglich daran zu erinnern und die Fülle in dein Leben einzuladen. **Mach die Fülle für dich sichtbar!** In Peru wird dieser Brauch gepflegt, und er ist sehr wirksam, da er dir die Ziele, die du erreichen willst, täglich vor Augen führt:

„Ich sehe bereits alles vor Augen – und so sei es!"

4. April: Entrümpeln

Welche Dinge brauchst du wirklich zum Leben? Was macht dein Leben leichter oder schöner? Werde heute allen Ballast los, alles, was dich beschwert und dir die Luft zum Atmen nimmt. Behalte nur, was du liebst und was dein Leben leichter und besser macht, was wirklich nötig ist.

Minimalismus ist eine gute Chance, sich auf das Wesentliche zu beschränken und alles andere loszuwerden. Der Lohn ist ein neues Gefühl von Freiheit und Leichtigkeit. Ich liebe es, Dinge wegzutun, die keine Funktion mehr für mich haben oder die defekt sind. Objekte, die ich nicht mag oder noch nie mochte, Sachen, die gar negativ behaftet sind, weil sie von unliebsamen Zeitgenossen stammten: Immer bloß weg damit! Kleidung, die nicht gut sitzt und es auch nie tun wird, oder die uns nicht steht: Hinfort damit. Das befreit ungemein von Ballast. Und es macht süchtig! Sind Gegenstände darunter, die jemand anderem noch dienen könnten, verschenke oder verkaufe ich sie, um unnötigen Müll zu vermeiden. Alles andere kann weg nach dem Motto von Therese von Lisieux:

**„Die Freude steckt nicht in den Dingen,
sondern in unserer Seele."**

Damit wir nicht wie der Ochs' vor dem Berge stehen, sollten wir uns Stück für Stück voranarbeiten: eine Schublade, ein Schrankfach usw. Nach Möglichkeit jeden Tag einen kleinen Bereich durchsehen und gucken, was weggehen kann. Oder jedes Wochenende. Was brauchen wir wirklich? Wovon ist es genug?

„Wem genug zu wenig ist, dem ist nichts genug."
(Epikur)

Oder du trennst dich JEDEN Tag von *einem* Gegenstand, was es auch sei. Nach einer Woche sind es schon 7, nach einem Monat 30, und nach einem Jahr erst! Urlaub und Blaumachen oder Krankfeiern gilt übrigens nicht. Dann solltest du entweder vor- oder nacharbeiten. Sonst hält der Schlendrian schneller wieder Einzug, als wir ausgemistet haben.

Ein gefundenes Fressen ist immer wenn jemand einen neuen Hausstand gründet. Dann können wir all das Zeug loswerden, das wir übrig oder doppelt haben oder inzwischen leid geworden sind. Der springende Punkt in Bezug auf Nachhaltigkeit ist jedoch, in Zukunft *vorher* genau zu überlegen, was gekauft und ins Haus gelassen wird. Wenn es mein Leben nicht besser macht, bleibt es draußen. Ich kaufe nur, was dringend benötigt wird. Punkt. Geld spart es außerdem.

Nur wenn wir etwas Altes gehen lassen, ist Platz für Neues in unserem Leben. Dann haben wir einen besseren Überblick und können neue Prioritäten setzen. Ausmisten und Platz für Neues schaffen: Ich liebe es sehr!

Frage dich: Was muss noch aus meinem Leben verschwinden, damit ich mir mehr Luft und Freiraum verschaffen kann?

<u>„Ich werfe wie ein Heißluftballon meinen Ballast ab!"</u>

5. April: Offenheit

Wir können mit Körper und Geist wieder in Einklang leben, wenn wir uns darauf einlassen, die **Einfachheit** neu für uns zu entdecken. Oft hilft es schon, weniger zu planen und mehr zu improvisieren. Gerade in Zeiten des Wandels machen wir uns das Leben leichter, wenn wir offen und flexibel sind für das, was kommt, und das dann einfach umsetzen. Ein Plan B ist immer eine gute Idee. Jeder Verlust stellt stets auch eine neue Chance dar. Dann fangen wir eben noch einmal von vorne an: **Erstens kommt es anders, und zweitens, als man denkt.**

Über Umwege kann man auch zum Ziel gelangen und dabei viel gelernt haben. Es gibt immer ein Davor und ein Danach, ohne dass etwas fehlen muss. Es geht stets weiter. Und es gibt immer zwei Seiten sowie mehrere Wege. Ist uns der eine Weg versperrt, dann öffnet sich ein anderer. Es ist stets so: Das Gegenteil von dem, was ich glaube, ist ebenfalls wahr! Und so bleibe ich offen für alles, was kommen mag.

Bleibe positiv und erkenne den **Silberstreif am Horizont**. Was ist das Positive an dieser Situation? Habe Vertrauen, dass sich alles zu deinen Gunsten regeln wird:

„Ich bin stets positiv gestimmt und offen für Neues in meinem Leben, auch für neue Ansichten und Möglichkeiten!"

6. April: Perspektiven

Neue Möglichkeiten eröffnen sich mir, wenn ich ab und an bewusst die Perspektive wechsle und neu auf die Dinge und auf mein Leben schaue. Aus diesem **neuen Blickwinkel** heraus kann ich auch wieder das Positive entdecken und das Glück sehen in der Fülle der Möglichkeiten, die vor mir liegen.

Eine Übung für den heutigen Tag:

Wir können uns jeden Tag einen guten Moment notieren. Frage dich: _„Was war oder ist heute gut?"_

Bewusst nehmen wir einen **Perspektivenwechsel** vor. Wir schulen uns in **„positivem Denken"** und gestalten uns ein leichteres und besseres Leben. Wenn wir nicht weiterwissen, hilft uns dieser innere Abstand, bei dem wir die Gedanken auf das Gute richten, um uns neu auszuloten und den Blick für neue Perspektiven zu schärfen.

7. April: Richtungsänderung

Manchmal ist eine **Kursänderung** erforderlich. Es gibt Wege, die uns nicht (mehr) zum Ziel führen. Dann müssen wir unser Schiffchen auf dem **Fluss des Lebens** neu ausrichten – und weiter geht's. Wichtig ist, voranzugehen und unser Ziel zu verfolgen. Die Dinge geschehen nicht von allein. Wir müssen anfangen – jetzt – und den ersten Schritt tun. Alles Weitere ergibt sich. Wir müssen bloß ein Zeichen setzen, dann kommt alles in Fluss.

Mit dem Kopf vor die Wand zu laufen, bringt uns nicht weiter. Hin und wieder werden wir im Laufe unseres Lebens den Kurs ändern müssen. Wir müssen uns stets weiterbewegen, damit Veränderungen stattfinden können. So ist letztlich alles einem **Wandel** unterworfen. Nach einem ruhigeren Stück Weg folgt wieder ein holpriges Stückchen. Nach Ruhe folgt Aktivität, und so weiter. Immer im Wechsel. So ist das Leben – und wir alle können es meistern!

<u>Es ist genug für alle da:</u> Liebe, Hoffnung, Mut, was immer du brauchst. Bediene dich der Fülle deines Lebens und gehe hinaus in deine persönliche Freiheit. Setze die Kompassnadel neu auf Anfang und wisse:

**„Jeder Tag ist eine neue Chance,
das zu tun, was du möchtest.“**
(Friedrich von Schiller)

8. April: Mut

Jede Veränderung und jeder erste Schritt braucht Mut. Gibt es etwas, und sei es nur eine Kleinigkeit, wofür dir bisher der Mut fehlte? Was könnte denn schlimmstenfalls passieren?
Verlasse deine **Komfortzone** und mache es trotzdem – und wachse an der neuen Erfahrung. Dann wächst du über dich selbst hinaus! Immer wenn wir die Komfortzone verlassen, braucht es frischen Mut. Wenn wir etwas Neues wagen, tun sich neue Abenteuer auf. Nur so machen wir schließlich unsere Träume wahr.
Unsere Träume wollen gelebt werden!

Wenn du dich an vergangene Ereignisse erinnerst, die du gemeistert hast, findest du den Mut *in dir selbst*. Er ist da. Du musst ihn nur aufwecken. Jede weitere mutige Tat nährt dein **Selbstvertrauen**. In welchem Bereich deines Lebens wärst du gerne (noch) mutiger? Male dir in Gedanken kurz bildlich aus, wie es wäre und wie es sich **anfühlen** würde. Wer könnte dein Vorbild sein, deine Begleiter*in oder Unterstützer*in? Gibt es jemanden, dem du dich anvertrauen magst?

Sammle deinen ganzen Mut, all dein Selbstvertrauen und all deine Kraft zusammen – und dann leg los – mit frischem Wagemut! Verfolge deine Träume – komme, was wolle, und sprich dir selbst gut zu:
<u>„Ich habe den Mut, mein Leben zu verändern!“</u>

„Was immer du tun kannst, oder träumst es zu können, fang damit an! Mut hat Genie, Kraft und Zauber in sich.“ (Goethe)

9. April: Nein-Sagen

Die Kraft des **Nein-Sagens**: Manchmal müssen wir uns auch abgrenzen, um unbeirrt unserem Weg folgen zu können. Wir brauchen unsere ganze Kraft, Energie und Ausdauer für die Verwirklichung unserer Ziele, Träume und Visionen. Unsere **inneren Stopp-Schilder** wollen rechtzeitig erkannt und die eigenen Grenzen gewahrt werden, und zwar *bevor* wir ausbrennen. Eigentlich *fühlen* wir, wenn etwas nicht mehr stimmig ist oder uns zu viel wird:
„Ich lausche den Botschaften meines Körpers und meiner Gefühle!“

Dann erkenne ich, wann es an der Zeit ist, **Nein** zu sagen, ehrlich, klar und direkt, ohne umständliche Erklärungen oder Entschuldigungen vorzubringen. Vielleicht können wir ja auch eine Alternative anbieten, wann es uns besser passt. **Stehe zu deiner Meinung!**
Aber warum fällt uns das Nein-Sagen eigentlich so schwer? Oft ist es die Angst vor Ablehnung oder vor Konflikten. Man will anderen gefallen. Ein anerzogenes Muster. Das dürfen wir nun getrost ablegen!

10. April: Ja-Sagen

Sage **Ja** zu dir selbst! Sei für *dich* da und stehe für *dich* und *deine* Belange und Bedürfnisse ein. Das bringt dich in **deine eigene Kraft**. Ein entschiedenes und klares **Ja** zu den Dingen, die dir am Herzen liegen, nährt die Seele. **Erlaube es dir! Jetzt!** Unser Lebensglück sollten wir uns nicht versagen. Dazu gehört, uns bewusst für etwas zu entscheiden: für einen neuen Weg, eine neue Arbeit, eine Familie, ein neues Hobby, wonach auch immer wir uns sehnen. Was ist es bei dir? Eine neue Form der **inneren Zufriedenheit** wird in dir entstehen:

„Ich entscheide mich bewusst für ein gutes und erfülltes Leben!“

11. April: Grenzen

Von Zeit zu Zeit müssen wir die Grenzen, die wir gesetzt haben, auf ihre Tauglichkeit überprüfen. So, wie unser Umfeld sich im Laufe unseres Lebens verändert, verändern auch wir uns. **Klare Grenzen zu setzen ist wichtig.** Sie helfen uns, dauerhaft mit unserer Energie zu haushalten. Haben wir sie erst gesetzt und sind mit uns selbst im Reinen, dann müssen wir nicht immer wieder darüber diskutieren, weder mit unserem Umfeld noch mit unserem Gewissen.

Aber hin und wieder macht eine Überprüfung Sinn. Vielleicht braucht es *neue* Grenzen. Dafür können andere fallen. Wie geht es uns mit unseren derzeitigen Grenzen? Reflektiere kurz … Wenn es sich gut anfühlt, ist es in Ordnung.

Haben wir in der Vergangenheit zu wenig Grenzen gesetzt? Auch das **spüren** wir deutlich, und zwar in Situationen, wo Unzufriedenheit und Widerwillen entstehen. Oder wenn wir ärgerlich werden, weil uns etwas immens stört. Das sind wichtige Indikatoren, um zu erkennen, wo es nicht stimmig ist. **Grenzen setzen – ohne zu verletzen:** Das gelingt uns, wenn wir sie aus der **Ich-Perspektive** heraus ganz klar formulieren, ohne Anschuldigungen und ohne Vorwürfe. Anhand der vielen Kleinigkeiten im Leben können wir es gut üben:

„Ich sage klar und deutlich, was für *mich* (nicht) in Ordnung ist!“

12. April: Spaß

Überlege dir morgens bereits vor dem Aufstehen, oder schon am Vorabend, etwas Kleines, das dir Spaß macht und worauf du dich freuen kannst, nur für dich. Ein winziges geplantes Etwas kann uns den ganzen langen Tag versüßen wie eine reife, saftig-süße Mandarine. Wir können eine Routine daraus machen, wie z. B. abends im Bett in einem Lieblingsbuch (wie diesem) zu lesen. Das sind **die kleinen Freuden des Alltags**. Sie müssen nicht unbedingt etwas kosten.

Wichtig ist, dass sie uns erfüllen. Es kann auch jeden Tag etwas anderes sein, ganz individuell auf dich zugeschnitten und auf deine Bedürfnisse oder die Tagesform ausgerichtet. **Nichts muss, alles kann!** Jeder Tag ist neu und unschuldig, und du darfst ihm nun einen schönen Stempel aufsetzen. **Spaß und Glück gehören zusammen!**

„Glücklich ist, wer zufrieden ist und sich an dem erfreuen kann, was das Leben bringt!“

13. April: Selbstdisziplin

Sei bei der Erfüllung deiner eigenen Bedürfnissen diszipliniert! Wenn wir regelmäßig etwas **für uns selbst tun**, stabilisieren wir unsere Psyche und unseren Körper. Das wappnet uns auch für schwierigere Zeiten. Sich regelmäßig Zeit für etwas zu nehmen, das uns guttut, ist eine der schönsten Verpflichtungen, die wir *uns* gegenüber eingehen können.

Gestalte dir ein schönes **Ritual** dazu, wenn es dir gefällt. Erinnere dich besonders in schlechten Zeiten daran, wenn es dir nicht so gut geht, und führe es dann trotzdem oder vor allem deswegen durch. Damit kannst du dich auch am eigenen Schopf aus dem Sumpf ziehen. **Steh-auf-Männchen** und **Optimisten** haben es leichter im Leben!

Was möchtest du dir heute versprechen?
Denke kurz nach … Du weißt, dass Versprechen eingehalten werden wollen. Also suche dir eine Kleinigkeit aus, die realistisch umsetzbar ist und die dich nährt. Halte dich daran, wann immer es geht.
„Ich tue mir jeden Tag etwas Gutes!"

14. April: Verwöhnen

Sich selbst zu verwöhnen, streichelt und nährt die Seele!
Wir können uns regelmäßig verwöhnen, indem wir uns etwas Besonderes gönnen, wie die Tasse Kakao, die wir nicht selbst gekocht haben, eine Massage oder irgendeine andere Art von Wellness. Oder wir formulieren unsere Wünsche an unseren Partner, die Partnerin.
Vielleicht können wir uns einmal in der Woche mit einer Kleinigkeit verwöhnen lassen, wie z. B. montags zum Beginn der Arbeitswoche, wenn wir es gefühlt am nötigsten haben. Oder einmal im Monat etwas Größeres, wie lecker essen gehen oder sich bekochen lassen und einmal nicht selbst kochen zu müssen.

Welche kleine Besonderheit kann Teil deines Lebens werden, weil du es dir wert bist? Auch bei kleinem Geldbeutel finden sich Möglichkeiten wie eine gut riechende Creme, ein Eis aus dem Tiefkühler, ein neuer Lippenstift aus der Drogerie. Du siehst: es können scheinbare Nebensächlichkeiten sein. Wenn wir sie aber bewusst als unser neues **Verwöhnprogramm** betiteln, bekommen sie eine andere Wertigkeit!

„Ich verwöhne mich – weil ich es mir wert bin!"

15. April: Unterstützung

Wenn manchmal alles drumherum zu viel wird: Kannst du dir eine Unterstützung holen? Wer könnte dich etwas entlasten und dir helfen? **Fragen kostet nichts!** Die anderen können unsere Gedanken nicht lesen. Sie wissen nicht, wann unsere Grenzen erreicht sind, wenn wir es ihnen nicht sagen. Wir müssen schon klar aussprechen, wenn wir gerne Hilfe haben wollen.

Vielleicht kannst du dich im Austausch mit etwas anderem revanchieren, das *dir* leichtfällt? Nimm zum Beispiel das Nachbarschafts-Portal „nebenan.de". Es gibt Menschen, die sich darauf freuen, anderen einen Gefallen zu tun! Oftmals auch ganz umsonst oder in Form eines Ehrenamtes. Manches kann einfach besser auf mehrere Schultern verteilt werden. Kinderbetreuung etwa kann man sich auch gut teilen. Man kann sich abwechseln, sodass jeder mal frei hat. Und wenn du für etwas professionelle Hilfe brauchst, dann erlaube sie dir. Es ist ein Zeichen von Stärke, sich Hilfe zu holen, wofür auch immer. Eine Schwäche ist es nur, wenn wir es *nicht* tun!

Wir müssen nicht alles allein schaffen! Diese Zeiten sind vorbei. Nun brechen neue Zeiten an: *du* brichst diese Zeiten an! Es ist die Zeit der Öffnung für Neues. Das Motto dieses Monats.
„Ich erlaube mir Unterstützung, wo auch immer ich sie brauche!"

16. April: Schlaf

Schlafen stärkt die Seele und das Immunsystem!
Wenn wir eine Entscheidung treffen müssen oder Probleme haben, hilft es IMMER, erstmal eine Nacht darüber zu schlafen. So kann unser Unterbewusstsein leichter einen Lösungsansatz finden. Schlaf ist eine unerschöpfliche Quelle. Am Morgen haben wir wieder einen klaren Kopf und kommen eher auf eine Lösung, als wenn wir im Gedankenkarussell des Vortages steckenbleiben. Wir können uns in (fast) jeder Situation etwas Bedenkzeit einräumen oder erbitten, damit wir nicht überrumpelt oder überfordert werden. Etwas ruhen und geschehen zu lassen ist manchmal das Beste, was wir tun können. Die Zeit wird es bringen. Am Ende gibt es für alles eine Lösung, immer.

Darüber hinaus ist das mit dem Schlaf eine individuelle Sache, die in keinen Rahmen passt. Wir können zum leichteren Einschlafen in einem Buch lesen, bis uns die Augen zufallen, z. B. **„Entspannt in den Schlaf".** Für das **Einschlafen** und das wieder Einschlafen gilt: Wenn wir auch nur *einen einzigen* Gedanken denken, dann ist es auch schon vorbei. Also lass alle Gedanken los wie fliegende Blätter im Wind …

Ein guter Tipp zum Einschlafen: **Lavendelöl** pur auf den Puls, die Halsgrübchen oder die Schläfen geben, die Augen schließen und schnuppern. Die Achtsamkeit liegt ganz beim Einatmen des Lavendelduftes. Alles andere hat nun Sendepause, außer dieser eine Gedanke:
„Ich schlafe tief und fest bis morgen früh!"

17. April: Selbstbestimmung

Innere Freiheit und Selbstbestimmung gehen gemeinsam Hand in Hand! Ein selbstbestimmtes Leben zu führen ist für die meisten von uns wünschenswert und erstrebenswert. „Selbstbestimmung" bedeutet, über sich selbst zu bestimmen:
Was will ich und was will ich nicht? Es hat auch etwas mit Eigenständigkeit zu tun: die eigene Person wertzuschätzen und für sich selbst einzustehen. Was bedeutet Selbstbestimmung *für dich*? Wo hast du das Gefühl, selbstbestimmt zu agieren, und wo hapert es?

Nicht unbedingt hat es mit finanziellen Aspekten zu tun, aber immer mit den **Gefühlen**, die wir mit Selbstbestimmung verbinden. So können wir zwar finanziell von etwas oder jemandem abhängig sein, uns dennoch aber *frei* dabei *fühlen*. Es ist alles eine Sache der Interpretation und der Bewertung. Im wichtigsten Bereich unseres Lebens sind wir alle stets selbstbestimmt: **in unseren Gedanken und Gefühlen**!

Niemand kann bestimmen, was wir denken und fühlen sollen – oder was nicht. Nur wir allein entscheiden das! Meine Gedanken und Gefühle gehören mir! Ich lasse sie mir nicht ausreden oder kleinreden. Ich allein entscheide darüber und spüre:

<u>„Ich fühle mich innerlich frei und selbstbestimmt!"</u>

18. April: Angenommensein

Dieses **Gefühl** ist wichtige Nahrung für unser seelisches Wohlbefinden. <u>Wisse:</u> **Du bist willkommen auf dieser Welt!**

Nimm dich zuerst selbst an, so, wie du bist. Die Liebe, die du als Kind vielleicht vermisst hast, kannst du dir heutzutage selbst geben. Die gute Nachricht lautet: **Du kannst dein Liebesfass selbst auffüllen!**

Es muss gar nicht von außen kommen! Heute sind wird groß und erwachsen und können unsere Bedürfnisse selbst erfüllen. **Ist das nicht herrlich?** Stell dir dein Liebesfass vor und fülle es ab heute!

Als ich diese wichtige Erkenntnis erlangte, war sie ein wahrer **Seelentrost** für mich. Endlich konnte ich mir meinen Mangel auffüllen – und ihn dadurch erlösen. Ich sage mir und *fühle*:

<u>„Ich bin willkommen auf dieser Welt!"</u>

19. April: Vergangenheit

Die wichtigste Erkenntnis über die Vergangenheit lautet: **Sie ist vorbei!** Wir dürfen sie loslassen. Darüber hinaus können wir ihr dafür danken, dass sie uns zu dem Menschen machte, der wir heute sind. **Alles hatte seinen Sinn.** Irgendwann, wenn auch nicht jetzt, werden wir es erkennen. Das lehrt uns das Leben. Wenn wir die Vergangenheit loslassen, sind wir **befreit**. Wir sind nicht dazu verpflichtet, uns beständig an sie zu erinnern, wenn uns das schmerzt. Wir schulden ihr nichts. Sie war einfach nur ein Teil von uns. Nun ist sie erledigt. Wichtig allein ist, was wir aus ihr lernen konnten. Was hat sie uns gezeigt? Manchmal ist es auch, wie man es besser nicht macht. Andere Menschen sind auch immer unsere Lehrer.

Wenn uns das Bild, das wir heute *von uns* haben, nicht mehr gefallen sollte, können wir es **jetzt** ändern. Sei ab heute der oder die, die du sein willst! Sieh dich in der Rolle, die du bekleiden möchtest. Lass alte Muster los, die weder dir noch deinen Mitmenschen helfen. Wenn du eines Tages nicht mehr da bist, möchtest du doch, dass die Menschen dich in guter Erinnerung behalten, oder? Nicht jedem gelingt dies … Aber: Selbsterkenntnis ist bekanntlich der erste Weg zur Besserung. Was kannst du **besser machen**, weil die Vergangenheit es dich lehrte? Dann lass sie los, deine Vergangenheit. Sie hat ihren Zweck erfüllt. Du musst ihr keinen Besuch mehr abstatten:
„Die Vergangenheit ist vorbei – und ich habe meinen Frieden!"

20. April: Zeichen

Vergissmeinnicht und ein Blumengruß der ganz besonderen, ungewöhnlichen Art an einem besonderen Ort. Das waren die Zeichen, die ich an einem Tag wie diesem bekam. Manchmal sind wir voller Fragen. Es gibt Situationen im Leben, da suchen wir nach **Antworten**, die wir auf normalen Weg nicht mehr bekommen können, z. B., weil der- oder diejenige nicht mehr auf Erden weilt. Dann können wir unsere Frage still im Geiste formulieren und **um ein Zeichen bitten**.
Diese Bitte können wir vortragen, an wen immer wir möchten oder woran immer wir glauben. Es gibt keine Grenzen. Dann machen wir unseren Geist frei von allen Erwartungen. Das Zeichen wird kommen. Der Weg, den es nimmt, ist individuell und einzigartig und du kannst sicher sein, dass du es spontan erkennst, denn **es kommt auf der Gefühlsebene:** als spontanes Bild, als bestimmter Geruch oder Gedanke. Oder es kommt, wie in meinem Fall, plötzlich von außen in Form von Blumen, die mir sprichwörtlich vor die Füße fielen. Da hatte ich verstanden – und war getröstet.

Der Himmel sendet uns magische Zeichen. Ihre gebündelten Informationen sind in Licht geschrieben und sie kommen immer ohne jegliche Form von Drama. Sie möchten die Magie, die in uns wohnt, befreien. **Sieh auch du die Zeichen und erkenne ihre Botschaft.** Bitte um sie und frage danach.

Welche Symbole begegnen dir? Sie sind mit deiner Geschichte verknüpft. Die Natur wird zum Spiegel deiner Seele. Sie trägt in ihrer Signatur die Antworten auf unsere Fragen. „Ich erkenne die Zeichen!"

21. April: Düfte

Süße Blumendüfte wie Jasmin und Flieder sind Balsam für die Seele. Düfte enthüllen uns den Geist der Pflanze. Sie wecken zudem Erinnerungen, ein Leben lang. Wir können sie in unser Leben integrieren, um uns regelmäßig schöne Momente zu kreieren. Es gibt Düfte zum Entspannen und Erholen, zum Lernen und zur Konzentration, zum besseren Schlafen, gegen Übelkeit, Kopfschmerz und seelisches Ungemach.

Aromatherapie und Düfte kamen in mein Leben, als ich sie besonders nötig hatte. Als wahre „**Seelenstreichler**" leisten sie stets hervorragende Dienste. Wenn wir mit einem schönen Duft ein angenehmes Erlebnis sowie **gute Gefühle** verbinden, können wir diese mit dem Duft immer wieder heraufbeschwören. Nur mit 100% naturreinen ätherischen Ölen (z. B. von PRIMAVERA) erzielen wir das.

Wonach riecht für dich das Glück?

„Glück und Lebensfreude duften nach …
(z. B.: Orangenblüten und Lavendel)!"

22. April: Kerzen

Kerzen bringen Licht ins Dunkel und in die Seele. Ihr Flackern beruhigt und entspannt Körper und Geist. Sie eignen sich sehr gut zur Meditation sowie zum Gedenken an liebe Menschen.

In allen besonderen Situationen des Lebens werden Kerzen angezündet: bei der Geburt eines Kindes, zur Taufe und zu jedem Geburtstag, an bestimmten Feiertagen, im Advent, am Weihnachtsbaum und zu allen anderen schönen Festen. Sie schenken uns einen Moment der Besinnung, den wir gut für uns nutzen können bei einer:

<u>**Kerzen-Meditation:**</u>
Zünde eine Kerze für dich an und betrachte das Licht, das in der Flamme zu Hause ist. Atme durch deinen Bauch tief ein und aus und lass die Gedanken ziehen. Schaue mit weichem Blick in die Flamme ... Lass das Licht sich dann vor deinem inneren Auge ausdehnen und dich sanft und liebevoll einhüllen. Du tauchst nun ein in eine Wolke aus warmer, heller, lichter Energie ...
Dein **Energiefeld**, das dich umgibt, deine ganze Aura, wird davon erfüllt. Das Licht scheint nun immer heller zu werden. Es nährt dich und schenkt dir Liebe, Geborgenheit und Vertrauen. Lass es alles reinigen und harmonisieren. Vertraue, dass alles gut wird ...

<u>„Alles kommt in seine rechte Ordnung – im Inneren wie im Außen."</u>

23. April: Engel

Engel geben uns Trost und Stütze, Schutz und Führung, Hilfe und Geborgenheit. Viele Menschen haben einen kleinen Engel irgendwo sitzen oder stehen, aus Porzellan oder Polyresin, als Püppchen oder als Anhänger am Schlüsselbund. Kaufe, male oder bastle dir auch einen! Meiner sitzt auf meinem Schreibtisch und hält einen Kristall auf der rechten Handfläche, in der linken Hand hält er eine Feder. Dabei sitzt er auf einem aufgeschlagenen Buch. Er beflügelt meine Seele und begleitet meine (Schreib-) Arbeit. **In Wahrheit wohnt ein Engel in meinem Herzen, wie auch in deinem Herzen.** Möge der Engel im Äußeren dich an deinen Engel im Inneren erinnern ...
Heute ist auch Sant Jordi, Weltbuchtag und Gedenktag des Heiligen Georg. Es ist ein weltweit eingerichteter Aktionstag für das Lesen, für Bücher und für die Rechte der Autor*innen. Traditionell kauft man heute der Frau seines Herzens eine rote Rose und dem Mann ein Buch. Bücher sind Nahrung für die Seele. Sie vermögen uns Trost zu schenken, genauso wie die Rose und der Engel ... Wir können diesen Tag mit einem kleinen Ritual beginnen oder beschließen mit einer:

<u>**Kristall-Meditation:**</u>
Konzentriere dich in Gedanken auf einen klaren, durchsichtigen Kristall. Wenn du einen Kristall besitzt, z. B. einen Bergkristall, kannst du ihn dazunehmen und in deinen Händen oder gegen das Licht halten, damit er seine Strahlen aus Licht auf dich und deine ganze Umgebung werfen kann. Lass das kristalline Licht dich durchfließen und durchleuchten und jede Zelle deines Körpers reinigen und harmonisieren.

<u>„Ich strahle innerlich und sende mein Licht in die Welt hinaus!"</u>

24. April: Wohlfühlort

Gegen Stress und Kummer hilft ein Lieblingsort, einer unserer persönlichen Glücksorte. Hast du einen idealen Ort, wo du am liebsten für immer bleiben würdest? Einen, wo es all das gibt, was du magst? Sonst baue ihn dir! Erstelle ihn aus deinem inneren Baukasten heraus, mit deiner ganzen Fantasie. Erschaffe dir einen Ort der Sicherheit und Geborgenheit, einen Seelenort, wo deine Seele sich zu Hause fühlt. Wo und wie ist er? Gibt es ihn auch real? Wenn nicht, erschaffe ihn unter Einsatz all deiner Sinne. Beschreibe ihn dir selbst so detailliert wie möglich und richte ihn dir entsprechend ein. Füge hinzu, was du brauchst und lass weg, was obsolet ist.

Auch hierbei, bei der bloßen Vorstellung, entstehen im Gehirn bereits **Glückshormone!**

Spüre ihre Flut durch deinen Körper strömen, jedes Mal, wenn du dort bist, an deinem Wohlfühlort. Fühle diese Freiheit und Leichtigkeit. Und kehre immer wieder zurück in solchen Momenten, wo du es ganz besonders brauchst, wo du dich vielleicht in einer unangenehmen Situation befindest, du Schmerzen oder Kummer hast oder eine Zeit des Wartens überbrücken musst.

Dein **Glücksort** ist verlässlich, hier ist stets alles in Ordnung. Du kannst dies nun mit dem Setzen eines Ankers kombinieren. Er dient der Verstärkung. So lernen wir, jederzeit selbst Glückshormone zu produzieren. Es muss nicht (mehr nur) von außen kommen – es kommt nun aus unserem Inneren, aus uns selbst heraus! Du kannst dich jederzeit mental dorthin zurückziehen, denn dieser Ort ist nun ganz in deiner Nähe: er ist in deinem Herzen verankert. Lege eine Hand auf dein Herz und sprich zu dir:

„Ich fühle mich wohl!"

25. April: Fantasie

Wenn Fantasie und Realität verschwimmen. Die Grenzen sind stets fließend. Unsere Fantasie ist ein wahrer Schatz. Sie kann uns schöne Momente bescheren, uns aber auch trösten und Durststrecken überstehen lassen. Manchmal ist sie regelrecht **heilsam**, vor allem in den schweren Zeiten unseres Lebens oder wenn man beispielsweise weit auseinander wohnt und sich selten sieht. Ich habe diese Gabe wohl von meiner Mutter geerbt oder gelernt:

Meine Mutter wohnt in Süd-Deutschland und es ergeben sich manchmal Zeiten und Begebenheiten, wo mir ein Reisen oder ein Besuch nicht möglich sind und eine längere Zeit zwischen unseren Treffen liegt. Ich bin selbst Mutter und stelle es mir fürchterlich vor, wenn ich mein erwachsenes Kind über längere Zeit nicht sehen könnte. Ich sprach meine Mutter kürzlich bei einem unserer regelmäßigen Telefonate darauf an, wie sie damit zurechtkommt.

Und sie sagte: „Das ist nicht schlimm. Ich trage euch (meine jüngere Schwester und mich sowie meine Tochter) doch sowieso immer im Herzen. Ihr seid jeden Tag bei mir!"

In Gedanken spricht sie jeden Tag mit uns. Und vor ihrem geistigen Auge sieht sie uns bei sich am Tisch sitzen. Sie kommt damit zurecht! Unglaublich, aber wahr. Sie setzt ihre Fantasie dazu ein – und gestaltet sich ein schönes Leben (mit uns) in der Ferne. Bis wir uns wiedersehen und unsere Treffen wieder real werden. Es lässt sie diese Zeiten gut überstehen. Daraus können wir alle lernen! Es macht das Leben leichter, wenn wir diese Gabe haben oder sie kultivieren.

Wo kannst auch du diese **Gabe der Fantasie**, die wir alle tief in unserem Inneren besitzen und worin Kinder stets die wahren Meister sind, heilsam für dich anwenden? **Wo hilft dir deine Fantasiewelt?**

Mich hat sie durch meine Kindheit und Jugendzeit getragen und diese besser überstehen lassen. Und irgendwann kam die Zeit, da ich mit der Umsetzung meiner Fantasien, Träume und Zukunftsgedanken beginnen konnte. Auch heute noch träume ich mich hin und wieder gerne weg, insbesondere im Winter, wenn das Wetter mal wieder zu wünschen übriglässt.

<u>„Auf den Flügeln meiner Fantasie kreiere ich mir das Leben, das ich mir ersehne!"</u>

26. April: Geschichten

Geschichten, sowohl wahre als auch erfundene, sind **ein Geschenk an unsere Seele**. Es sind nicht die Dinge in unserem Leben, die wir besitzen, sondern die jeweiligen Geschichten dazu, die das Geschenk sind. Sie machen den wahren Wert der Sachen aus und bleiben in unserer Erinnerung haften. Bestimmt hast auch du etwas in deinem Besitz, das eine Geschichte hat und für dich deshalb von besonderer Bedeutung ist. Dabei können Geschichten auch die Grenzen zwischen Wirklichkeit und Einbildung überschreiten.

Wir können etwas hineininterpretieren und manchen simplen Dingen wie einem Stein oder einer Muschel **eine magische Bedeutung** zuschreiben, weil wir sie an einem denkwürdigen Tag oder an einem besonderen Ort gefunden haben. Immer wenn wir diesen Gegenstand betrachten, haben wir die Geschichte dazu im Kopf. Wir reisen in Gedanken an den Ort des Geschehens, sehen wieder alles vor uns, riechen den einzigartigen Geruch, der damals in der Luft lag, und haben die gleichen schönen Gefühle von einst.

Geschichten, auch gelesene, prägen und begleiten uns manches Mal über eine lange Zeit. Welche ist deine persönliche Lieblingsgeschichte? Warum ist sie es? Was sagt sie über dich aus?

Ein Beispiel von mir: Ich liebe Geschichten mit einem tieferen Sinn, wie bei: **„Der kluge Fischer"** von Heinrich Böll. Diese Geschichte dreht sich um die Frage, welcher Weg uns zum Glück führt:

Ein Fischer liegt dösend in seinem Ruderboot in der Mittagssonne. Da kommt ein Tourist, der ihn durch das Klicken seines Fotoapparates weckt. Die beiden kommen ins Gespräch, da der Tourist nicht verstehen kann, warum der Fischer bei dem schönen Wetter nicht zum Fischen hinausfährt. Doch dieser war bereits am früher Morgen rausgefahren und hatte genug Fische für die nächsten Tage geangelt.

Der Tourist erörtert ihm die Aufstiegs- und Karrieremöglichkeiten, die er hätte, wenn er mehr arbeiten würde, öfter mit dem Boot rausführe und mehr und mehr Fische fangen würde. Wenn er erst ein Imperium aufgebaut hätte, ja: dann könnte er ruhig in der Sonne liegen und dösen. Da erwidert der Fischer: „Aber das tue ich doch schon!" Und so lautet die Moral der Geschichte:

„Das Wichtigste ist, sich auf das Wesentliche im Leben zu konzentrieren!" „Das Leben ist eine lange Geschichte – und ich gestalte sie mir!"

27. April: Märchen

Der Begriff Märchen stammt aus dem alten Wort *Mär*. Es bedeutet *Himmelsbotschaft*. In Märchen sind seit allen Zeiten stets Botschaften mit tieferem Sinn versteckt, die auch teilweise heute noch gültig sind. Sie berichten von Sehnsüchten, Tugenden und guten Taten. Stets lehren sie uns etwas. Die Kunst besteht darin, die jeweilige Weisheit für sich herauszufinden, diese dann auf das Raster des eigenen Lebens zu legen und festzustellen, welche Bedeutung sie für uns persönlich hat.

Durch das Lesen von Geschichten können wir uns wieder in unsichtbare Welten begeben. In unserer Fantasie ist alles möglich. Hier besitzen wir magische Kräfte und können alle Herausforderungen des Lebens meistern. Das macht ihre besondere Faszination für Jung und Alt aus. Wenn wir die dort gemachten Erfahrungen dann mit in unser Tagesbewusstsein nehmen, haben wir den **Schlüssel** zur Umsetzung gefunden: Er liegt in uns. Ein Schlüssel gibt dem Finder immer die Möglichkeit, die Tür zu einem Geheimnis zu öffnen und die Möglichkeiten zu erkennen, die sich offenbaren ...

Welches Lieblingsmärchen hast du? Warum ist das so? Was spricht dich besonders an und welche Botschaft vermittelt es dir? Ich möchte dir ein Beispiel geben aus dem Märchen **Sterntaler**:

Dieses Märchen ist besonders schön. Es zeigt viele positive Wesenszüge, die alle in dem kleinen Mädchen namens Sterntaler vereint sind: Obwohl das Mädchen arm ist und fast nichts besitzt, keine Eltern und keine Heimat mehr hat, hat sie doch die stille Hoffnung, dass alles im Leben seine Richtigkeit haben wird. Sie hat stets Mitgefühl mit anderen, denen es noch schlechter geht als ihr. Und obwohl sie selbst im Mangel lebt, ist sie immer freundlich und hilfsbereit und gibt mit Liebe und Freude noch von dem Wenigen ab, das sie bei sich trägt: ihr letztes Stück Brot und ihre Kleider. Bis sie schließlich alles hergegeben hat, als Zeichen ihrer Bescheidenheit.

Nun steht sie so vor dem weiten Himmelszelt, wie sie einst auf die Welt kam: nackt und mittellos. Doch die Schöpfung hat sie nicht vergessen, und ihre Selbstlosigkeit wird reich belohnt, obwohl sie nicht darum gebeten hat. Sie erhält Taler in Hülle und Fülle als Belohnung für ihre Mildtätigkeit und dafür, dass sie anderen gab, was sie scheinbar übrighatte. Nun kann sie ihr Lebenswerk weiterführen und jenen helfen, denen es im Leben nicht so gut geht. Die Sterne sind endlos, und damit auch ihre Taler und ihre Möglichkeiten, Gutes zu tun und die Freude zu verbreiten. Das ist Nächstenliebe. Wir sehen also:

<u>Eine freundliche Tat kann die Welt verändern!</u>

Die Botschaft des Märchens ist: <u>FREUDE!</u>

Wir lernen daraus: Wenn du traurig und unzufrieden bist, weil die Dinge nicht so sind, wie du sie gerne hättest, dann vertraue stets darauf, dass das Gute und die Freude auch zu dir kommen. Gib aus freiem Herzen und frei von jeglicher Erwartung, dann wird auch dir gegeben. Wisse:
<u>„Gutes ist unterwegs zu mir! Ich freue mich darauf!"</u>

Ein besonderer Tipp für eine gute Tat des Tages:

Überlege dir, wem *du* heute eine Freude machen kannst, und sei sie noch so klein. **Verschenke Freude!**

28. April: Mythen

Auch ein Mythos wird in Form einer Erzählung weitergegeben. Von Mythen wird behauptet, dass sie (zumindest einen Funken) Wahrheit enthalten. In meiner Ausbildung zur Psychologischen Beraterin lernte ich einen Ausspruch kennen:

„Für eine glückliche Kindheit ist es nie zu spät." Denken wir einmal kurz darüber nach … Ist es ein Mythos? Für mich ist etwas Wahres daran. Wenn du diesen Satz nicht verstehst, dann fühle dich gesegnet. Verstehst du ihn, dann hat er auch eine Bedeutung für dich. Dann weißt und *fühlst* du, was er aussagt. Wende den Satz für dich an und fühle dich umarmt und getröstet. Nicht umsonst war unter anderem das traurige Märchen „Die Gänsehirtin am Brunnen" in meiner Kinderzeit eines meiner Lieblingsmärchen: Aus den vielen geweinten Tränen wurden **Perlen**. Inzwischen sind die Tränen getrocknet und ich blicke auf einen **Reichtum an inneren Perlen** zurück. In den Perlen steckt nun Kraft, meine eigene Lebenskraft. Perlen stehen symbolisch auch für die Themen Mitgefühl, Schönheit und Reinheit. Sie können Blockaden lösen, oder eben Tränen.

Märchen und Mythen helfen auch uns Erwachsenen dabei, **das Juwel im eigenen Innern** zu finden, das magische Kind in uns, das alle Situationen meistert und immer noch oder wieder glücklich ist und unbeschwert lachen kann, egal, was im Außen gerade passiert oder einst geschah. Nicht zuletzt vermögen wir damit sogar unsere eigene Vergangenheit und unsere Kindheit zu erhellen, wenn wir dies als notwendig erachten sollten. Erzählungen, Mythen und Märchen können uns dabei helfen und uns ein Stück weit heilen, auch später noch. Die Unbekümmertheit der Kinderzeit, hier finden wir sie. Und wir dürfen für kostbare Stunden einmal das Erwachsensein von uns abstreifen.

Welche Mythen faszinieren *dich*? Das Leben ist ein Mysterium. Vieles birgt ein Geheimnis. Rätsel sind ein Bestandteil unseres Lebens. Nicht alle Fragen müssen eine Antwort finden, nicht alles müssen wir verstehen, und können dennoch nachträglich Heilung erfahren, indem wir bewusst den Fokus auf das Gute legen:

<u>„Ich öffne mich für das unsichtbare Gute und vertraue. Alles ist gut!"</u>

29. April: Legenden

Seit Jahrtausenden sprechen wir Menschen auf der ganzen Welt mit den Pflanzen, Blumen und Bäumen, sicher, dass diese Antworten auf wichtige Fragen des Lebens für uns bereithalten.

Mündliche und schriftliche Volksüberlieferungen erzählen uns seit Jahrhunderten von den Sagen, Legenden, Mythen und Märchen über Wichtel, Zwerge, Elfen, Feen, Pflanzen-Devas, Nixen und andere gute Geister und ungewöhnliche Wesenheiten aus dem magischen Reich der Elementarwesen und ihren Kraftplätzen in der Natur.

Was ist der Zauber daran, dass sie sich über die Zeiten halten? Oft werden unsere Sehnsüchte genährt. Legenden enthalten meistens einen wahren Kern, der fantastisch ausgeschmückt und weitergesponnen wird. Eine berühmte Legende ist die von **Shangri-La**.

Der Name dieses fiktiven und „sagenhaften" Ortes in der tibetischen Hochebene bedeutet: **das Paradies**. Sehnen wir uns nicht alle danach? Es soll das geistige Zentrum der Erde sein und ein magischer Ort mit besonderen Energien und Kräften, an den wir uns vom Weltgeschehen zurückziehen können. Hier soll sich auch die Quelle der Weisheit befinden. Ein weiterer Name für diesen geheimen Ort ist **Shambhala**.

Alle Menschen leben dort in Frieden und in Harmonie. Das ist es doch, was wir eigentlich ein Leben lang wollen und suchen. Nun werden wir es finden.

In der **Meditation** können auch wir diesen sagenumwobenen Ort besuchen. Machen wir gemeinsam eine kurze Reise in dieses Traumland, in das Geheimnis der Magie von Shambhala und Shangri-La:

Wenn du deine Augen schließt, begibst du dich an den Traumort deines inneren Paradieses. Er ist voller Zauber! Hier sieht es genau so aus, wie du es erwartet hast. Es ist alles vorhanden, was du brauchst, um glücklich zu sein. Es wurde für alles gesorgt. Nichts fehlt.

Du siehst, riechst, schmeckst und fühlst all das, was gerade für dich wichtig ist, um **innere Ruhe, Harmonie und Frieden** zu finden … Du hast das wunderbare Paradies gefunden, tief in deiner inneren Welt, die durch deine Fantasie gespeist wird. Wisse:

„Das Paradies liegt in mir!"

30. April: Rituale

Der letzte Tag eines Monats lädt immer zum **Reflektieren** ein. Was war gut? Was *tut* mir gut und was brauche ich dringend? Was sollte mehr oder öfter vorkommen?

Jeder von uns kann sich seine eigenen Rituale gestalten, ganz nach individuellem Bedarf. Gewohnheiten geben uns Sicherheit und Stabilität im Leben, besonders in Zeiten des Wandels. Rituale haben stets eine feste Struktur, einen gleichbleibenden Ablauf. Sie besitzen eine ganz besondere Kraft. Unseren Kindern und auch unseren Haustieren sind Rituale besonders wichtig. Sie lieben einen festen und verlässlichen Rahmen, mit dem sie rechnen und auf den sie sich bereits im Vorfeld freuen können. Die gute Nachricht ist: Wir wachsen da nicht heraus! Auch *uns* geben Rituale Geborgenheit.

Heute ist **Walpurgisnacht**. Traditionell werden an diesem Tag Feuerrituale abgehalten. Auch Traditionen bestehen aus bestimmten Ritualen, die von Generation zu Generation weitergegeben werden, damit sie nicht vergessen werden. Sie geben uns Halt und ein Gefühl der Zusammengehörigkeit. Es gibt darüber hinaus auch familieninterne Rituale, die zu bestimmten Festen zelebriert werden. Gerade für Kinder sind sie sehr wichtig. Und selbst unsere Haustiere schätzen bestimmte Routinen und Gewohnheiten. Auch sie lieben Beständigkeit, wie wir alle.

Hier habe ich ein kleines Ritual für dich:

Gehe in Gedanken auf einen Berg deiner Wahl. Oben auf einem Plateau brennt ein loderndes Feuer. Spürst du die Wärme der Flammen? Übergib dem heiligen und heilenden Feuer jetzt mental alles Schwere und Belastende, das du noch loslassen möchtest. Lass dir Zeit dazu … Die Flammen verzehren es nun … Wenn du den Berg wieder verlässt, spüre die Veränderung in dir! Lass dir Zeit für diese Übung …

In dieser Nacht findet vielerorts der **Tanz in den Mai** statt. Tanze auch du in den Mai – leichtfüßig und unbeschwert! Zumindest in Gedanken und in deiner Fantasie. Du kannst auch nur für dich tanzen, heimlich in deinem Zimmer (oder um ein imaginäres Feuer herum). Alles ist erlaubt. Wirbele durch den Raum, gerne auch zu deiner Lieblingsmusik, und mach dich frei! Trällere (nach Möglichkeit laut) dieses Satz vor dich hin:

__„Ich fühle mich leicht und frei!"__

MAI: Zeit des Wachstums

Alles Neue macht der Mai. Es ist die Zeit des inneren und äußeren Wachstums. Draußen blüht und sprießt es an allen Ecken. Die Natur kommt wieder in ihre Kraft, wie auch wir wieder an Kraft und Energie gewinnen. Wir halten uns öfter draußen auf und sammeln das gute Licht der Sonne, die auf uns alle scheint. Das Leben wird wieder hell und bunt und wir können aus einer neuen Fülle der Möglichkeiten schöpfen. Diese Möglichkeiten finden wir vor allem in uns selbst.

Bewusst kehren wir ab und zu in die innere Stille ein und hören unserer eigenen inneren Stimme zu, was sie uns mitzuteilen hat. Die eine oder andere kleine geführte Meditation bringt uns auf den Weg dorthin, und allmählich erahnen wir, dass tief in uns ein Schatz liegt, der gefunden werden will. Aus Steinen, die uns in den Weg gelegt werden, bauen wir Stufen. Wir wachsen in dieser Zeit an uns selbst.

Dieser Monat wird uns ein Stück weiterbringen auf unserer Lebensreise. Wir entwickeln neue Denkansätze oder erfahren eine Bestätigung unserer Ahnungen. Dabei stellen wir fest, wer und was uns dabei helfen kann. Letztlich geht es um inneres Wachstum. Die Natur im Außen ist ein Spiegel unseres Selbst. Sie kann uns unterstützen.

Das **Ruhebild** für diesen Monat:

Grüne Magie:

Die Farbe Grün beruhigt und entspannt das Gemüt. Sie steht für Hoffnung, Erneuerung und Harmonie. Wenn wir unseren Blick auf etwas Grünes richten oder uns draußen in der Natur aufhalten, können Körper und Geist rasch abschalten und sich regenerieren.

Reise in Gedanken nun zu einem Ort im Grünen, den du kennst und an dem du dich wohlfühlst, egal, wie weit entfernt er sein mag. In deiner Fantasie holst du ihn nun zu dir … Tauche ein in die Pflanzenwelt und nimm das grüne Licht in dich auf … Alles ist grün um dich herum, und du wirst ein Teil all dessen. Du bist in der Natur, und die Natur ist in dir … Rieche, höre, schmecke, fühle sie …

Das grüne Licht durchströmt dich nun heilsam, du siehst es deutlich vor dir, vor deinem inneren Auge …

1. Mai: Lebensweg

Es kommt die Zeit, da stellen wir uns die Frage: Warum bin ich hier? Was ist mein Seelenplan oder mein Seelenauftrag?

Wenn wir davon ausgehen, dass in uns allen ein Lebensplan schlummert, den wir verwirklichen wollen, machen wir uns nun auf den Weg, ihn zu finden. Manche Menschen wissen bereits von Kindesbeinen an, wohin ihre Lebensreise sie führen wird. Andere entdecken es in jugendlichen Jahren, und nicht wenige eiern auch im Erwachsenenalter noch durchs Leben, fühlen sich unzufrieden und wissen gar nicht so genau, warum und wohin mit sich.
Aber tief in uns drin schlummert dieser **Plan**. Wenn du dir bereits sicher bist, ihn zu erfüllen, was du daran erkennst, dass du ein erfülltes und zufriedenes Leben dein Eigen nennst, dann kannst du dieses befriedigende Gefühl in vollen Zügen genießen. Alle anderen unter uns dürfen sich darauf freuen, der Sinnfindung ein Stück näher zu kommen. Beginnen wir also, den verborgenen Teil in uns zu wecken, der nur darauf wartet, von uns entdeckt und aktiviert zu werden.

<u>Dazu gehen wir heute auf eine kleine Zeitreise:</u>
Erinnere dich an die Zeit zurück, da du heranwuchst. Du hattest bereits bestimmte Talente und Fähigkeiten und es gab Dinge, die dir besondere Freude bereitet haben, bei denen du Raum und Zeit vergaßt. **Erinnerst du dich?** Was und wobei ist das gewesen? Vielleicht fällt es dir nicht direkt ein. Das macht nichts. Stelle dir diese Frage einfach immer wieder, jeden Tag. Wenn du der Antwort näher kommst, wirst du es erkennen, denn du wirst es innerlich **fühlen**. Eine alte Erinnerung wird wach. Dieser Satz möge dich dabei unterstützen, denn er nimmt die Antwort schon vorweg, als wäre sie bereits da:
„<u>Freudig gehe ich auf meinem Lebensweg voran!</u>"

2. Mai: Wunder

<u>Es gibt eine magische Wunder-Frage:</u>
Was wäre, wenn über Nacht ein Wunder geschähe und all deine Probleme, Sorgen und Fragen wären gelöst?
Woran würdest du es schon morgens beim Aufwachen erkennen?
Wie würdest du dich fühlen?
Woran würden andere es erkennen?
Was wäre dann besser in deinem Leben?
Was würde sich ab heute für dich ändern?
<u>Wisse:</u> Deine Antworten sind die Lösung!

Heute Nacht kommt ein Zauberer zu dir. Du hast nun einen Wunsch frei. <u>Frage dich:</u> Was würde ich anders machen, wenn meine Probleme nicht mehr da wären? Formuliere nun einen positiven Satz daraus: Wenn ich keinen Stress, keine Sorgen, Ängste, Geldnöte, Fragen und Probleme mehr hätte, würde ich ...

Das ist die Lösung! Du hast dein **Wundermittel** gerade selbst beschrieben! Gestalte das Wunder aktiv mit. <u>Resümiere:</u>
Welche kleinen und großen Wunder hast du schon erlebt?

Sieh die Wunder – warte nicht auf sie!

Fantasiere dir nun die vielen positiven Veränderungen. Wie sähe dein Leben jetzt aus? Was wäre anders als bisher? Welche **Gedanken und Gefühle** verändern sich? Wer im Umfeld würde die Veränderungen ebenfalls bemerken? Wodurch? Wie würdest du dich nun verhalten?

Notiere dir alle Antworten in Stichpunkten, mit Datum. Beginne sofort damit, die erste Veränderung umzusetzen. Wenn du es dir aufschreibst, schaffst du dir selbst gegenüber eine Verbindlichkeit und hältst dich eher daran. Arbeite nach Möglichkeit täglich kurz an deinem Notizbuch und notiere deine diesbezüglichen Aktivitäten:
Was habe ich heute alles gemacht?
Was davon hat zur Erfüllung meiner Ziele beigetragen?

<u>„Es gibt nur zwei Arten zu leben: Entweder, als wäre nichts ein Wunder oder so, als wäre alles ein Wunder."</u> (Albert Einstein)

3. Mai: Sehnsucht

Im Wort „**Sehnsucht**" steckt das „**Sehnen**". Wir sehnen uns nach etwas. Und es enthält die „**Suche**". Wir suchen, wonach sich unsere Seele sehnt. Die Sehnsucht unserer Seele. Sie ist letztlich eine Suche nach uns selbst.

Vermissen. Sehnsucht. Alles, was wir vermissen, ist noch unerfüllt. Am Ende schließt sich der Kreis: Die Sehnsucht, die wir *fühlen*, wurde uns in dieses Leben mitgegeben, damit wir uns bewegen und uns entwickeln. Damit unsere Sehnsüchte ihre Erfüllung finden, müssen wir etwas tun. Niemand sonst kann sie uns erfüllen. Dafür sind wir selbst verantwortlich, wir können es nicht delegieren. In der „**Erfüllung**" ist kein Vermissen mehr. Die Suche und das Sehnen hören auf, wenn wir unserer Sehnsucht Nahrung gegeben haben.

Jedoch sollten wir nicht in die Falle tappen, und im ständigen Wünschen und Sehnen feststecken. Damit würden wir nur den Mangel nähren. Hängen wir im Mangeldenken fest, entsteht schnell Unzufriedenheit, und die bringt uns nicht voran. Nicht alle Sehnsüchte werden erfüllt, und das ist auch nicht weiter schlimm. Hin und wieder müssen wir auch sie einer Prüfung auf ihre Gültigkeit unterziehen. Sind sie noch aktuell? Was hinderte uns bisher daran, sie zu leben? Gibt es eine Lösung? Oder haben sie sich inzwischen erledigt oder erfüllt?

Mancherlei Sehnsüchte wollen einfach auch beibehalten werden. Bei mir ist es die Sehnsucht nach dem Reisen. Ich weiß sehr wohl, dass ich es nicht ständig tun kann. Das macht auch nichts. Ich freue mich dann umso mehr, wenn die nächste Reise ansteht. Meine Sehnsucht lässt mich beispielsweise sparen, planen und organisieren. Dafür ist sie eben auch gut, die Sehnsucht. Derweil kümmere ich mich darum, ein erfülltes Leben zu führen und es auch so zu **empfinden**, denn:

„Es gibt ein erfülltes Leben trotz vieler unerfüllter Wünsche.“
(Dietrich Bonhoeffer)

4. Mai: Chance

Manchmal gibt es Situationen im Leben, da fragen wir uns, warum das jetzt so ist. Wenn wir aber davon ausgehen, dass alles, was in unserem Leben geschieht, einen Sinn hat, dann können wir uns folgende Frage stellen:
Wenn ich Schöpfer*in meines Lebens und meiner Lebensumstände bin, warum habe ich mir diese Situation geschaffen? Was will oder soll ich aus ihr lernen? Was soll sie mir zeigen oder klarmachen? Was muss ich wissen? **Was ist der Segen an dieser Situation?**

Lass besonders diese letzte Frage durch deinen Kopf kreisen und ihre Runden drehen. Schalte für einen Moment alles andere aus und konzentriere dich nur *darauf*. Es gibt immer einen **Lerneffekt**. Wir können uns diese Frage ganz neutral und nüchtern stellen, ohne jegliche Bewertung in gut oder schlecht. Die Antwort wird kommen. Wenn nicht heute, dann in drei Tagen. Gib deine Frage einfach an den Raum weiter, oder ans Universum, und bitte um Klärung und Inspiration.
Wenn es in dir innerlich still und ruhig wird, ist die Antwort auf dem Weg zu dir. Und wenn du die Ahnung einer Antwort erkannt hast, dann kannst du die Möglichkeiten erkennen. Die Situation kann sich jetzt wandeln und schließlich erlöst werden, und du bist einen weiteren Schritt auf deinem Lebensweg vorangekommen. **Hurra!**

Sieh die Chance in allem: Jede Herausforderung birgt stets auch eine Chance in sich, wie auch jede Krise und sogar jede Krankheit. Und wenn es allein die Chance zur Reifung ist und zum innerlichen Wachsen. Wir erkennen, was wir nicht mehr wollen bzw. wovon wir mehr in unserem Leben brauchen (Freizeit, Urlaub, Pausen, gesündere Ernährung, mehr Sport, professionelle Hilfe bei etwas …)

Letztlich sind alle Krisen **Lernfelder** für uns. In Krisenzeiten erkennen wir, worauf es wirklich ankommt und was wirklich zählt. Auch wahre Freunde erkennen wir nun. Wir können unsere Prioritäten noch einmal überdenken und neu setzen. Jeden Tag können wir unser Leben sowie unsere Einstellung dazu ändern. Es liegt in unserer Hand, die **Chancen** und Möglichkeiten zu erkennen und umzusetzen:

„Ich lerne aus dieser Erfahrung und wachse daran.
Alle Erfahrungen machen mich stärker!"

5. Mai: Wachstum

Wir wachsen durch die Aufgaben, die das Leben uns stellt und an den Herausforderungen, denen wir uns freiwillig stellen. Insbesondere wenn wir Neuland betreten. Ich erinnere mich noch gut an meinen ersten Tag als Übungsleiterin für Progressive Muskelentspannung im örtlichen Turnverein. Ich hatte gerade die Ausbildung beendet und noch keinerlei praktische Erfahrungen. **Und ich fing einfach an!**
Nach der ersten Probestunde an einem 5. Mai vor vielen Jahren, bei der ich ziemlich aufgeregt war, befand der Verein mich für würdig und die Teilnehmer*innen mich für tauglich. Und so kam mein erster von unzähligen Kursen zustande. Einfach weil ich den Mut dazu hatte und es direkt angegangen bin, ohne langes Zögern und Zaudern. **Einfach machen!** Ohne Scheu. Wir wachsen in Situationen hinein!

Jahrestage wie diesen sollten wir feiern! Auch jede bestandene Prüfung will gefeiert werden. Wir ehren uns damit selbst, denn wir haben es uns erarbeitet. Immer wenn wir an einer Sache gewachsen sind und buchstäblich über uns selbst hinausgewachsen sind, sollten wir uns loben und preisen. Wir fühlen uns besser und speichern dieses **positive Erlebnis** in unserem Gedächtnis ab. Das macht Mut für die nächste Herausforderung, vor der wir irgendwann stehen werden. **Wofür magst du dich feiern und lobpreisen?** Lass es nicht im Alltag untergehen oder im Sande verlaufen. Das wäre zu schade!

„Ich beglückwünsche mich für meine Erfolge!"

6. Mai: Durchsetzungskraft

Man muss den nötigen Biss haben, wenn man etwas verändern will. Durchsetzungskraft ist das, was wir im Außen an den Tag legen, was wir leben. Oder woran es uns manchmal auch mangelt. Wenn ich irgendwohin will, werde ich losgehen müssen. Sonst komme ich nie an. Durchsetzungskraft ist eine Tugend, die uns voranbringt, wenn es nötig ist. Wenn wir an einer Sache dranbleiben, werden wir den Lohn erhalten und unser Ziel erreichen. Es lohnt sich eben, hartnäckig am Ball zu bleiben, wenn uns eine Sache wirklich wichtig ist. **Durchhaltevermögen** ist angesagt, und je nachdem muss man auch die eine oder andere Durststrecke überwinden.

Durchhalten *um jeden Preis* ist jedoch <u>nicht</u> gefragt. Das war früher, das brauchen wir heute nicht mehr. Es ist stets eine Gratwanderung: Wenn wir uns verrennen, kommen wir womöglich nie ans Ziel oder haben zu viele Federn gelassen. Geben wir aber zu früh auf, wird es auch nichts. **Wo lohnt es sich für dich, deine Interessen und Ziele durchzusetzen?** Wann hatte es sich zuletzt bezahlt gemacht? Wenn dein Herz für eine Sache brennt – bleibe dran. Du tust es für dich!

In einem Buch von Sabrina Fox habe ich einen schönen Satz dazu gefunden, der mir sehr viel bedeutet und den ich seit Jahren umsetze und lebe: <u>„Mache nur Dinge, die dir entweder Frieden oder Freude bringen. Lass dich von nichts und niemandem davon abhalten."</u>

7. Mai: Willensstärke

Sie ist das geistige Pendant zur Durchsetzungskraft. Was wir wirklich wollen, werden wir auch aktiv anstreben und umsetzen. Allein ein kosmisches Gesetz gilt es dabei zu beachten: **Dein Wille geschehe.** Gemeint ist das große Ganze, der Wille des Schöpfers, des Universums, des Himmels und der Erde oder wie auch immer wir es nennen mögen. Es muss Teil unseres Lebensplans sein, nicht unseres Egos. Wir können nichts erzwingen, da können wir wollen, so viel wir wollen. Wenn es allen Lebewesen auf dem Planeten dient und dem einen großen Plan entspricht, dann wird es auch so sein.

Willensstärke brauchen wir beispielsweise auch, um gesund zu werden. Wer nicht gesunden will, (weil er die Arbeitsstelle meiden will oder einen sonstigen Nutzen daraus zieht), wird es auch schwerlich. Darüber hinaus können wir nur etwas *für uns selbst* wollen, niemals jedoch für andere. **Der freie Wille ist heilig!**

Er ist übrigens auch in der Tierwelt verankert. Auch unsere Tiere haben einen freien Willen, den wir, soweit es geht und soweit es ungefährlich für beide Seiten ist, gewähren sollten. Das gilt für alle Lebewesen, es gibt keine Ausnahmen. Selbst unsere Pflanzenwelt legt eine Willensstärke an den Tag, wie der **Löwenzahn**, der sich durch den Asphalt arbeitet und zur Sonne strebt. Letztlich mündet er in einer Pusteblume – und du darfst dir etwas wünschen … Jetzt.

Wo in deinem Leben bist du der Löwenzahn mit Löwenkräften und einem festen Willen zum Gelingen und Gedeihen? Was hast du in der Vergangenheit dadurch schon alles erreicht?
Du darfst dich glücklich schätzen und dich dafür bejubeln, schließlich ist es eine deiner Stärken!

„Jeder ist so glücklich, wie er sich vorgenommen hat zu sein."

8. Mai: Zielstrebigkeit

Zu einem festen Willen gehört auch die Zielstrebigkeit. Nun kann ich meine Bedürfnisse und deren Erfüllung fokussieren und in der Vorstellung imaginieren. Stets positiv zu denken ist dabei sehr hilfreich. Das rückt die inneren Bilder ins rechte Licht. Meine Interessen und Neigungen wollen gelebt werden. Habe ich sie erst einmal erkannt, kann ich meine Fähigkeiten voll einsetzen und mein Potenzial sinnvoll ausschöpfen und ausleben. Wenn wir wissen, was wir wollen, können wir es zielstrebig verfolgen und sinnvoll angehen. **Zielstrebigkeit ist eine Kraft. Sie ist wie ein Motor, der uns antreibt.**

Was gibt dir in deinem Leben Kraft?
Erinnere dich an ein schönes Erlebnis und durchlebe diese Situation noch einmal … Wie fühltest du dich, als du zielstrebig einen Weg verfolgtest und das Ziel erreichtest? Lebendig? In Bewegung? Singend oder tanzend? Hatte sich die **Energie** in deinem Körper verändert? In deiner Seele? Vielleicht hattest du jubelnd die Arme hochgeworfen? Sportler machen es, wenn sie durchs Ziel rennen. Es zeigt ihre unbändige Freude. Du kannst auch juchzen und jauchzen wie ein Kind. Teile deine Freude anderen mit. Zumindest denen, die dir wohlgesonnen sind. Neid muss man sich verdienen. Mach dir nichts aus Neidern. Sie sehen in dir bloß den eigenen Mangel. Habe Mitgefühl mit ihnen, sie wissen oder können es nicht besser. Du schon:

„Ich schöpfe Energie aus meiner eigenen Kraft. Sie bringt mich stets ans Ziel!"

9. Mai: Kommunikation

Der Austausch mit anderen ist wichtig für unsere eigene Entwicklung. Sie spiegeln uns und zeigen uns unsere „blinden Flecken". Nicht umsonst sagt man: Dein Partner – dein Spiegel. Man nennt es auch Projektion: Wir sehen im Gegenüber stets nur das, was wir über uns selbst glauben. Wir entdecken unsere eigenen Anteile. Wir sehen im Außen, was wir in unserem Inneren **denken** und **fühlen**.

So können wir sicher sein, dass Dinge oder Verhaltensweisen, die uns an anderen stören, auch (meist unbewusst) in *uns* sind. Unsere Kinder halten uns ebenfalls einen Spiegel vor. In ihnen erkennen wir uns und unsere Verhaltensweisen oder Äußerungen. Kinder kommen selten auf andere Leute. Und sogar unsere Haustiere gehören in diesen Reigen. In der Regel passen sie zu uns – und wir zu ihnen.

Wir müssen anderen gegenüber immer konkret äußern, was wir wollen – und was nicht. Wir können nicht erwarten, dass andere es erraten. **Von nichts kommt nichts.** Dazu ist aktive Kommunikation da. Nonverbal funktioniert es in der Regel nicht. Es geht dabei auch darum, für uns selbst einzustehen. Du hast eine Stimme! Setze sie für dich und deine Belange ein und teile dich ehrlich mit. Drücke dich klar und deutlich aus. **Was hast du mitzuteilen?**

Sprich stets aus der **Ich-Perspektive** heraus, wie bei den täglichen Affirmationen, und lass jegliche Kritik und Schuldzuweisungen weg. Sie verhärten nur die Fronten und bringen keinerlei Veränderungen. Die Benennung eines Sündenbocks ist keine Lösung.

Der Bereich der Kommunikation ist unserem **Halschakra** zugeordnet. Wenn dir Kommunikation schwerfällt, trage etwas Blaues um den Hals, einen Schal, ein Halstuch oder eine Kette. Die Farbe Blau aktiviert dieses **fünfte Chakra**. Bei Halsschmerzen ist die Kommunikation gestört. Auch hier kannst du zur Unterstützung und zur Linderung etwas Blaues um den Hals tragen. Es kann auch ein Heilstein an einer Kette sein, z. B. ein **Chalcedon**. Er wird auch „Rednerstein" genannt und soll auf der Haut getragen werden, also nicht auf der Kleidung aufliegen. Dann entfaltet er seine Wirkung auf sanfte Weise.

In welchem Bereich könntest du deine Kommunikation verbessern? Wo wünschst du es dir von anderen? Sei ein gutes Vorbild und fange bei dir an. Dann werden die anderen nachziehen:

„Ich kommuniziere aufrichtig und ehrlich!"

10. Mai: Eigenständigkeit

Heute feiern wir den Tag deiner **persönlichen Unabhängigkeit** und **Selbstständigkeit! Du bist frei in dem, was du tust!** Wenn wir uns **emotional** von anderen abhängig machen, sind wir nicht eigenständig. Zur Eigenständigkeit gehört immer auch die Eigenverantwortung, die Verantwortung, unser Leben in die eigenen Hände zu nehmen. An einem Tag wie diesem war es für mich so weit. Ich zog einst mit 17 Jahren von zu Hause aus und begann ein neues, eigenes und selbstbestimmtes Leben. Es war ein Entschluss, dessen Impuls bereits einige Zeit vorher gesetzt wurde, genau genommen in „Les Saintes Maries de la Mer" in der Camargue. Sie ist ein Teil der Provence und liegt in Süd-Frankreich. Ich war 15 Jahre alt und hatte eine „Initialzündung", die mir spontan die Erkenntnis lieferte, dass es allein an mir liegt, was ich aus meinem Leben mache. Die Geschichte dazu:

Als ich 1988 zum ersten Mal in meinem Leben in die Provence kam, war es, als hätte ich hier alles gefunden, was ich jemals suchte. Eine tiefe Sehnsucht erfüllte sich, als sich der Glanz des mediterranen Lebens und der Zauber dieser Landschaft vor mir ausbreiteten und mich in ihren Bann zogen. Die Farben und Gerüche hüllten mich ein. Ich war zum allerersten Mal in meinem Leben am Meer. Das Mittelmeer, die Sonne und die Luft waren Balsam auf meiner Seele. An diesem Abend vor so langer Zeit lernte ich die Lebensweise des Südens kennen: **So also konnte das Leben sein!?**

In einer kleinen Gasse saß ein Musiker und spielte auf seiner E-Gitarre Tony Careys „Room with a view". Es ging mir durch Mark und Bein und verankerte meine Erkenntnisse, die ich an diesem Abend gewonnen hatte, und **die dazu gehörenden Emotionen** tief in meinem Inneren. Seitdem hat dieses Lied eine besondere Bedeutung für mich. Ein Zimmer mit Aussicht – das hatte ich damals vor meinem geistigen Auge gehabt. Ein Zimmer als Basis und Grundlage für ein ganzes erfülltes Leben.
Ich erkannte, dass man sich seine **Freiheit** selbst kreieren muss. Dass sie nicht einfach da ist und vor einem auf der Straße liegt. Wir müssen sie in unser Leben ziehen. Dazu müssen wir frühzeitig die Weichen stellen. Niemand anderes kann das für uns tun. Und so reifte damals der Entschluss in mir, dem Ruf meiner Seele zu folgen und meinen Lebensplan ab sofort in Angriff zu nehmen, im nächsten Jahr die Schule abzuschließen und direkt einen Beruf zu erlernen, um Geld für ein schönes eigenes Leben zu verdienen. Und es gelang mir!

„Ich allein kann meine Träume verwirklichen!"

11. Mai: Gemeinschaft

Neben unserer persönlichen Eigenständigkeit und Unabhängigkeit ist auch die Gemeinschaft mit anderen ein wichtiger Baustein unseres (sozialen) Lebens. Wir können und müssen nicht alles allein machen.

Was geht mit anderen besser als allein?

Sei gesellig! Wenn du nicht viele Kontakte hast, kannst du vielleicht neue knüpfen, z. B. über ein Nachbarschafts-Portal oder über einen Verein oder eine Gemeinde, wo Gleichgesinnte zu finden sind. Der erste Schritt ist bekanntlich der schwerste. Mache ihn lieber direkt, auch wenn du dich vielleicht davor scheust. Dann ist er erledigt und du kannst sehen, was sich entwickelt. Er spukt nicht länger in deinem Geist herum und bläht sich künstlich auf.
Nur wer fragt, dem kann geholfen werden. Vieles macht in der Gemeinschaft auch mehr Spaß als allein. Auch Erfahrungen kann man auf diese Weise austauschen sowie Fertigkeiten und Fähigkeiten auf den unterschiedlichsten Gebieten. Wir können Aufgaben teilen, aber auch die Freude. Dazu müssen wir uns mit anderen vernetzen und austauschen:

„Ich knüpfe und pflege harmonische Kontakte!"

12. Mai: Anerkennung

Wem, außer dir selbst natürlich, kannst du heute deine ehrliche Anerkennung ausdrücken? **Jede Seele freut sich über ein Lächeln und über warme Worte, die von Herzen kommen und die ehrlich gemeint sind.** Sei authentisch mit deinem Lob! Zeige echtes Interesse an deinen Mitmenschen und sei stets wahrhaftig. Damit machst du anderen eine wahre Freude und nährst ihr Selbstbewusstsein.
Vertrauen und Sicherheit entstehen, und zwar auf beiden Seiten. Wir empfinden Glück und Zufriedenheit. Aus eigenen Erfahrungen wissen wir ja, wie gut sich das anfühlt und wie wichtig dieses Gefühl für uns ist. Wenn wir unsere aufrichtige Anerkennung ausdrücken, sollten wir gefühlsmäßig dahinterstehen, sonst sind es nur leere Worte, pauschal formuliert und aus der Routine heraus geäußert. Sie haben keinerlei Bedeutung. Wir fühlen uns als Person nicht richtig wahrgenommen. Das spüren wir sofort. Mimik und Gestik unseres Gegenübers verraten es eindeutig, ob es echt war oder geheuchelt.

„Ehrlich und wahrhaftig drücke ich meine Anerkennung aus!"

13. Mai: Empathie

Mit Empathie ist unser **Einfühlungsvermögen** gemeint. Sei ein Segen für andere, indem du versuchst, dich in sie hineinzuversetzen. Fühle, was der oder die andere braucht. Zeige Sanftmut und Verständnis und nimm Rücksicht auf die Bedürfnisse, Gefühle und Besonderheiten anderer. Zeige echtes Mitgefühl, wo es geboten ist, und behandle andere stets so, wie auch du behandelt werden möchtest. Gemäß dem **Resonanzgesetz** fällt alles auf uns zurück. Daher sollten wir unsere Fahne hochhalten und mit gutem Beispiel vorangehen. Einer muss der Erste sein. Die anderen ziehen dann schon mit.

Ich kann darüber hinaus auch gute Wünsche für andere formulieren, denen es gerade nicht so gut geht. Das gilt auch für Orte und Situationen, die sich momentan nicht in ihrer Ordnung befinden:

„Möge alles in Ordnung kommen. Mögen alle Menschen friedlich leben. Möge sich diese Situation zum besten Wohle aller lösen."

Welchen Satz kannst du darüber hinaus für andere Menschen, Tiere oder für den Rest der Welt formen? Sei spontan und überlege nicht lange. Dann kommt es aus deinem Herzen und nicht aus dem Verstand, der gerne bekrittelt und urteilt. **Sei empathisch!**

„Ich bin ein Segen für meine Mitmenschen und fühle mit ihnen!"

14. Mai: Selbstachtung

Nun sind *wir* wieder dran. Anerkennung und Respekt muss ich in erster Linie mir selbst gegenüber empfinden, bevor ich es nur von anderen erwarte. Wenn ich mich selbst nicht achte, fällt es mir auch schwer, anderen mit Achtung zu begegnen. Ein weiterer Spiegel des Gesetzes der Resonanz. **Ich darf mich auch selbst loben!** Vergiss die Sprüche von früher bezüglich des Eigenlobs. Sie sind allesamt falsch und längst überholt. In vielerlei Hinsicht sind wir heute schlauer!

Ich habe Zuversicht und gute Wünsche *für mich*!
Aus einem innerlichen Wunsch kann ich einen positiven Glaubenssatz bilden. Affirmationen helfen mir dabei, nachhaltig **Selbstvertrauen** aufzubauen. Sie repräsentieren meine vielen positiven Wahrheiten und **meinen Glauben an mich selbst**!
„Ich denke stets gut über mich und sorge gut für mich – weil ich mich liebe und achte!"

Welche eigenen Sätze kannst du noch bilden, die *für dich* erklären, dass du dich liebevoll achtest und behandelst? Woran erkennst du deine Selbstachtung, oder in welchen Bereichen des Lebens fehlt sie dir noch? **Nobody is perfect.** Niemand ist perfekt. Sei milde mit dir!

Mitgefühl müssen wir auch uns selbst gegenüber entgegenbringen. Manchmal müssen wir das erst lernen. Vielen von uns wurde es nicht beigebracht. Sei also nachsichtig mit dir und lege die Messlatte nicht zu hoch an. Dein Licht unter den Scheffel zu stellen nützt der Welt nicht, und dir selbst auch nicht:
Wisse: **Du bist richtig so, wie du bist!**

Hierzu gibt es eine schöne Spiegel-Übung:
Wenn du an einer Spiegelfläche oder an einem Schaufenster vorbeikommst, lächle dich an, (ein leichtes Anheben der Mundwinkel reicht bereits), und nimm eine aufrechte Körperhaltung an, als würdest du ein Krönchen auf deinem Kopf balancieren. Das hebt deine Stimmung augenblicklich und du signalisierst dir und anderen nonverbal deine Selbstachtung: **Seht her: Ich bin wer!**

15. Mai: Ernährung

Unsere Ernährung hat auch etwas mit Selbstachtung zu tun. Wir sollten gut für uns und für die Bedürfnisse unseres Körpers sorgen. Einen neuen werden wir nicht bekommen. Daher sollten wir den, den wir haben, ehren und in Schuss halten. Jeder Mensch sollte dazu in der Lage sein, sich selbst zu ernähren und mit nahrhaftem, gesundem Essen zu versorgen. Reine, gesunde, natürliche und hochwertige Nahrung liefert uns **Vitalstoffe**, die wir dringend benötigen, um möglichst lange gesund und fit zu bleiben. Unverarbeitete Kost ist eine Voraussetzung für unser körperliches und geistiges Wohlergehen.

Es hat auch mit **Selbstliebe und Selbstfürsorge** zu tun, gut für sich zu sorgen. Selbstfürsorge bedeutet, sich Zeit für Dinge zu nehmen, die die körperliche und seelische Gesundheit unterstützen. Es ist wichtig, dass wir gut auf uns achten. Eine achtsame und bedarfsgerechte Ernährung gehört dazu, und der Genuss. Unsere Nahrung sollte gesund, nahrhaft und maßvoll sein, um Körper und Seele zu nähren. Entschleunigen und Entspannen unterstützt uns dabei. Langsam und bewusst zu essen und zu trinken, wirkt sich auch auf unser Gemüt aus. Es schenkt uns mehr Energie und Lebendigkeit, da wir die Lebensenergie aus der Nahrung besser aufnehmen können. Iss in Ruhe und gerade so viel, dass du satt bist, aber nicht darüber hinaus.

Fühlen wir uns nach dem Essen müde und ausgelaugt, dann war es entweder zu viel, zu schwer oder es waren industriell verarbeitete Lebensmittel, die unseren Organismus übermäßig belasten. Die Konzentration lässt nach, da der Körper seine ganze Energie für das Verarbeiten der Nahrung benötigt. Nach einer gesunden, ausgewogenen Mahlzeit indes fühlen wir uns wach und fit.

<u>„Meine Ernährung ist gesund und heilsam!“</u>

Wenn wir diesen Satz verinnerlichen, werden wir allmählich unsere Ernährung optimieren. Dazu gehört auch eine ausreichende Flüssigkeitsaufnahme in Form von Wasser, Tee und frischen Obst- und Gemüsesäften. Kopfschmerzen und Müdigkeit sind oft ein Zeichen, dass unseren Zellen Wasser fehlt.

Generell sollten wir immer achtsam sein, was wir zu uns nehmen und wie wir dies tun, und dies bewusst zelebrieren, wie bei einer Tee-Zeremonie. Die Ostfriesen machen es uns vor, indem sie regelmäßig mehrmals am Tag ihren Tee trinken, und dabei nach Möglichkeit für ein paar Minuten nichts anderes tun.

<u>Ein besonderer Tipp:</u>
Das Trinken durch einen Strohhalm beruhigt die Nerven. Probiere es aus und stelle den Unterschied fest!

16. Mai: Gemütlichkeit

Mach es dir behaglich! Du brauchst einen Ort, an dem du dich wohl und geborgen fühlen kannst. Auch in deiner Kleidung musst du dich wohlfühlen können, sie muss *dir* allein entsprechen und deine individuellen Bedürfnisse erfüllen.

Das Gleiche gilt für deine Einrichtung. Kissen und Teppiche machen das Leben und Wohnen behaglicher. Weiche Stoffe und Decken umschmeicheln uns und verwöhnen die Haut. Farben wirken auf die Psyche, daher sollten wir unseren Wohnraum harmonisch gestalten und uns ein liebevolles Umfeld einrichten, das wir mögen. Was braucht es noch dazu? Oder was stört und ist zu viel? Verändere heute *eine Sache* und genieße sie! Schon Balu der Bär von Mogli wusste:

„Probier's mal mit Gemütlichkeit. Mit Ruhe und Gemütlichkeit!“

<u>„Ich mache es mir so angenehm wie möglich!“</u>

17. Mai: Schatztruhe

In deinem Inneren befindet sich eine reich gefüllte Schatztruhe. Sie enthält alles, was du in dieses Leben mitgebracht hast, alles, was du für dein Leben brauchst. Sie enthält deine Talente, deine Gaben und alle positiven Eigenschaften, die dich zu einem ganz besonderen Menschen machen.
Niemand ist wie du – denn du bist einzigartig auf dieser Welt!

Deine innere Schatztruhe ist unendlich. Es darf alles hinein, was dir guttut. Sie enthält bereits alle deine schönen Erinnerungen, deine Wünsche, Träume und Hoffnungen und noch Vieles mehr. Du kannst nun dazulegen, was du möchtest. Welche Form und Farbe hat sie? Womit möchtest du deine eigene Schatztruhe nun füllen? Lege hinein, was dich auszeichnet!

Ich gebe dir **Liebe, Freude, Kraft, Harmonie und Frieden** hinzu. Alles, was dir noch fehlt, kannst du nun ergänzen. So erhältst du eine wertvolle Sammlung innerer Schätze. Und bei Bedarf kannst du dich ihrer jederzeit bedienen. Wenn du etwas brauchst, nimm es heraus und lege es bei Gelegenheit wieder zurück. Greife mit beiden Händen hinein und bediene dich der Fülle! **Fühle die positive Eigenschaft**, die du nun in deinen Händen hältst, atme sie tief ein ... Und beim Ausatmen verteile sie in deinem ganzen Körper, sodass sie dich wie eine schützende, nährende Hülle umgibt ...

„Meine Schatztruhe ist reich gefüllt. Ich nehme mir heute ... (z. B.: Frieden) heraus und fühle ihn in meinem ganzen Körper."

18. Mai: Wertschätzung

Du selbst verleihst den Dingen in deinem Leben ihren Wert.
Was ist für dich von besonderem Wert? Was ist dir wirklich wichtig? Welche Eigenschaften schätzt du an dir und an anderen Menschen?

Echte Wertschätzung wird stets von **Dankbarkeit** begleitet. Liebevolle Begegnungen mit anderen Menschen verdienen ebenfalls unsere Wertschätzung. Eine Selbstverständlichkeit sind sie nicht. Das, was wir von anderen an Wertschätzung empfangen, an Lob und Anerkennung, nährt unsere Seele. Unser Belohnungszentrum wird aktiviert und unser Körper schüttet das Glückshormon Dopamin aus, welches uns gute Gefühle sowie Wohlbefinden und **Zufriedenheit** schenkt: Zufriedenheit mit dem, was ist und was wir in unserem Leben haben.

Wofür kannst du dich selbst loben, ehren und wertschätzen? Welche wertvollen Charaktereigenschaften zeichnen dich aus? Welche Personen sind für dich von besonderem Wert? Zeigst du es ihnen?

Namaste. Das bedeutet: Das Göttliche in mir ehrt das Göttliche in dir. In Hawaii bekommt man zu dieser Gelegenheit einen duftenden Blumenkranz, einen Lei, um den Hals gelegt. Ein schöner Brauch. In meinem Arbeitszimmer gibt es einen solchen bunten Blumenkranz aus künstlichen Blüten, damit ich mich immer daran erinnere, was ich wertschätze und wofür ich dankbar bin. Er stammt von meinem Junggesellinnenabschied und trägt die Farben des Regenbogens, der für die Verbindung von Himmel und Erde sowie für die Themen Hoffnung, Frieden und Vielfalt steht. Gleichzeitig sind es die Farben unserer **sieben Hauptchakren**, den **Energiezentren unseres Körpers**. Durch sie fließt unsere Lebensenergie. Ohne Energie gäbe es kein Leben. Wofür bist *du* dankbar und empfindest echte Wertschätzung?

<u>„Ich ehre und wertschätze die vielen Segnungen in meinem Leben!"</u>

19. Mai: Haustiere

Ein Haustier zu haben und das Leben mit ihm zu teilen ist eine Erfahrung, die unbeschreiblich ist. Oft können unsere Tiere uns näher sein als mancher Mensch. Daher werden sie auch gerne in Therapien eingesetzt. Wir können uns ihnen gegenüber leichter öffnen. Auch wenn du kein eigenes Haustier haben solltest, so kannst du doch die Nähe zu Tieren suchen, wenn dir etwas an diesem Thema liegt.

Die Liebe zu einem Tier ist etwas Einzigartiges, genauso wie die Liebe, die wir zurückbekommen. Sie ist stets bedingungslos. Von unseren Tieren können wir viel lernen. Sie haben ihren Instinkt, den siebten Sinn. Eine Kommunikation mit ihnen kann auf telepathischem Weg erfolgen. Jeder kann es, es ist überhaupt nicht schwer.

Hier ein Beispiel, wie du mit Tieren „sprechen" kannst:
Begib dich ganz in die Nähe deines Tieres und visualisiere eine Verbindung eurer beiden Herzen. Dies kann eine Brücke in Regenbogenfarben sein oder in einer Farbe, die dir in den Sinn kommt. Es geht darum, deinen Verstand auszuschalten, damit du vollkommen in deinem **Gefühl** bist. Vertraue deiner Intuition ...
Frage das Tier nun mental, ob es mit dir kommunizieren möchte. Der erste Gedanke oder das erste Gefühl, das du spontan dazu bekommst, ist die Antwort. Du kannst es dem Tier auch ansehen.

Wenn das Tier bereit ist, stelle ihm in Gedanken Fragen, z. B. was es braucht oder gerne haben möchte. Das können auch ganz irdische Wünsche des Tieres sein, wie sein Lieblingsfutter. Seine Antwort kannst du als plötzlichen Gedankenblitz erfahren, in Form eines inneren Bildes vor deinen Augen oder als Gefühl. Lass dir Zeit ...

„Ich gebe (m)einem Tier all die Liebe, die es braucht. Sie kehrt stets zu mir zurück.“

20. Mai: Krafttiere

Jeder Mensch hat ein Krafttier, ein **Totem**. Es ist ein Tier, mit dem wir uns besonders verbunden fühlen. Im Laufe unseres Lebens kann es sich mehrfach ändern, da auch wir uns verändern.
Wenn du nun in dich hineinspürst: **Welchem Tier fühlst du dich besonders verbunden?** Was bedeutet dieses Tier für dich? Es kann ein echtes Tier sein oder ein Fabelwesen. In der Regel stammt es aus der uns bekannten Tierwelt. Du verbindest besondere Eigenschaften mit ihm, die dich anziehen, da du derzeit eine Entsprechung dazu hast. Es bringt seine Qualitäten und seine besondere Energie in dein Leben ein. Also: **Welches Tier ist es?** Nimm den allerersten Gedanken!

Mein Krafttier ist derzeit eine Katze. Ich schätze ihre freie Unabhängigkeit bei gleichzeitiger Anhänglichkeit. Für sie ist vieles selbstverständlich, worin wir Menschen uns abmühen müssen. In ihren Augen stehen die Wahrheit und die Weisheit in Liebe geschrieben. Ich kann von ihr lernen. Daher haben wir eine Verbindung, ein zartes Band aus Licht von Herz zu Herz, über das wir kommunizieren können:

Verbinde dich in einem ruhigen Moment mental mit deinem Krafttier und lerne von ihm. Schau, was es dir zeigt, welche Bilder du siehst. Nimmst du einen Geruch wahr, der dich an etwas erinnert? **Steigen Gefühle auf?** Du kannst dein Krafttier alles fragen. Es ist für dich da, um dich zu unterstützen. Du kannst es auch für deinen mentalen Schutz einsetzen, als tapferen Begleiter für alle widrigen Lebenslagen, die dich herausfordern. Dein Krafttier ist treu an deiner Seite.
Auch für den Schutz deines Zuhauses eignet es sich. Du kannst es manifestieren, indem du ein Bildnis oder eine kleine Miniaturausgabe von ihm aufstellst oder aufhängst. Bedanke dich bei ihm für seine treuen Dienste und vertraue, dass alles gut wird.

„Ich vertraue auf meine eigene innere Kraft und auf die Kraft meines Totems!“

21. Mai: Kraftorte

Ein Ort in der Natur, an dem wir zur Ruhe kommen, entspannen und neue Energie tanken können, das ist unser wahrer Kraftort. Es kann eine Quelle sein oder ein Waldgebiet, dein Garten, ein See, das Meer, ein Wasserfall oder eine Ansammlung von Steinen, ein alter Kultort, eine Kapelle oder Kirche, ein Pilgerweg wie der Jakobsweg usw. Diese Orte sind zum Teil seit Jahrhunderten oder Jahrtausenden bekannt für ihre besonderen **Energien**. Sie bieten einen wunderbaren Ausgleich zu unserem oftmals hektischen Alltagsleben. In der freien Natur können wir uns wieder erden und stabilisieren. Wir erkennen die leuchtende Schönheit und Identität der Natur und fühlen uns mit ihr verbunden. Die Kraft des Ortes geht auf uns über und vitalisiert uns, wenn wir uns emotional von ihr berühren lassen.

Hildegard von Bingen sprach von der **„heiligen Grünkraft"**, einer geheimnisvollen Heilkraft in Form einer kosmischen oder göttlichen Energie, die allem Lebendigen innewohnt:

„Als von Gott gegebene Kraft wirkt alles „Grüne" in allen Dingen, bei allen Lebensvorgängen." Sie sah dann vermutlich ein leuchtend grünes Licht, das „Göttliche Licht": **„Aus lichtem Grün sind Himmel und Erde geschaffen und alle Schönheit der Welt."** Alle Pflanzen sind schließlich Träger göttlicher Kräfte. Mit ihren hellseherischen Fähigkeiten konnte die Heilige Hildegard sie wahrnehmen.

Wo liegt *dein* Kraftort? Wo kannst du dich ausruhen und auftanken? Solltest du noch keinen Ort im Äußeren gefunden haben, nehme ich dich nun mit zu deinem **inneren Kraftort**:
Wenn du die Augen schließt, betrittst du durch ein hölzernes Törchen deinen **„inneren Garten"**, einen Ort der Sicherheit und Geborgenheit. Hier kannst du dich ausruhen und regenerieren und neue Kraft tanken, die du im Alltag verbraucht hast. Wie sieht dein Garten aus? Richte ihn dir ein: Welche Pflanzen wachsen hier? Gibt es Obst oder Gemüse? Eine Wiese? Welche Arten von Blumen blühen? Kannst du ihren Duft riechen? Gibt es Tiere dort?
Kreiere dir eine bequeme Sitzgelegenheit deiner Wahl und lass dich nieder, um deinen inneren Garten zu genießen. Schaue und träume vor dich hin ... In dieser Zeit kannst du auch Antworten auf Fragen finden und Erkenntnisse erlangen, die dir helfen können, neue Fähigkeiten zu entwickeln. Alles, was du brauchst ... **Wisse:** Du trägst deinen inneren Garten im Herzen und kannst ihn jederzeit aufsuchen ...

„In *mir* bin ich sicher und geborgen. Ich sammle neue Kraft!"

22. Mai: Orakel

Orakelst du gerne? Antworten auf Fragen des Lebens und neue Inspirationen können wir auch durch Orakeltechniken finden. Orakelkarten sind Wegweiser ins Land des Unbewussten. Die Praxis der Orakelbefragung wird bereits seit Jahrtausenden zelebriert, wie z. B. das **„I Ging"** aus China, das Buch der Wandlungen, das bereits über 6000 Jahre alt ist. In einer schwierigen Zeit meines Lebens, die von Umbrüchen aller Art gezeichnet war, fand ich hier täglich Trost und Mut und neue Hoffnung. Besonders erstaunlich fand ich, dass die Aussagen IMMER genau zur jeweiligen Situation oder Frage passten. Ich dachte oft: Das Buch kennt mich (zu gut). Es wurde *für mich* geschrieben ...

Jede Kultur hat ihre eigenen Favoriten. Alle wirken auf ähnliche Weise. Und so können wir aus der breiten Masse der Möglichkeiten das für uns auswählen, was uns am meisten anspricht. Ich mag die Karten von Jeanne Ruland am liebsten, z. B. **„Aloha"**, Kraft schöpfen aus der Quelle des hawaiianischen Schamanismus. Dazu höre ich jeden Morgen eine Tagesbotschaft in Form einer Affirmation von Louise L. Hay: **„Vertraue dem Leben!"**

Mein Mann liebt den **„Mondkalender"** von Helga Föger mit seinen Tagesimpulsen. Es ist ein schöner und achtsamer Start in den Tag. Es gibt viele großartige Kartensets, aus denen wir täglich willkürlich eine Karte ziehen können, um herauszufinden, was sie uns sagen soll. Mir fiel heute beim Schreiben eine **„Engelkarte"** aus einem meiner Bücher in die Hände. Ich benutze diese Karten oft auch als Lesezeichen und entdecke sie stets, wenn ich sie am meisten brauche:

<u>„Sicherheit und Vertrauen" ist die heutige Botschaft.</u>

23. Mai: Inspiration

Entspannung für mehr Kreativität! Wenn wir innerlich zur Ruhe kommen, können Inspirationen uns mental erreichen und ihre Wirkung entfalten. Im Trubel des Alltags sickern sie oftmals nicht zu uns durch. Nehmen wir uns **ein paar Minuten Zeit**, um innerlich Platz zu schaffen und uns neu auszurichten, damit Neues entstehen kann, ohne Bewertung der äußeren Umstände. Das gibt uns Schwung und neue Energie, wie ein Frühjahrsputz. **Es entsteht Raum für neue Gedanken, Ideen und Geistesblitze**. Wir wollen die Gedanken fließen lassen, ohne sie zu kontrollieren. Einfach loslassen. So können sich Ruhe und Entspannung körperlich und psychisch entwickeln:

Atme entspannt ein und aus und lass kommen, was mag. Tue nichts anderes dabei, einfach nur atmen, die Augen schließen und gucken, was passiert ... Innehalten und ankommen bei dir selbst ...
Nun kannst du dein Höheres Selbst um eine Inspiration bitten. Um einen guten Gedanken, den es sich zu denken lohnt. Deinen Gedanken des Tages ...
Was fängst du damit an? Es lohnt sich immer, einer Inspiration nachzugehen! Manchmal zeigt sie uns einen neuen Weg auf oder gibt uns einen Hinweis, was wir wieder öfter tun sollten. Stets nähren uns inspirative Gedanken und fachen die Flamme unserer Begeisterung an.

<u>Wisse:</u> **Es gibt keine Zufälle!** Wir können andere Menschen inspirieren, indem wir selbst inspirierend sind. Begeisterung ist ansteckend! Womit kannst *du* andere Menschen inspirieren? Was ist heute *deine eigene* Inspiration? Und wo hat deine Inspiration dich schon (unerwartet) hingeführt, wofür du ihr im Nachhinein dankbar bist?
Inspiration ist alles! Vieles begann einst mit einer Inspiration. Musik entsteht auf diese Weise, Kunst auch, ja jegliche Form der Kreativität und jedes Buch entsteht letztlich aus einer Inspiration heraus.

<u>„Ich hege und pflege meine guten Gedanken und folge dem Pfad meiner Inspirationen!"</u>

24. Mai: Ziele

Gehe deine Wünsche und Ziele nun einmal gedanklich durch und notiere sie dir. **Wonach sehnst du dich?** Dann ziehe **ein Resümee:**

Sind wirklich alle noch aktuell oder entsprechen manche von ihnen deinem früheren Ich und haben sich inzwischen erledigt? Streiche wieder durch, was dich nicht mehr inspiriert oder interessiert. Dadurch wird die Kraft, die bisher darin gebunden war, frei für die Dinge, die dir **jetzt** wirklich wichtig sind.
Kreise nun den Wunsch ein, der dir am meisten auf der Seele brennt. Mit ihm beginnen wir. Notiere dir alles, was es braucht, damit er real werden kann, jeden Schritt. Wer oder was könnte dir dabei helfen?
Fange heute mit dem ersten kleinen Teilschritt an. Damit bringst du den Stein ins Rollen. Zeichne den Weg auf, den der Stein nehmen muss und rolle ihn Stück für Stück voran. Der Stein wird dabei immer leichter, je weiter du ihn auf dein Ziel zu rollst. Bleibe dran, damit er nicht stillsteht und du das Gefühl hast, es bewegt sich etwas.

Spürst du schon die Vorfreude in dir aufsteigen?

Es kann nicht oft genug betont werden, dass es letztlich immer auf das **Gefühl** ankommt, das wir zu einer Sache haben. Unser Kopf und der Verstand sind für das Aufschreiben der Dinge notwendig, für das Sammeln von Ideen, von unseren Wünschen und den kleinen und größeren Zielen. Wenn wir unsere Inspirationen dann notiert haben, können wir einen innerlichen Abstand dazu einnehmen und sie auf uns wirken lassen.

Da, wo das Gefühl stimmig ist, setzen wir an. Diese Fährte lohnt sich, verfolgt zu werden. Hier bringen wir den Stein wie eine Murmel ins Rollen, bis er an seinem Zielort angekommen ist. Stolpersteine auf dem Weg sind nichts weiter als kleine Hürden, über die wir Brücken bauen können. Auch auf Umwegen kommt man ans Ziel – und hat nachher viel dabei gelernt. So nimm allen Mut zusammen und fang einfach an. **Heute ist der Tag! Freue dich darauf!**

„Ich sehe die Vision meiner Ziele klar vor Augen und folge ihr!"

25. Mai: Ruhetag

Heute ist Ruhetag. Du hast viel gearbeitet, nun ist es Zeit für eine Pause. Lass die Dinge sacken, damit sie in Ruhe ihre Wirkung entfalten können. Entspanne deinen Körper, gönne dir eine Auszeit und ruhe dich aus. Nicht nur heute. Baue bewusst immer wieder kleine Pausen in deine Tage ein. Alle anderen Termine notierst du dir ja auch! **Gemütsruhe bringt Entspannung für die Nerven**, bündelt unsere Aufmerksamkeit, richtet uns wieder neu aus und lässt uns die kleinen und großen Wunder entdecken, die vor uns liegen.

Ich kann mir schöne Rituale für kleinere Auszeiten im Alltag schaffen, für jeden Tag. Eine positive Einstellung mir selbst gegenüber zeigt, wie wichtig ich mir bin und dass ich gut für mich sorge. Wir müssen immer mal wieder in die Ruhe gehen, und sei es nur für wenige bewusste Minuten am Tag. **Auf eine Phase der Anspannung sollte stets eine Phase der Entspannung folgen.**

Achtsamkeit ist eine innere Haltung, eine Geisteshaltung. Wir können sie trainieren, indem wir achtsam, langsam und im Flow sind bei dem, was wir gerade tun: für mehr **Energie** und **Lebensfreude**, bessere **Selbstheilungskräfte** und eine stabilere **Gesundheit**.

Und so sollten wir auch achtsam sein für unser Bedürfnis nach Ruhe. Wir können jeden Tag neu anfangen und unsere Kompassnadel neu ausrichten! Heute zeigt sie auf Ruhe und Entspannung:

Sei die Ruhe in Person – wie ein Buddha!

Ruhe und Stille sind Balsam für unsere Seele. In ihr können Traumfantasien entstehen. Indem wir uns kleine Auszeiten gönnen, führen wir uns selbst in die **Zufriedenheit**. Tiefe Ruhe und Entspannung sind ein Ausgleich für Körper, Geist und Seele. Der Puls wird ruhiger und die Gedanken hören allmählich auf zu kreisen.

Wenn du dich bei Erschöpfung nach Ruhe sehnst, ist es wichtig, dir einen Platz dafür im Alltag zu schaffen und ein neues Ritual einzurichten. Die innere Stille bewirkt, dass wir Raum und Zeit in ihr vergessen. Wir können die Zeit für kostbare Momente anhalten.
Hast du einen schönen Platz, an dem du dich wohlfühlst und wo du bequem sitzen und vielleicht auch die Füße hochlegen kannst? Lehne dich zurück, schließe deine Augen und sage dir still im Geiste immer wieder diese Formel vor (die auch dem leichteren Einschlafen dient):

„Ich bin ruhig, ganz ruhig ...“

26. Mai: Meditation

Meditation am Morgen vertreibt Kummer und Sorgen!

Heute entspannen wir den Geist einmal ganz bewusst und professionell. Unsere Seele braucht Raum, um sich erholen zu können, einen **Ruhepunkt**, an dem wir uns frei fühlen. Dieser Punkt liegt tief in mir drin. In der Meditation kann ich ihn finden. Meditation ist ein Weg, um Achtsamkeit zu üben und in die Ruhe zu kommen.

Begib dich regelmäßig in die Stille, ganz allein, nur für dich. Genieße die Zeit allein mit dir. Eine aufrechte Körperhaltung ist wichtig, damit die Energie frei fließen kann. Deshalb sollten wir nach Möglichkeit im Sitzen meditieren. Das Zeitfenster spielt keine Rolle. Je mehr Übung wir haben, desto schneller kommen wir in das Gefühl der Entspannung hinein. Nachher geht es wie auf Knopfdruck.

In der Meditation finden wir **innere Stille** und **Entspannung**. Innere Mitte und innerer Frieden finden wieder zusammen. Wenn wir im Anschluss unser Leben meditativ gestalten, nehmen wir etwas von dieser neuen, uns innewohnenden Kraft mit in unseren Alltag.
Mache dein Leben meditativ! Es nützt nicht allein, bloß zu meditieren. Wir müssen diese neue Kraft, die aus der inneren Stille heraus entsteht, auch umsetzen! Meditieren sorgt für mehr Leichtigkeit:

Die Gedanken sind frei!

Lösungen und neue Ideen entstehen stets aus der inneren Stille heraus, in der Meditation, wo wir die Gedanken fließen lassen und nicht festhalten. Grübeleien und angestrengtes Nachdenken bringen oftmals keinen Gewinn. Die Endlosschlaufen unserer Gedankenspiralen kommen zum Stehen, sie haben Sendepause. Innere Loslösung ist **der Schlüssel** zur Meditation. Eine positive Erwartungshaltung kann sich allmählich entwickeln, dass sich alles zu unserem Besten fügen wird:

Ich werde innerlich jetzt ganz ruhig und klar wie ein Gebirgsbach, der scheinbar zeitlos immer weiterfließt. Ich sehe dieses Bild nun klar vor mir, wie der Bach sich seinen Weg vom Berg ins Tal bahnt und sich schließlich in einem See verliert ... Aus der Kraft dieser Stille gewinne ich an eigener Stärke und regeneriere mich. Hierbei hilft mir:

<u>Die einfachste Meditation der Welt:</u>

Du kannst über **ein einzelnes Wort** meditieren, z. B. über das Wort **STILLE**. Wähle gerne auch ein anderes Wort, das dir einfällt und das es wert ist, dass du darüber meditierst. Sprich dieses Wort still in deinen Gedanken langsam und genussvoll in Dauerschleife vor dich hin. 1000 Mal. Oder sooft du magst. Sei ganz dabei. Es gibt nun nur noch dieses eine Wort und dich – und deinen Atem, tief und gleichmäßig ...

Und wenn du es lange genug praktiziert hast, dann spürst du, dass du mit diesem Wort verschmilzt. Du bist das Wort, das Wort ist du – du bist im Wort und das Wort ist in dir ... Ihr seid nun eins geworden, verschmolzen. Alles andere im Außen hat aufgehört zu sein. Es gibt auch keine Zeit mehr. Sie steht still. Es gibt nur noch das wunderbare Jetzt: Wenn die Gedanken aufhören zu sein und Sendepause haben ...

Wo in deinem Körper kannst du es fühlen? Wo wohnt die Entspannung in dir? Diese Stelle ist dein **Ruhepunkt**. Merke ihn dir! In Zukunft brauchst du ihn nur zu berühren, um dich daran zu erinnern, dass es Zeit für eine kleine Entspannung ist. An diesem Punkt kannst du das Gefühl der Entspannung, der inneren Stille, deiner neuen Kraft und Stärke aktivieren und wissen: <u>„Ich ruhe tief in mir!"</u>

27. Mai: Selbsterforschung

Heute begeben wir uns auf den Grund des Seins: Schaue in deine eigenen Tiefen: Wo liegen deine Schatten, deine wunden Punkte? Wenn du sie erkennst, kannst du Licht hineinbringen und sie erlösen. Jeder von uns hat diese wunden Punkte in sich, wenn wir ehrlich sind.

Wund sind sie deshalb, weil sie geheilt werden wollen. Zu erkennen und sich einzugestehen, wo sie liegen, ist der erste Ansatz. Ehrlichkeit zu dir selbst ist **der Schlüssel**. Es gibt genügend Eigenschaften an uns, die wir gerne ablegen würden, weil wir spüren, dass sie für uns oder für andere nicht förderlich sind. Sie fühlen sich nicht gut an.

Manche Verhaltensweisen und Muster haben wir uns antrainiert. Vielleicht mussten wir uns früher schützen und wollten unsere Verletzlichkeit verbergen. Andere Aspekte haben wir von unseren Vorfahren übernommen, ob wir dies wollten oder nicht. Wieder andere wurden uns anerzogen. Aber wieder gilt: Wir können von heute auf morgen ablegen, was nicht mehr zu uns passt, wie ein Kleidungsstück, aus dem wir herausgewachsen sind!

Sei ehrlich zu dir: Was will abgelegt und geheilt werden?

Auf einer inneren Reise können wir es erforschen:

Setze dich (in Gedanken) an einen Platz in der Sonne. Halte das Gesicht hinein und spüre die angenehme Wärme auf deiner Haut. Sie entspannt dich ... Bald kommt eine Wolke vorbei und bringt Schatten mit, einen *deiner* Schatten. Nur du weißt, wer er ist, nur du kannst entscheiden, ihn zu beobachten, ihn zu betrachten und ihn besser kennenzulernen ... Vielleicht hast du auch ein Gefühl dazu ... Möglicherweise kannst du ihn akzeptieren und dich mit ihm anfreunden. Du hast ihn womöglich über eine lange Zeit nötig gebraucht ...
Eventuell magst du ihn jetzt umarmen und **deinen Frieden** mit ihm machen, dich vielleicht sogar bei ihm **bedanken**, dass er dir gedient hatte, und kannst ihm nun in Liebe sagen: „Ich habe dich lange genug gehabt, nun möchte ich dich verabschieden. Ich möchte dich ins Licht schicken."

Vielleicht sagt dir dein Unterbewusstsein auch ein Wort, sendet dir ein Bild oder ein Gefühl dazu – heute oder erst in ein paar Tagen. Dein Unterbewusstsein hilft dir und zeigt dir, was für dich jetzt wichtig und richtig ist. Lass dir noch etwas Zeit ...
Dann verabschiede dich allmählich von deinen inneren Bildern und Gefühlen, von der Wolke und von deinem Schatten und wisse, es ist getan ... Jetzt ist nur noch Sonne da. Das heilende, gute Licht der Sonne ...
Diese Reise kannst du nach Bedarf beliebig oft wiederholen. Lass dir jeweils Zeit dazwischen, damit die Erkenntnisse sich setzen können. Im Licht der (inneren) Sonne kann vieles heilen.

Fühle: „Ich bin in Frieden mit mir selbst!"

28. Mai: Selbsterkenntnis

Nach der Selbsterforschung folgt die Selbsterkenntnis: **Erkenne dich selbst** – und folge deinem eigenen Stern! Er weist dir den Weg.

<u>Frage dich:</u> **Wer bin ich?**

Das ist die Frage aller Fragen – und nicht leicht zu beantworten. Die Antwort ist nicht im Außen zu finden, du ahnst es bereits. Sie steht auch nicht in diesem Buch. Es mag dir aber helfen, sie zu finden, indem es dich anregt und inspiriert.

Lass alles weg, was du nicht bist oder sein willst! Sei du selbst!

Wenn sich etwas gut und stimmig anfühlt, dann ist es richtig. Dann passt es zu dir und deinem Leben. **Selbsterkenntnis ist der Weg.** Es ist ein Weg zu dir selbst. Wenn wir das Tor zu unserem Inneren aufschließen, finden wir ihn. Und **der Schlüssel** zum Tor … befindet sich in uns! Immer wenn dir etwas dämmert, wenn du eine vage Vermutung hast und eine leise innere Stimme sich meldet, halte kurz inne und gehe diesem Gedanken oder diesem Gefühl nach. Wenn du keine Zeit hast, notiere es dir und kümmere dich später darum. Eines Tages fällt es dir wie Schuppen von den Augen, nämlich dann, wenn du die Brille ablegst, die alles verschleierte. Dann wird dein Blick klar.

Erkenne dich selbst. Das ist der Schlüssel zum Erfolg!

<u>„Ich bin ich – und ich bin wunderbar! Ich bleibe mir selbst treu!"</u>

29. Mai: Wissen

<u>Das innere Wissen, was es gerade braucht,</u> aber auch das Wissen, das ich mir im Laufe meines Lebens aneigne: Wissen ist es nur, wenn ich es auch anwende! Wissen allein reicht nicht – ich muss es auch tun! Das Leben findet im **Hier und Jetzt** statt. Suche es nicht nur in Büchern, in Film und Fernsehen oder im Internet. **Lebe es!** Sei *darin*! Wende dein Wissen und deine wertvollen Erfahrungen auch an. Es nützt nichts, wenn die Weisheit nur in Büchern steht und in deinem Kopf wohnt. Auch dazu will dieses Buch dich animieren: die Dinge umzusetzen und anzuwenden, die es dir wert erscheinen und die zu dir passen. **Womit fängst du heute an?**

<u>„Ich weiß, was richtig und wichtig für mich ist – und tue es!"</u>

30. Mai: Lernen

Lernen erweitert den Horizont und eröffnet uns neue Möglichkeiten. Jeden Tag etwas Neues zu lernen, gibt den Tagen einen neuen Sinn. Wir trainieren unser Gehirn. Später, oder auch viel später, wird uns das sehr zu Hilfe kommen. Wenn wir täglich ein kleines Lern-Ritual einfügen, halten wir unsere grauen Zellen geschmeidig. Wir können dazu ein Thema wählen, das uns im Leben weiterbringt oder eines, das uns brennend interessiert, das wir schon immer lernen wollten, aber immer fehlte die Zeit.
Beispiel: Eine andere Sprache. Jeden Tag nur eine einzige Vokabel zu lernen, bringt uns auch schon weiter. Schnell summieren sie sich, und wir können stolz zurückblicken auf das, was wir geschafft haben. Als Kind habe ich über lange Jahre jeden Tag einen Beitrag im Brockhaus gelesen (es gab noch kein Internet, kein Wikipedia etc. und man las *echte* Bücher). Futter fürs Gehirn! Vieles davon weiß ich noch heute.

Lernen: Auch dies ist ein **Prozess**, wir lernen ein Leben lang. Gott sei Dank! Es bedeutet Wachstum. **Was möchtest du (dazu-) lernen?** Wittere die Chance und nähre damit deine Lebensfreude!

„Ich lerne jeden Tag dazu und bin dankbar dafür!"

31. Mai: Erlösung

Heute darf etwas erlöst und losgelassen werden. Ein Thema, etwas Altes, woran wir schwer getragen haben. Wenn es sich erledigt hat und uns verlässt, fällt eine Last von uns. Wir sind daran gewachsen und dürfen es nun erlösen. Uns fällt ein Stein vom Herzen und von der Seele, in meinem Fall im wahrsten Sinne des Wortes. Im Laufe unseres Lebens sammeln wir viele schwere Steine und es tut gut, sich ab und an eines Steines zu entledigen, der seine Dienste getan hat.
Es ist eine Loslösung. Zurück bleibt ein neues Gefühl der Leichtigkeit, das wir verloren geglaubt hatten. Manchmal geschieht es unerwartet und spontan. Wir können aber auch darum bitten oder beten. Wir müssen nicht alles allein tragen und dürfen die Last auch abgeben oder teilen, uns Unterstützung und Hilfe holen bei lieben Menschen, die uns begleiten oder bei jenen, die dafür ausgebildet sind.
Mir haben die Elemente geholfen. Es war der Wind, wild und ungezähmt, eine steife Brise an der Nordsee, die einen Stein hinfort wehte.
Welches alte Thema ist bei dir inzwischen erledigt und erlöst?

„Ich befreie mich jetzt von ... (z. B.: meiner alten Trauer)!"

JUNI: Zeit der Naturkräfte

In diesem Monat bedienen wir uns gezielt der heilsamen Kräfte, welche die Natur für uns bereithält. Alles um uns herum grünt und blüht und steht in Saft und Kraft. Die Sonne wärmt uns bereits kräftig und vertreibt die allerletzte Kühle. Auch innerlich können wir wieder auftauen und aufatmen. Wir wenden verschiedene Methoden an, die uns in unserer Gesundheit unterstützen und darüber hinaus Impulse setzen können, um das eine oder andere Neue einmal auszuprobieren.

Das Schatzkästchen der Natur ist reich gefüllt und wir verbinden uns bewusst mit Mutter Erde, die uns ernährt und trägt. Dadurch kommen wir zu neuer Kraft sowie Nervenkraft. Wir füllen alle Depots auf und rüsten uns für alles, was im Leben kommen mag. Wir sind dem Sinn des Lebens auf der Spur und erkennen neue Möglichkeiten auf dem Weg. Dazu halten wir immer mal wieder inne, um zu reflektieren, wo wir gerade stehen und wohin wir gehen mögen.

Das **Ruhebild** dieses Monats:

Waldkraft:

Stelle dir in Gedanken vor, dass du durch einen wundervollen Wald spazierst. Lass das innere Bild langsam in dir entstehen ... Nach einem plötzlichen warmen Regenschauer am Nachmittag schaut die Abendsonne jetzt mild und sanft durch die Bäume hindurch. Der weiche Waldboden unter deinen Füßen federt bei jedem deiner Schritte ganz leicht nach. Beinahe lautlos schreitest du in gemächlichem Tempo voran ... Hörst du die Vögel zwitschern?

Die Sonne strahlt zwischen den einzelnen Zweigen der Bäume hindurch und wirft ihr Licht in Streifen auf die warme, feuchte Erde. Ein Spiel aus Licht und Schatten entsteht. Wenn sich die saftig grünen Blätter der Bäume bewegen, flirrt und flimmert das Sonnenlicht ...

Du setzt dich auf eine Holzbank, die andere Wanderer gespendet haben. Eine goldene Plakette verrät den Gönner. Ein sanfter Windhauch streicht angenehm über deine Haut und über deine Stirn, und deine Stirn ist nun ganz angenehm kühl ... Deine Füße stehen fest, wie verwurzelt, auf dem Erdboden. Du genießt die ruhige Kraft des Waldes und behältst dieses innere Bild noch eine Weile bei ...

1. Juni: Sonnenschein

Auf Regen folgt stets Sonnenschein! Diese alte Regel will uns zeigen: Es geht weiter! Die Sonne ist immer da, auch wenn wir sie nicht zu jeder Zeit sehen können. **Sie scheint auf alle, auch auf dich!** Über den Wolken, und seien sie noch so dick und scheinbar undurchdringlich, strahlt sie ununterbrochen. Irgendwo auf der Erde ist es immer Tag. Ein altes chinesisches Sprichwort besagt:

> **„Richte dein Gesicht zur Sonne,**
> **dann fallen die Schatten hinter dich."**

Es hat mit unserer inneren Einstellung zu tun, wie wir mit Regenzeiten und Schattenzeiten umgehen. Auch ein „seelischer" Winter, bei dem wir uns mental zurückgezogen haben aufgrund von Begebenheiten im Außen, ist schließlich irgendwann vorbei. **Lass den Sonnenschein in deine Seele!** Eine kleine **Übung** unterstützt dich hierbei:

In der absoluten Gewissheit, dass irgendwo auf der Welt gerade die Sonne aufgeht, lass diese Sonne heute auch *in dir* aufgehen, im Zentrum deines Körpers. Es liegt in der Gegend deines Bauchnabels, in deiner Körpermitte. Hier strahlt **die Kraft der Sonne aller Sonnen**. Und so stelle dir nun vor, dass in deinem Nabel eine kleine gelbe Sonne wohnt, die all ihre Kraft für dich aufbringt ... Wenn du tief einatmest, wird sie groß und hüllt dich in ihr strahlendes, warmes Licht ein, und sofort wird es licht und hell in dir und in deinem Gemüt ...

Die Farbe Gelb hebt augenblicklich deine Stimmung. An dunklen Tagen, in deinem Inneren oder auch im Außen, denke nur an die kleine gelbe Sonne in deinem Nabel, und sie beginnt sofort zu leuchten und zu strahlen:
„Ich bin voller Sonnenschein in meinem Innern!"

2. Juni: Urlaub

Urlaub für die Seele: Wenn wir auch nicht immer wegfahren können, so können wir dennoch alternativ in Büchern reisen. Mein Leben lang, seit ich lesen kann, mache ich das so. Manchmal ist es Reiseliteratur über ferne Länder. Auch die, die ich nie besuchen werde. Dennoch interessieren mich die anderen Bräuche, Land und Leute. Nicht überall muss ich persönlich gewesen sein. Kochbücher und Backbücher aus fremden Ländern bringen den Geschmack des Südens in unser Leben, oder welchen Geschmack auch immer wir bevorzugen.

„Wir mögen die Welt durchreisen, um das Schöne zu finden,
aber wir müssen es in uns tragen, sonst finden wir es nicht.“
(Ralph Waldo Emerson)

Irgendwann stellte ich fest, dass auch *in mir* ein unbesiegbarer Sommer wohnt. Schöne Erinnerungen, seien es die eigenen oder Erinnerungen an erfreuliche Geschichten, die ich gelesen habe, sind ein Schatz meiner Seele, auf den ich immer wieder zurückgreifen kann. Wenn ich dann tatsächlich in Urlaub oder auf Reisen bin, kommen zahlreiche neue Impressionen hinzu.

Und so spare ich gerade in dieser Jahreszeit alle neuen Eindrücke für andere Zeiten auf. Dann kann ich mich ihrer bedienen, wann immer es mir beliebt oder ich sie brauche. Dazu gehört auch, es mir zu Hause schön zu machen, denn hier findet mein Leben mit seinem Alltag statt:

<u>„Schöne Gefühle und Gedanken wohnen in meinem Innern, und ich trage die Sonne im Herzen!“</u>

3. Juni: Natur

Die Natur ist eine unerschöpfliche **Quelle der Kraft**. Allein schon der Aufenthalt in der Natur ist Medizin für uns. Öffne dich für den Zauber der Natur und nimm ihre Geschenke an dich an! Gehe hinaus und genieße es! Spazierengehen und Wandern, oder allgemein Bewegung in der Natur, führt dem Körper mehr Sauerstoff zu, klärt den Geist und nährt die Seele. In der Natur können wir abschalten und unsere Gedanken sortieren. Wenn es dann ruhig wird im Kopf, können neue Ideen auftauchen. Manchmal finden wir auch eine Antwort auf eine aktuelle Frage, ohne dass wir bewusst danach gesucht haben. Unsere innere Stimme kann uns auf direktem Weg wieder erreichen.

Wenn wir durch einen dichten Wald gehen, durchkämmen die Bäume am Wegesrand im Vorübergehen unsere Aura, das Energiefeld, das alle Lebewesen umgibt. Spazieren wir an einem Gewässer entlang, wirkt das Plätschern, Rauschen und Gurgeln beruhigend auf uns.
Ich persönlich bevorzuge das Gehen bzw. Wandern. Man nimmt mehr wahr, als wenn man läuft, also joggt, oder mit dem Rad fährt. Die vielen Kleinigkeiten am Wegesrand sind es, die einen Spaziergang und eine Wanderung so besonders machen. Wenn wir im Grünen sind, wirken allein die Farben der Natur bereits entspannend auf unser Gemüt. Und nicht zu vergessen: Die Seele braucht auch Sonnenschein! Und der Körper ebenso, damit sich die Zellen erneuern können. Denn **Sonnenlicht hebt die Stimmung und steigert unsere Vitalität!**

Über unsere Augen nehmen wir das helle Licht der Sonne auf, daher ist es von Vorteil, keine Sonnenbrille zu tragen, es sein denn, die Augen würden durch Blendung wie im Gebirge oder am Wasser Schaden nehmen. Wenn wir bei Tageslicht draußen sind, hat unser Körper mehr davon als im Dunkeln. Wir können uns dadurch unsere eigene Farbtherapie gestalten. Alle Farben und Düfte der Natur fließen ungefiltert durch unsere Sinne und beflügeln uns. Daher sollten wir nach Möglichkeit jeden Tag im Licht vor die Tür gehen oder uns raus setzen. Auch ein Balkon oder eine Terrasse mit Blick ins Grüne tun gut, und selbst ein Fenster mit schönem Ausblick ist unbezahlbar. Oft müssen wir es nehmen, wie es kommt. Aber am schönsten ist es, wenn du dir Zeit nehmen kannst, um wirklich ins Grüne zu gehen.

„In der Natur finde ich Ruhe und Kraft!"

4. Juni: Barfuß

Noch intensiver erleben wir die Natur, wenn wir **barfuß gehen**! Regelmäßig zu Fuß in die Natur zu gehen, am besten barfuß auf natürlichem Untergrund oder alternativ **in Barfußschuhen**, regt die Reflexzonen unserer Fußsohlen an. Barfußschuhe (der Marke „Saguaro" z. B.) sind leichte Schuhe, die sehr dünne und flexible Sohlen haben, damit wir den Untergrund, auf dem wir gehen, bewusst spüren. Die Durchblutung wird angeregt und unsere Muskulatur in den Beinen und Füßen muss wesentlich mehr arbeiten.

Wir können uns im „**Meditativen Gehen**" üben. Gerade wenn wir barfuß gehen, nehmen wir mit unserem Bewusstsein mehr von der Natur wahr. Wir schärfen unsere Sinne, da wir achtsam aufpassen müssen, worauf wir treten, und erden uns gleichzeitig. Die Gedanken können wir derweil freilassen wie einen Vogel am Himmel. Lassen wir sie los, kommen sie irgendwann ganz von allein zu uns zurück, z. B. in Form von Inspirationen, Einfällen oder Ideen. Oft finden wir auf diesem Weg auch die Lösung für eines unserer Probleme. Auch Sorgen werden weniger. Wir können uns Vieles „von der Seele laufen".

Beginne (barfuß) mit 10 Minuten am Tag und steigere dich langsam. Die Muskulatur und vor allem die Gelenke müssen sich erst daran gewöhnen. Barfußgehen ist die einfachste Methode, sich Gutes zu tun. Darüber schreibt Carsten Stark Interessantes in „Füße gut, alles gut".

„Ich fühle mich tief mit dem Zentrum der Erde verwurzelt. Es gibt mir Kraft und Energie!"

5. Juni: Erdung

Um uns noch intensiver und nachhaltiger äußerlich und innerlich zu erden und wieder zu uns zu kommen, wenn im Außen alles verrückt zugeht, können wir eine Übung dazunehmen. Wir können sie während des (barfuß) Gehens in der Natur ausführen oder separat. Sie nährt unser **erstes Chakra, das Wurzelchakra**:

Du stehst barfuß sicher und stabil auf Mutter Erde. Hier ist unsere Basis, der Erdboden ist unsere Grundlage. Verwurzele dich mit der Erde. Stelle dir vor, dass aus deinen Fußsohlen Wurzeln wachsen, die bis ins Erdinnere hinab reichen, zum Erdkern, dem Mittelpunkt der Erde, den schon Jules Verne in seinem Roman anstrebte. Atme die Energie aus der Erde über deine Wurzeln nun tief durch deine Fußsohlen ein – und atme sie zur Sonne hin über deinen Kopf aus …
Ziehe die Kraft der Erde über deine Wurzeln in deinen Körper hinein und lasse die Energie durch deinen ganzen Körper hinauf fließen bis zu deinem Scheitelpunkt … Atme jeweils zur Sonne hin aus. So durchläuft die Energie einen Kreislauf. Du nimmst sie auf und gibst sie weiter. Ein Geben und Nehmen. Anschließend weißt du sicher:

„Gut geerdet stehe ich mit beiden Beinen im Leben!"

6. Juni: Waldbaden

Ein halbstündiger Aufenthalt im Wald ist wie ein kleiner Urlaub für den Körper und die Sinne. Das Waldbaden hat inzwischen Tradition. Die heilende Wirkung ist anerkannt und bestätigt und wir können leicht selbst beim nächsten Aufenthalt im Wald die Probe aufs Exempel starten:

Gehe achtsam und besonnen. Nimm auch das Wetter bewusst wahr. Scheint die Sonne durch die Bäume hindurch? Ist es windig? Lausche den Geräuschen des Waldes. Flüstert der Wind in den Zweigen oder Blättern? Hörst du Vogelgesang? Spüre, wie der weiche Waldboden unter deinen Füßen leicht federt bei jedem deiner Schritte. Gehe ohne Hast und Eile …
Mit jedem Ausatmen lässt du alles, was dich in letzter Zeit belastet hat, einfach los. Atme alles aus, was du loslassen möchtest, alle Sorgen, allen Kummer oder Schmerzen, was immer du ausatmen willst …
Die Bäume nehmen alle deine alten und verbrauchten Energien auf und filtern sie, sodass nur noch das Gute übrigbleibt … Und mit jedem Einatmen nimmst du die positive Energie des Waldes auf …

Nun schau dich um. Die Bäume säumen deinen Weg. Still und aufrecht stehen sie am Wegesrand und schenken dir ihre guten Energien im Vorübergehen. Die Ruhe der Bäume geht nun auch auf dich über ...

Sie sind sicher im Erdreich verwurzelt. Und auch du bekommst das Gefühl, hier an diesem Ort mit der Erde auf ganz besondere Weise verbunden zu sein. Spüre die Kraft und die Stärke, die von den Bäumen und der Erde auf dich übergeht ...

Ein tiefes Gefühl der Ruhe durchströmt deinen Körper ... Dein Kopf ist ganz frei und klar und du ruhst in dir selbst. Tief atmest du die würzige und klare Waldluft ein, ganz tief und gleichmäßig ...

Du spürst, wie du mit jedem Atemzug immer ruhiger und ruhiger wirst ... Dein ganzer Körper wird nun mit frischem, neuem Sauerstoff aufgefüllt ... Jede Zelle deines Körpers hat jetzt Zeit, sich zu erneuern und zu regenerieren. Du fühlst dich erfrischt und belebt ...

Rieche die verschiedenen Düfte des Waldes, das Harzige, Holzige, Erdige, Feuchte, Frische und Grüne ... Jeder Geruch hat eine andere heilsame Wirkung auf dein Energiesystem. Jeder Duft hat seine eigene Botschaft für deinen Körper und du bist vollkommen in deinem inneren Gleichgewicht ...

Wenn du magst, wähle einen besonders schönen Baum aus, mit dem du dich verbinden möchtest. Lehne dich an ihn an wie an einen guten Freund oder an eine gute Freundin. Vertraue dem Baum, dass er dich stützt und gib dein Gewicht an ihn ab. – Das tut so gut! Wenn du möchtest, kannst du deinen Baum auch umarmen. Spüre seine Energie, die er nun mit dir teilt ...
Du kannst dich jetzt eine kleine Weile ausruhen und die Baumenergie in dich aufnehmen, so lange du möchtest ... Wenn du dann das Gefühl hast, ganz erfüllt und aufgefüllt zu sein, verabschiede dich allmählich von deinem Baum und von dem Wald in der Gewissheit, dass du auch in deinen Gedanken jederzeit zurückkehren kannst ...

Mit innerer Ruhe und neuer, frischer Energie kehrst du zurück. Alle deine Zellen haben sich nun aufgetankt und regeneriert. Diese Wirkung hält noch lange an. Doch von Zeit zu Zeit solltest du sie auffrischen, sowohl in der Natur als auch in deiner Fantasie. Zu Hause kannst du dazu z. B. das ätherische Öl „Zirbelkiefer" von PRIMAVERA in deine Duftlampe oder auf einen anderen Duftträger geben.

<u>„Innere Ruhe und Stabilität sind meine Stärken!"</u>

7. Juni: Atmen

Atem ist Leben. Mit ihm fing einst alles an. Unsere Atmung läuft als unsere wichtigste **Vitalfunktion** vollkommen automatisch und unbewusst ab, ohne unser aktives Zutun. Wir atmen ein, atmen aus und atmen immer weiter, ohne uns bewusst damit zu beschäftigen. Gezielte **Atemtechniken** können uns dabei helfen, unseren individuellen Atemrhythmus ganz bewusst wahrzunehmen, unsere Atmung aktiv zu beruhigen und uns schnell, oftmals schon innerhalb weniger Minuten oder Sekunden, in die Entspannung zu führen.

Bei der **Brustatmung** atmen wir lediglich flach durch den Brustkorb ein und aus. Nur der Brustkorb hebt und senkt sich leicht beim Ein- und Ausatmen. Der Bauch bewegt sich dabei *nicht* mit. Diese Atemweise setzen wir unbewusst ein, wenn wir Stress oder Angst haben, uns fürchten und uns nicht „trauen", tief zu atmen. Auch bei Schmerzen atmen wir oft viel zu flach. Kopfschmerzen, Müdigkeit und Abgeschlagenheit sind auf Dauer die Folge.

Die **Bauchatmung** hingegen bewirkt eine Ausdehnung der Lunge. Hier lenken wir den Atem bis hinunter in unseren Bauchraum. Brustkorb und Bauch heben und senken sich gleichzeitig, und mit ihnen das Zwerchfell, unser wichtigster Atemmuskel, der die Brust- und die Bauchhöhle voneinander trennt und unterhalb des Rippenbogens verläuft. Das stete Heben und Senken des Zwerchfells massiert beim Einatmen sanft unser Herz, das nun nicht mehr so schnell zu schlagen braucht, und beim Ausatmen massiert es sanft die Bauchorgane.
Die **Bauchatmung** sollte also immer unsere **primäre Atmung** sein. Sie versorgt uns mit dem notwendigen Sauerstoff. <u>Eine Übung dazu:</u>

Die 10 „magischen" Atemzüge:

Diese Atemübung können wir jederzeit und an jedem Ort ausführen. Sie kann sowohl im Stehen, im Sitzen oder auch im Liegen erfolgen und hilft sehr schnell bei Angst, Stress, Aufregung und Schmerzen etc. Deinen Atem hast du schließlich immer dabei!
Indem wir bewusst 10 Atemzüge im Geiste mitzählen, konditionieren wir unser Gehirn auf Entspannung. So brauchen wir zukünftig lediglich noch bis 10 zu zählen – und schon sind wir entspannt!
In Gedanken zählst du nun bewusst 10 tiefe Atemzüge, die du in deinem eigenen Rhythmus ausführst ... Und allmählich spürst du, wie du dich mehr und mehr entspannst ...

<u>„Bewusst atme ich tief durch meinen Bauch ein und aus ..."</u>

8. Juni: Kraftplatz

Jeder Mensch sollte einen **Rückzugsort** haben, an dem er auftanken kann. Dein Kraftplatz kann ganz in deiner Nähe sein. Er spiegelt deine Bedürfnisse wider. Es kann ein Platz in deinem Garten sein, dein Balkon oder die Terrasse, ein Patio, dein Meditationsraum oder eine bequeme Sitzgelegenheit wie ein Meditationskissen oder ein Schaukelstuhl. Dein Kraftplatz kann sich auch in der freien Natur befinden, z. B. unter einem bestimmten Baum. Oder es ist eine Sitzbank im Wald oder in einem Park. Suche dir *deinen eigenen* Kraftplatz.

Finde den Ort deines inneren Friedens und der Ruhe.
Wo liegt er? An diesem Platz kannst du in kurzer Zeit wieder auftanken und Kräfte sammeln. Dazu ist es nicht unbedingt erforderlich, dass du ihn täglich aufsuchst, wenn das nicht möglich ist. Eine kurze **Gedankenreise** ist eine gute Alternative für zwischendurch, bis du deinen Kraftplatz wieder persönlich besuchen kannst. Und du ahnst sicher bereits, dass dein Kraftplatz auch *in dir* liegen kann …

„Mein Kraftplatz ist mein Ort der inneren Ruhe und des Friedens.“

9. Juni: Abwehrkräfte

Es gibt zahlreiche wirkungsvolle Möglichkeiten, unser Immunsystem aufrecht zu halten und die Abwehrkräfte anzukurbeln. Eine besonders effektive Methode, die nur wenige Sekunden unserer Zeit in Anspruch nimmt und in alle Tätigkeiten integriert werden kann, ist den Thymus, auch **Thymusdrüse** genannt, zu aktivieren. Hierzu brauchen wir nichts anderes als uns selbst!
Thymus kommt aus dem Altgriechischen und bedeutet **Lebenskraft**. Der Thymus ist eine Drüse des lymphatischen Systems und Teil unseres Immunsystems. Diese lebenswichtige Drüse sitzt mittig hinter dem Brustbein. Um sie zu aktivieren, trommeln wir mit den Fingerspitzen beider Hände abwechselnd sanft auf das Brustbein, so als wollten wir prasselnde Regentropfen nachahmen. Ein paar Sekunden reichen bereits. Dadurch wird die Drüse angeregt und wir unterstützen unser Immunsystem effektiv bei seiner Arbeit. Diese Übung kann mehrmals täglich wiederholt werden, insbesondere wenn wir uns schlapp und „angeschlagen“ fühlen. Sie dient außerdem der kleinen Entspannung zwischendurch und kurbelt die Selbstheilungskräfte an.

„Ich sorge aktiv für meine Gesundheit und klopfe mich fit und frei!“

10. Juni: Ayurveda

Ayurveda bedeutet: **Das Wissen vom Leben**. Es handelt sich um eine ganzheitliche, traditionelle indische Heilkunde, die als älteste Heilkunst der Welt gilt und auch heute noch rege praktiziert wird. Dieser Gesundheitslehre liegt das hinduistische Religions- und Philosophiesystem zugrunde. Der Mensch wird als Ganzes betrachtet und wieder in seine Harmonie gebracht. Im Ayurveda gibt es eine Einteilung in drei sogenannte Doshas, die jeweiligen Konstitutionstypen:

Vata, Pitta und Kapha. Nach ihnen können wir uns konstitutionsbedingt, also typgerecht, ernähren. Im Internet gibt es die Möglichkeit, einen kostenlosen Test zu machen, um den Konstitutionstyp herauszufinden, z. B. unter: **www.euroved.com**

Jeder Mensch verträgt andere Speisen und Getränke besser oder weniger gut. Wenn wir auf die Bedürfnisse unseres Körpers eingehen, werden wir uns insgesamt wohler und vitaler fühlen.

Der DVD-Film „Der Doktor aus Indien" mit Dr. Vasant Lad gibt einen sehr guten Einblick in die Welt des Ayurveda. Die Wirkungsweisen und Möglichkeiten sind unglaublich vielfältig. Zum Ayurveda gehören auch spezielle Massagen, die unsere Lebensenergie aufbauen, Atemtechniken, Yoga-Übungen und darüber hinaus natürlich die Ernährungslehre und die Pflanzenheilkunde.

Einfache Rezepte wie dieses lassen sich gut in den Alltag integrieren und haben eine harmonisierende Wirkung auf Körper und Geist. Es ist für alle Konstitutionstypen geeignet und schmeckt sehr gut:

„Goldene Milch" oder Kurkuma-Latte:

250 ml Vollmilch, Hafermilch oder Mandelmilch
½ Teelöffel (TL) Kokosöl oder Ghee
½ TL Kurkuma
¼ TL Zimt
½ TL frisch geriebenen Ingwer
¼ TL Kardamom (Pulver oder 4 frisch gemahlene Kapseln)
eine Prise schwarzen Pfeffer, frisch gemahlen
eine Prise frisch gemahlene Muskatnuss
nach Bedarf Ahornsirup, Datteln oder Honig zum Süßen

Alles zusammen mit einem Schneebesen gut durchrühren, kurz aufkochen und heiß genießen und dabei wissen: „Ich tue mir Gutes!"

11. Juni: Heilsteine

Mit Heilsteinen sind sogenannte **Halbedelsteine** gemeint, die Schätze unserer Erde. Sie eignen sich gut zur Meditation, indem wir sie in den Händen halten und ihre Energie bewusst spüren. Wir können sie auch auf den Körper auflegen, z. B. auf die Stirn (**Amethyst**: steht für spirituelle Energie), die Brust (**Rosenquarz**: für die Liebe und Herzöffnung) und den Bauch (**Bergkristall**: für reine Klarheit). Oder wir legen sie unters Kopfkissen. Der Amethyst kann allerdings anregend wirken. Ihn würde ich nicht unters Kissen legen während der Nacht. Sehr gut eignen sich diese Heilsteine als **Trommelsteine**. Das sind geschliffene, abgerundete Steine mit einer schönen glatten Oberfläche. Sie werden auch **Handschmeichler** genannt.

Mit diesen drei Steinen können wir auch „**Belebtes Wasser**" herstellen, indem wir sie in eine Karaffe mit Wasser legen. Hierfür eignen sich am besten kleinere Trommelsteine. Wasser ist ein Informationsträger, das unsere Gedanken und Gefühle aufzunehmen vermag. Es hat ein „Gedächtnis" und nimmt die Heilwirkung der Steine auf. Wir können uns für einen oder zwei der Steine entscheiden oder alle drei auf einmal nehmen. Wenn wir dieses Wasser trinken, geht die gute Energie auf uns über.
Von Masaru Emoto, einem japanischen Alternativmediziner, gibt es lehrreiche Bücher und Abbildungen, die zeigen, wie klares Wasser reagiert, wenn es mit bestimmten positiv oder negativ besetzten Informationen angereichert wird. Die Struktur der Wassermoleküle ändert sich augenblicklich und ergibt harmonische oder disharmonische Bilder unter dem Mikroskop, je nachdem, womit wir das Wasser „impfen". Das können wir ganz leicht selbst ausprobieren. Den Unterschied kann man sehr deutlich „spüren":

Nimm zwei Gläser mit Leitungswasser. In das eine legst du die Steine hinein, das andere Glas bleibt ohne Steine. Warte einen Moment und nimm dann einen Schluck vom puren Leitungswasser in den Mund. Lass ihn kurz dort und spüre, wie sich das Wasser im Mund anfühlt. – Dann nimm einen Schluck „**Steinewasser**". Sofort wirst du einen Unterschied im Mund feststellen. Welchen, verrate ich dir nicht. Diese Erfahrung muss man selbst machen, um sie glauben zu können.
Heilsteine gibt es in speziellen Geschäften. Dort wird man auch gut beraten, welche Steine sich wofür eignen. Oder man wählt seine Steine „intuitiv" aus. Das „**Taschenlexikon der Heilsteine**" von Werner Kühni und Walter von Holst eröffnet ein breites Wissensspektrum.

„Die Heilkraft der Steine geht auf mich über!"

12. Juni: Abkühlung

Bei einem Aufenthalt an einem Gewässer empfinden wir sogar in der Hitze des Sommers eine angenehme Erfrischung. Wir können jedoch auch **die Kraft der Imagination** für eine körperliche und mentale Abkühlung nutzen, z. B. bei einer **Wasserfall-Meditation** mit negativ geladenen Ionen. Ein Ion ist ein elektrisch geladenes Atom oder Molekül. Es gibt positiv geladene Ionen, die z. B. als Wetterphänomene in der Luft liegen und oft Unbehagen hervorrufen: die Winde Föhn, Bora oder Mistral. Gleiches gilt für Elektrosmog.

Und es gibt negative geladene Ionen, die uns Wohlbefinden bescheren. Sie liegen in der Luft bei einem Gewitter, in der Nähe von fließenden Gewässern und besonders an Wasserfällen, wo das Wasser stark aufgewirbelt wird, in Wäldern, am Meer und in den Bergen. Ihre Wirkung ist reinigend, klärend und energetisierend, wenn wir uns an solchen Orten aufhalten.

<u>Wasserfall-Meditation:</u>
In Gedanken machst du einen Spaziergang durch einen dichten Wald. Die Luft ist ganz schwer und erdig. Feuchtigkeit ist überall, auch in der Luft. Du folgst einem verschlungenen, schmalen Pfad. In der Ferne hörst du leise Wasser rauschen …
Nach einer Biegung siehst du einen Wasserfall. Das Wasser rauscht von oben herab über eine Felskante mit aller Wucht in die Tiefe. Du stehst am Ufer des Sees, in dem sich das herabfallende Wasser sammelt. Die Wassertropfen sprühen bis zu dir hin und kühlen deine Haut ganz angenehm. Es fühlt sich sehr belebend an. Du fühlst dich ganz lebendig …
Immer näher gehst du an den Wasserfall heran. Je näher du ihm kommst, desto mehr spürst du die kühlende Wirkung des Wassers auf deiner Haut … Du genießt dieses angenehme Gefühl. Du fühlst dich unglaublich wohl …
Die herrlich erfrischende Kühle der feinen Wassertropfen belebt deine Haut. Auch dein Geist wird nun ganz frisch und klar. Dein Kopf fühlt sich angenehm kühl an, und deine Stirn ist erfrischt und etwas feucht …

Diese Visualisierung erfrischt dich wunderbar an heißen Tagen. Sie vermag sogar die Körpertemperatur um bis zu zwei Grad zu senken. Wenn wir uns das Gefühl von Kühle auf der Haut vorstellen, glaubt unser Geist, es wäre tatsächlich so:

<u>„Ich fühle mich erfrischt und munter!"</u>

13. Juni: Brise

Die Macht der Brise. Eine wahre Geschichte zum Nachdenken:
Hoek van Holland. Ein Dünenweg führt zur Nordsee. Eine steife Brise weht. Möwen kreisen am strahlend blauen Himmel, fast ohne Wolken. Tosende Wellen brechen sich kurz vor dem Strand, der hier mehr als 100 Meter breit ist und endlos lang. Ich verliere mich in der Weite des Himmels, versunken in das immer wieder aufs Neue faszinierende Spiel der Wolken – die Unendlichkeit spürend. Der salzige Wind des Meeres duftet nach unendlicher Freiheit ...
Wir gehen am Strand entlang bis zum Kanal der Rheinmündung. Zehn weiße Schwäne dümpeln am Hafen von Rotterdam in der Fahrrinne. Dicke Pötte stechen von hier aus in See, den Rhein hinter sich lassend. Drachen knattern in der Luft. Der Wind peitscht den Sand gegen unsere nackten Beine, dass es kitzelt. Ich bin wie elektrisiert ...

Auf dem Rückweg sieht alles in der Ferne milchig aus, vom puderfeinen Sand und den Salzkristallen in der Luft. Kleine Strandhäuser in Hellblau und Weiß säumen den Übergang zu den Dünen. Alles ist vom Winde und vom Sande verweht. Wie auch mein **„Gagat"**, auch schwarzer Bernstein genannt, den ich als Trauerstein an meiner Halskette trug und soeben hier verloren habe. Der Wind hat ihn mitgenommen, wie auch meine Trauer. Jetzt bin ich frei. „Ich bin frei!"

14. Juni: Prüfungen

Was auch immer uns im Leben begegnet: Es kann auch nur ein Test oder eine Prüfung sein. Nicht jede angebliche Chance, nicht jedes Angebot will angenommen werden. Und nicht jedes „Geschenk" ist auch wirklich eines, nicht jedes „Erbe" müssen wir um jeden Preis annehmen. Wir sollten stets mit etwas Abstand und in Ruhe darüber nachdenken, ob wir das, was uns offeriert wird, auch wirklich *wollen*. Entspricht es unseren eigenen Wünschen und Zielen, oder möchte nur jemand anderes uns beeinflussen und uns etwas suggerieren, weil es ihm selbst nützt, uns aber schaden kann?

Wenn dir plötzlich etwas besonders Verlockendes angeboten wird, schadet es nicht, vorher eine Runde darüber zu drehen. Sei wach und aufmerksam, dann wirst du die für dich richtige Entscheidung treffen, denn du wirst *fühlen*, was der Wahrheit entspricht. Wir alle wissen:
Es ist nicht alles Gold, was glänzt.

„Ich bin dankbar für die Prüfungen des Lebens und lerne daraus."

15. Juni: Drehbuch

Die Geschichte *deines* Lebens kann dir niemand erzählen. Nur du allein weißt, was dein Leben für dich bedeutet, und nur du kannst das Drehbuch deines Lebens schreiben. Du kannst deine Geschichte so schreiben, wie du sie erleben möchtest!
Alles, was wir tun und was wir sind, was uns ausmacht, was wir glauben, aber auch unsere Entscheidungen, die Stärken, Schwächen und Beweggründe, selbst unsere Vergangenheit und die Zukunft mit unseren Wünschen und Träumen, ist Teil unserer eigenen Geschichte.

Das Gute ist: Wir können sie jederzeit ändern, umschreiben oder neu schreiben, etwas hinzufügen oder etwas löschen. Wie im echten Leben kannst du sie umgestalten und zum Positiven wenden. Wer entscheidet, was real ist und was Illusion? Nur du! **Du hast die Wahl:** Lebe die Kunst der Illusion und die Kraft der Imagination:
Es ist wahr, was wir für wahr halten, was wir glauben!

Schreiben befreit die Seele. Es hilft, die Dinge klarer zu sehen. Probiere es doch mal mit „automatischem Schreiben":
Nimm einen Stift in die Hand und setze dich vor ein Blatt Papier, einen Block, dein Tagebuch oder Ähnliches. Wichtig ist nur, dass du analog unterwegs bist, nicht digital. In unserem Gehirn werden andere Bereiche angesprochen, wenn wir per Hand schreiben. Hier bekommen wir Zugang zu unserem Unbewussten.
Schreibe auf, was du am Ende deines Lebens erlebt haben möchtest. Du kannst auch eine Frage formulieren, auf die du eine Antwort suchst. Oder du lässt den Dingen einfach freien Lauf, ohne jegliche Gedankenprägung. Schaue zu, was kommt. Lass es geschehen. Ohne jegliches Nachdenken. Fang einfach zu schreiben an, wild drauf los. Irgendetwas kommt immer, du wirst überrascht sein!

„Ich schreibe das Drehbuch meines Lebens selbst!"

16. Juni: Bestimmung

Kennst du deine Bestimmung – oder erahnst du sie?
Deine Lebensbestimmung entspricht deinem Lebensplan. Was ist dein Auftrag in diesem Leben? Was willst du erreichen und der Nachwelt hinterlassen? Was soll man über dich sagen, wenn du mal nicht mehr bist? Was würdest du in der Zeitung über dich lesen wollen? Jeder Mensch entwickelt im Laufe seines Lebens eine Vision von dem, weswegen er hier ist, von seinen Wünschen und Träumen.

Verwirkliche deine Ideen, setze sie in die Tat um! Niemand anderes kann das für dich tun. Bedenke dabei, dass **dein Lebensplan** sich im Laufe deines Lebens gemeinsam mit dir entwickelt – und auch verändert. Manches gewinnt an Bedeutung, anderes entbehrt ihrer irgendwann. So müssen wir ihn hin und wieder aktualisieren. **Was ist ab heute deine Mission?**

Es schadet nicht, sich Notizen zu machen. Es schadet nur, am Ende des Lebens feststellen zu müssen, dass man nichts dergleichen verwirklicht hat, was einem eigentlich am Herzen lag. Und so sollten wir immer wieder einmal reflektieren, wo wir gerade stehen und wo wir noch hinwollen, ob der Beruf noch zu uns passt, die Lebensumstände noch stimmig sind usw. **Was willst du der Welt schenken und hinterlassen?** Was kann ihr dienen und sie ein bisschen besser machen? Was erfüllt deine Seele mit Licht und Freude? Sei ehrlich zu dir selbst. Die Antwort liegt in dir. Du findest sie in deinem Herzen. Denn dort fühlst du sie.

<u>„Ich folge dem Ruf meines Herzens!"</u>

17. Juni: Lebenssinn

Suche nicht nur den Sinn des Lebens – gib deinem Leben Sinn! Es geht darum, den Sinn zu *finden*, nicht bloß zu *suchen*. Das macht einen Unterschied! Wenn wir den Fokus auf das Finden richten, gehen wir aus dem Mangeldenken des ewig Suchenden heraus. Wir wollen den **Sinn des Lebens** und den Sinn *im* Leben finden. Das, was sinnvoll ist, was für uns Sinn macht. Von der Sinnsuche gehen wir bewusst über zur **Sinnfindung**. Was könnte wichtiger sein, als zu leben und einen Sinn in seinem Tun zu sehen und zu *erleben*?! Der Weg geht (wie immer) über die Gefühle.

Wir suchen eigentlich nicht das Glück – wir suchen den **Sinn** im Leben. Es ist vergebens, dem Glück nachzulaufen, wenn das Glück mir hinterherläuft. Manchmal muss man einfach nur stehenbleiben, dann holt es einen ein. So treffen wir uns schließlich, das Glück und ich.

<u>„Der Sinn des Lebens besteht darin, ich selbst zu sein!"</u>

Wir haben ihn gefunden wenn wir wissen, warum wir jeden Morgen aufstehen. Unser Lebenssinn kann aus mehreren Faktoren bestehen. Manche entwickeln sich allmählich, andere wiederum blitzen plötzlich auf, wenn wir uns ihnen gegenüber öffnen. Wir werden es fühlen!

18. Juni: Lebensträume

Auch unsere Lebensträume wandeln sich im Laufe der Zeit. Bei manchen stellt sich doch tatsächlich heraus, dass sie gar nicht mehr unseren aktuellen Wünschen und Bedürfnissen entsprechen. Unsere Lebensträume sind oft noch gewaltiger als unsere Wünsche. Sie betreffen meistens grundlegendere Lebensthemen wie Heiraten, Familiengründung, Hausbau oder -kauf, Karriere etc.
Manchmal erfüllen wir auf unserem Lebensweg auch die Träume unserer Eltern oder Großeltern, die diese nicht gelebt haben oder es nicht konnten, weil die Zeiten andere waren. So, wie auch unsere Kinder manchmal unsere eigenen nicht gelebten Träume verwirklichen, einfach weil es ihnen heutzutage möglich ist oder weil *wir* es ihnen ermöglichen. Und das ist auch gut so, wenn sie es denn aus freien Stücken wollen und wir sie nicht in eine Richtung drängen.

Du kannst nun noch einmal überprüfen, ob deine Lebensträume noch alle zutreffen, oder ob sich der eine oder andere überlebt hat. Wenn wir das wissen, können wir unser Radar neu ausrichten. Wir können unsere Punkte auf einer Liste priorisieren und sie nacheinander angehen. Ohne ein bisschen Arbeit geht es nicht. Schreib deine Lebensträume auf, weil sie dir etwas wert sind! Das hilft außerdem bei ihrer Umsetzung, da du sie nun klar vor Augen hast.

„Ich sehe meine Träume und lebe sie!“

19. Juni: Nervenkraft

Schone deine armen Nerven. Es gibt Situationen, da haben wir „nicht Nerven genug“, wie meine Tochter als Kindergartenkind einmal feststellte. Laute und zänkische Menschen, die meide. Sie sind eine Plage für dein Gemüt. Manche Verbindungen müssen abgebrochen werden. Manchmal auch, um uns selbst zu schützen. Wenn jemand ständig lügt und betrügt, üble Nachrede verbreitet und Zwietracht sät, halte dich künftig besser von diesen schlechten Energien fern.
Da wir andere Menschen nicht ändern können, müssen *wir* die Konsequenzen ziehen. Wenn eine Situation unhaltbar und untragbar ist, verlasse sie. Nicht alles kann geheilt werden. Manches müssen wir auch aufgeben und loslassen. Das befreit. Du wirst es sofort spüren. Freiheit ist etwas, das du im Außen nicht finden kannst. Wir müssen uns selbst für frei erklären und uns die Erlaubnis dazu erteilen.

„Ich pflege und schone meine Nervenkraft!“

20. Juni: Naturheilmittel

Bedienen wir uns der Gaben der Natur, die zum Teil schon seit Jahrhunderten oder Jahrtausenden bekannt sind! Mit Naturheilmitteln können wir unsere Gesundheit wirkungsvoll unterstützen. Unsere Großmütter und Urgroßmütter hatten noch ein breites Wissen an Haus- und Heilmittelchen. Aus dieser Zeit stammt der Spruch: **„Gegen jede Krankheit ist ein Kraut gewachsen."** Und so können wir uns auch in der heutigen Zeit wieder mental dafür öffnen und uns gerade bei den kleinen Zipperlein, die nicht ernst sind, an die **alten Weisheiten** erinnern. Wir müssen nicht immer gleich mit der Keule anrücken oder mit Kanonen auf Spatzen schießen. Manchmal gibt es auch **Alternativen**. Zumindest sind sie einen Versuch wert, wie in meinem Fall, der sogar **Gold wert** ist:

Viele Jahre in Folge litt ich an wiederkehrenden Harnwegsinfekten, bei denen mittlerweile kein Antibiotikum mehr anschlug. Alle pflanzlichen Mittel aus der Apotheke und diverse Tees hatte ich ebenfalls durch. Alles half nur kurzzeitig, wenn überhaupt. Mein Leid und meine Not waren groß und ich sann verzweifelt darüber nach, wie ich meinen Körper unterstützen könnte, aus diesem Teufelskreis auszubrechen. Die Schulmedizin brachte mir keine dauerhafte Heilung und mein Körper lehnte mittlerweile nahezu alles ab.
Ich dachte über die alten Hausmittelchen nach und mir fiel ein Beitrag über **Apfelessig** in die Hände. Ich kaufte mir „Das große Praxisbuch Apfelessig" und las die Empfehlung, mehrmals täglich zwei Teelöffel Apfelessig mit einem Löffelchen Honig in einem Glas Wasser aufzulösen und zu trinken. Und was soll ich sagen: Das war es! Bis heute musste ich kein einziges Mal mehr antibiotische Keulen schlucken. Ich trinke jetzt jeden Tag ein Glas davon. Es ist auch für vieles andere gesund und dabei vollkommen nebenwirkungsfrei.

„Ich bediene mich freudig der Gaben aus dem Garten der Natur!"

21. Juni: Heilkräfte

Zu dieser Zeit stehen viele Heilkräuter in voller Blüte und entwickeln durch die Kraft der Sonne ihre geballte Pflanzenkraft. Die erste Ernte steht an und wir können die **Heilkräfte der Natur** für uns nutzen. Aus der Signaturenlehre, der Zeichensprache der Natur, wissen wir um die Fähigkeiten der Pflanzen, uns in unseren Prozessen der Heilwerdung und Gesundung zu unterstützen. Die Heilmittel der Natur vermögen **unsere eigenen inneren Heilkräfte** anzukurbeln.

Welche Pflanze spricht dich besonders an? Öffne dein Herz und deinen Horizont für die Heilkräfte der Natur und du wirst finden, was gut für dich ist und was du brauchst. Wenn wir einen besonderen Bezug zu einer Pflanze oder ihrem Duft haben, dann hat diese auch eine Entsprechung für uns und wir können uns ihrer heilenden Wirkung bedienen und uns eine kleine **Hausapotheke** einrichten:

Bei mir ist es **Lavendel**, der beruhigend und ausgleichend wirkt. Ich liebe seine Farbe, sein Aussehen, seinen Duft und die Orte, an denen er wächst. Er tut mir seelisch und körperlich gut.
Auf ätherisches **Pfefferminzöl** mag ich ebenfalls nicht verzichten. Es hilft, pur auf die Haut aufgetragen, gegen Kopfschmerzen. Bei Magen- und Darmverstimmungen auf Reisen nehme ich einen Tropfen pur auf die Zunge und das Bauchgrimmen bessert sich rasch.
Teebaumöl ist ein wahrer Alleskönner. „Das Teebaumöl Praxisbuch" gibt unzählige Anwendungsmöglichkeiten preis. So hilft es z. B. bei Insektenstichen, dass sich diese nicht entzünden sowie zur Desinfektion kleinerer Wunden und zum Desinfizieren von fremden Toiletten etc. Alle drei ätherischen Öle habe ich immer zu Hause und auf Reisen dabei. Sie sind meine kleinen Helferlein für (fast) alle Lebenslagen.

„Ich gebe meinem Körper alles Gute, was er braucht, um heil zu sein!"

22. Juni: Sommer

Spätestens heute ist Sommeranfang und **Sommersonnenwend**e. Es ist der längste Tag des Jahres und die Zeit der Sommerfeste. Wir feiern die Fülle und danken Mutter Natur für ihre Gaben. Wir zelebrieren die Freude und die Dankbarkeit darüber. Dies ist ein alter Brauch und auch heute noch wichtig. Wir sollten in Ehren halten, was uns dient und ernährt. Im Sommer ist vieles leichter. Es ist lange hell und das Licht ist zu keiner Zeit intensiver. Die Wärme tut dem ganzen Organismus gut und die Farben der Natur lassen die Seele aufblühen.
Lebenskraft und Lebensenergie sprühen und sprießen – in der Natur und in uns. Was wir derzeit im Außen vorfinden, können wir durch die Fenster unserer Seele, durch unsere Augen, in uns aufnehmen. Wir tanken auf und füllen unsere inneren Speicher.
Was gibt es für dich im Sommer zu feiern? Wofür bist du dankbar? Was ist jetzt leichter, besser, schöner als im Rest des Jahres?
Langes draußen Sitzen bis spät in die Nacht und jede Mahlzeit draußen auf Balkon oder Terrasse einzunehmen, ist mein tägliches Fest:

„Ich feiere das Licht, die Sonne, die Wärme und das Leben!"

23. Juni: Gnade

Nach einem alten Brauch wird in der **Johannisnacht** vom 23. auf den 24. Juni das Johannisfeuer entfacht. Es ist die Nacht der Gnade, in der wir dem Feuer alles übergeben können, was uns belastet. Dazu wurde einst um das Feuer herumgetanzt, gesungen und gelacht, um das Dunkle loszulassen und ins Licht zu transformieren.
Wir können heute bewusst alle Last abgeben, die uns auf der Seele liegt. Gleichzeitig können wir auch um Hilfe oder um Heilung bitten. Heute wird alles erlöst, und es wird uns dabei geholfen. Wir können darum bitten oder beten, je nach eigener Vorliebe. Unser Schutzengel beispielsweise ist immer ein sehr guter Ansprechpartner. Es gibt ein schönes Bittgesuch von Lorna Byrne aus ihrem Buch:

„Engel in meinem Haar"
Gebet von den Engeln der Heilung
Von Gott, überbracht durch Erzengel Michael:

„Gieße deine Heilenden Engel, deine Himmlischen Heerscharen aus über mir und über denen, die ich liebe. Lass mich den Strahl deiner Heilenden Engel auf mir fühlen, das Licht deiner heilenden Hände. Ich werde deine Heilung beginnen lassen, auf welche Weise auch immer Gott sie gewährt. Amen."

24. Juni: Johanni

Heute blüht das heilsame Johanniskraut auf. Es ist auch die Zeit der Johannisbeeren und der Johanninüsse, der unreifen, grünen Walnüsse, sowie der Johanniskäfer, unserer geliebten Glühwürmchen.

Johanniskraut ist ein wertvolles anerkanntes Heilmittel. Sein erdig-süßer Duft wirkt entspannend. Die sternförmigen Blüten dieser Sonnenwendpflanze, die wie unzählige kleine Sommersonnen strahlen, bringen Licht ins Gemüt. Wie helles, leuchtendes Licht strahlen sie in die Welt hinaus. Ihre Strahlen reichen bis in den tiefsten Abgrund unseres Seins hinab, um dort alle Dunkelheit zu vertreiben. Der krautig-warme, heuartige Duft, den diese sonnenliebende Pflanze versprüht, beruhigt und regeneriert unser ganzes Nervenkostüm.

Über ihre Lichtsignaturen vermag diese Blume Licht in die Seele zu bringen. Sie fördert die Aufnahme und Speicherung von Licht und wandelt es in Nervenkraft um. Dieses strahlende Licht füllt unsere Energiedepots wieder auf und verbindet uns mit der Quelle.

Überall, wo unsere Nerven überreizt sind oder blank liegen, kann sie uns sanft unterstützen. Wirkungsvoll vertreibt sie die dunklen Wolken der Melancholie und löst sie auf. Johanniskraut ist ein **Lichtbringer und Beschützer** in düsteren und traurigen Zeiten, hebt die Stimmung und lässt uns zur Ruhe kommen. Das führt auch zu besserem Schlaf. Es gibt Johanniskraut als Tee oder als Pflanzenpräparat sowie homöopathisch in Arzneimittelqualität in Apotheken zu kaufen oder auch als feinstoffliche Blütenessenz sowie als Urtinktur von der Firma Ceres unter ihrem lateinischen Namen „Hypericum".

In alten Zeiten nannte man Johanniskraut auch „Arnika der Nerven". Die Heilkraft dieser Pflanze ist schon sehr lange bekannt. Man übersetzte ihren Namen auch mit „Über allem Bösen". Bei nervöser Anspannung bietet sie Schutz und wirkt ausgleichend. Sie schenkt uns Stabilität, wenn wir sie am meisten brauchen. Diese Affirmationen mögen uns dabei unterstützen:

„Ich bin stets auf der Sonnenseite des Lebens! Ich fühle, dass es wahr ist! Mein Leben wird von Tag zu Tag besser und besser!"

25. Juni: Wandern

Der Sommer ist die schönste Zeit zum Wandern. Luftige und leichte Kleidung und Schuhe machen das Gehen zu einem Fest. Den ganzen Tag im Freien an der frischen Luft und im Licht zu verbringen, ist ein Vergnügen, das nichts kosten muss, gerade an freien Tagen. In der Natur können wir die Seele baumeln lassen. Im Internet gibt es eine unendliche Vielzahl an Wanderwegen und Fernwanderwegen.

Gerade in Zeiten, wenn wir etwas zu verarbeiten haben, ist das Wandern heilsam. Es geht über bloßes Spazierengehen hinaus, da die Wege in der Regel länger und beschwerlicher sind. Sie fordern uns, machen uns aber auch gleichzeitig fit und beweglich. Wir bauen Kondition und Muskulatur auf und vertiefen automatisch unsere Atmung, was zu einer besseren Versorgung unserer Zellen mit Sauerstoff führt. Abends sind wir rechtschaffen müde und schlafen besser ein.
Wir bekommen beim Wandern den Kopf frei und können uns innerlich neu sortieren. Es gibt regelmäßige Wandergruppen und Vereine, wo man mit anderen gemeinsam gehen kann. Aber auch allein oder mit Partner*in ist es beglückend. **Steinmännchen** am Wegesrand aufzubauen, bringt ebenfalls **Glück!** Bestimmt hast du sie schon einmal irgendwo stehen gesehen. Sie dienen als stille Wegweiser und Zeitzeugen für Wanderer. Manchmal sind sie sogar dekoriert.

Wo kannst du ein Steinmännchen oder ein Steinhäufchen aufstellen oder einen bunt bemalten Stein als Zeichen und Nachricht hinterlassen, sodass es auch andere Wanderer erfreut?
In den schwersten Zeiten bin ich mit meinem Mann stets gewandert. Immer ging es uns danach viel besser. Man muss lediglich die innere Hürde überwinden und einfach mit einem Rucksack losgehen, egal wohin:

<u>„Der Weg ist der Weg.“</u>

Er zeigt sich uns während wir einfach drauflos marschieren. Heilsam ist er immer. Und danach ist man herrlich entspannt und fühlt sich aufgeladen mit neuer Energie und Zuversicht. Die vielen schönen Eindrücke, die man unterwegs aufnahm, wenn man achtsam auf seine Umgebung schaute, halten lange vor. Oft habe ich schöne Dinge unterwegs gefunden. Die kleinen unerwarteten Zeichen und Wunder am Wegesrand machen stets besondere Freude.

26. Juni: Freundlichkeit

Sie ist eine **Herzensqualität** und nährt uns und andere gleichermaßen. Wenn ich freundlich mit mir und mit allen anderen umgehe und insgesamt freundlich durch mein Leben gehe, strahle ich das auch nach außen hin aus. Mein Umfeld nimmt es wahr und spiegelt es mir zurück. So gestalten wir unser Umfeld zu einem besseren Ort!

Versuchen wir bewusst, <u>jeden Tag</u> zumindest **ein freundliches Wort** zu sagen oder **eine freundliche Geste** zu zeigen. Es muss von Herzen kommen, denn nur dann ist es etwas wert. Und es ist leichter, als man gemeinhin denken mag. **Fangen wir bei uns an:**

Hast du dir heute schon etwas Freundliches gesagt oder etwas in der Art zumindest gedacht? Mache dir selbst ein Kompliment. Jetzt. Wenn du dabei lächelst, wird es authentischer. Und schon wandern deine Mundwinkel ein Stückchen nach oben! Auch ein **Lächeln** ist Freundlichkeit, wenn es kein geheucheltes Lächeln ist. Falsches Lächeln erkennen wir. Dann ist der Mund wie zu einer Grimasse verzogen und die Augen bleiben kalt und starr. Ist das Lächeln jedoch ehrlich und aufrichtig, lächeln die Augen mit. Sie glänzen. Das ist echte Freundlichkeit! Gehe heute besonders freundlich auch mit dir um. Du hast es verdient. Wie kannst du es dir am besten zeigen? Sind wir uns selbst gegenüber freundlich, fällt uns das auch anderen gegenüber leicht.

<u>„Freundlich gehe ich durch die Welt und lächle!“</u>

27. Juni: Siebenschläfer

Heute gedenken wir nicht des Nagetiers mit gleichem Namen, es geht um **eine alte Legende**, die in vielen Teilen der Erde erzählt wird, nach der sieben junge Gläubige 195 Jahre lang in einer Berghöhle geschlafen haben sollen und an einem 27. Juni erwacht seien.

Für den heutigen Tag gibt es auch alte Bauernregeln, die sich aufs Wetter beziehen, wie: „Das Wetter am Siebenschläfertag sieben Wochen bleiben mag." Wie dem auch sein. Zumindest können wir die alte Legende nutzen und die „Sieben Schläfer" als Patrone „anrufen", wenn wir unter Schlaflosigkeit leiden sollten, damit sie uns in den Schlaf bringen mögen.

Wenn wir die Achtsamkeit auf unsere Atmung lenken, können wir auf **„Knopfdruck"** entspannen: Einfach nur, indem wir bewusst ein- und ausatmen. Wir verfolgen jeden einzelnen Atemzug: ein ... aus ... ein ... aus ... bis wir eingeschlafen sind. Alle anderen Gedanken haben nun Sendepause. **Wir denken und atmen nur: ein ... aus ...**

Mache es wie eine Katze, die ruhig und friedlich eingerollt vor sich hin atmet und tief schläft: „Ich schlummere wie ein Kätzchen!"

28. Juni: Massage

Massagen fördern das **Wohlbefinden** und die **Entspannung**, bauen Blockaden ab und **Lebensenergie** auf. Alles, was wir erleben, wird in unseren Zellen gespeichert. Verspannungen und Schmerzen können bei einem Zuviel an Stress und Anspannung die Folge sein.

Ein **Fuß-Massageroller** unter dem Schreibtisch sorgt für eine Massage der Reflexzonen, die keine extra Zeit kostet. Eine **„Igelmatte"** intensiviert das Erlebnis der Reflexzonen-Stimulation noch. Die Fußreflexzonenmassage ist eine der ältesten natürlichen Selbstheilungsmethoden und bereits seit über 5000 Jahren in China und Ägypten bekannt. Der ganze Körper mit all seinen Organen ist in unseren Füßen abgebildet. Dort, wo der Druck auf die Fußsohle wehtut, sitzen die Stellen, die wir vorsichtig kreisend mit dem Daumen massieren sollten. Auch blockierte Gefühle werden gelöst. Es ist keine spezielle Technik nötig, lass dich einfach von deinem Gefühl leiten:

Die ganze Fußsohle mit etwas Öl kneten. Auch die Oberseite ausstreichen. Alle Zehen einzeln kneten und anschließend sanft daran ziehen und sie ebenfalls ausstreichen. Die Häutchen zwischen den Zehen leicht zupfen und daran ziehen. Beginne jeweils beim großen Zeh.

Durch eine **Fußmassage** werden die Fußchakren aktiviert und harmonisiert. Die Energie fließt von hier aus durch den ganzen Körper. Bei der **Handmassage** aktivieren wir unsere Handchakren. Auch hier sind alle Organe sowie unsere Emotionen abgebildet. Wir können sie wie die Fußmassage ausführen und die ganze Handfläche mit etwas Öl kneten. Den Handrücken ausstreichen und danach jeden einzelnen Finger drücken und ausstreichen, vom Ansatz bis zur Kuppe, und sanft daran ziehen. Auch hier sanft an den Schwimmhäutchen zupfen. In unseren Füßen und Handflächen und sogar im Gesicht und an den Ohren ist der ganze Organismus abgebildet. Hier können wir überall eine Selbstmassage ausführen. Mandelöl eignet sich für jeden Hauttyp. Ein oder zwei Tropfen ätherisches Öl (z. B. Lavendel oder Rose) dazugeben – fertig ist das Massageöl.

Das Gesicht können wir abends kreisend mit Öl massieren, so, wie es angenehm ist. Natürlich können wir auch unseren ganzen Körper sanft einölen und massieren. Vor allem verhärtete und verheilte Narben freuen sich sehr über eine liebevolle und sanfte Behandlung. Sie werden dann weicher und weniger empfindlich, schließlich war oder ist das Gewebe traumatisiert.

„Mein Körper hat es verdient, beachtet und verwöhnt zu werden!"

29. Juni: Auferstehung

Stell dir vor, dein letztes Stündlein hätte geschlagen, plötzlich und unerwartet – aber: Du hast die Wahl! Du darfst dich JETZT entscheiden, zu bleiben – und deinem Wunsch auf Verlängerung wird stattgegeben: **Du bekommst heute ein neues Leben geschenkt!**

Du bist dir vollkommen im Klaren darüber, dass dies eine besondere Gunst und Gnade ist. Heute darfst du deine Wiedergeburt feiern und ein zweites Mal Geburtstag feiern! Diese Chance lässt du nicht ungenutzt verstreichen. In der Regel wird sie einem nur ein einziges Mal zuteil, wenn überhaupt. **Deine Zeit ist kostbar!** Du kannst dein Leben ab heute neu gestalten und neu ausrichten, wenn du es für erforderlich hältst.
Was wirst du verändern? Was ist es wert, dass es bleiben darf? Handle entsprechend. Es liegt an dir: **Deine Chance – deine Wahl!** Wenn wir uns ab und zu bewusst machen, ohne dabei jedoch unnötige Ängste zu schüren, dass unsere Zeit endlich ist, lässt uns das den Blick noch einmal schärfen für alles, was wirklich wesentlich ist.

„Ich nutze und feiere mein Leben!"

30. Juni Wellness

Heute ist es Zeit für Wellness! **Wellness ist, was Körper und Seele guttut.** Was bedeutet für dich Wellness? Schreibe es auf, damit es für dich verbindlich wird und du dich hin und wieder deiner Notizen widmest und sie auch umsetzt.

Vielleicht möchtest du dir zur Abwechslung eine professionelle Massage gönnen? Eine Rückenmassage, von Fachleuten ausgeführt, kann wahre Wunder bewirken. Die Wirkung ist sehr nachhaltig und hält etwa drei Wochen an. Unsere Wirbelsäule ist sehr empfindsam, da jeder Wirbel mit unzähligen Nervenenden verbunden ist. Jeder Wirbel ist darüber hinaus einer bestimmten Körperregion zugeordnet und hat einen direkten Einfluss auf unsere Emotionen. Auch Emotionen können festsitzen und Blockaden verursachen, allen voran ein permanentes Stressgefühl, Melancholie oder depressive Verstimmungen, aber auch Trauer, seelische Belastungen und Sorgenmacherei.

Eine Rücken- und Wirbelsäulenmassage nach Rudolf Breuß, auch als Bandscheiben-Regenerations-Massage bekannt, kann alte, festsitzende Blockaden lösen und uns insgesamt wieder in die Harmonie bringen. Alles, was wir unserem Körper an Gutem tun, kurbelt unsere **Selbstheilungskräfte** an. Die Energien kommen wieder in Fluss.

Und schon sind wir beim Thema **Energiearbeit**. Energetische Behandlungen sind ein wahrer Segen für unseren Körper mit seinem Energiefeld. Hier können uns Osteopathen und Shiatsu-Therapeuten wunderbare Dienste leisten.

Zur Wellness gehört unbedingt auch das Thema **Entspannung**. Körper und Geist brauchen einen Ausgleich zur täglichen Tretmühle. Wir sind schließlich keine Hamster, die als einzige ihr Tretmühlchen zu schätzen wissen. Also sollten wir uns ab und zu etwas Gutes zuteilwerden lassen.

Auch zu Hause kannst du für Wellness sorgen und dir gut duftende Essenzen gönnen, ein schönes Körperöl, eine Aromalampe oder wonach immer dir der Sinn steht. Es muss nicht viel kosten, nur etwas Besonderes, nicht Alltägliches sollte es sein. Auch der Besuch beim Friseur, bei einer Kosmetikerin oder bei der Fußpflege ist Wellness, gerade wenn man in diesen Bereich vielleicht Problemchen hat.

Wellness muss man sich ausdrücklich erlauben, vor allem, wenn man ein sehr sparsamer und bescheidener Mensch ist wie ich. Es macht den Tag zu etwas Besonderem und man kann sich bereits im Vorfeld darauf freuen. Außerdem hält die Wirkung lange an.

„Ich erlaube mir regelmäßig Entspannung und Wellness!"

JULI: Zeit des Honigmonds

Der Honigmond steht für die Süße des Lebens. Früher war dies der bevorzugte Monat für die Flitterwochen, wenn im Juni geheiratet wurde. In diesem Monat geht es für uns daher vermehrt um unsere **Gedanken und Gefühle**. Was macht sie aus? Sind sie förderlich für mich oder eher hinderlich?

Manche Gedanken müssen sich erst entwickeln. Lassen wir sie wachsen und gedeihen, können sie ihre Blüten treiben. Dann sehen wir, was aus ihnen wird. So ist es auch mit **Tagträumen**. Dafür braucht es Zeit und Muße. Der Sommer lädt uns dazu ein, die Seele auch einmal baumeln zu lassen und bewusst Siesta zu halten. Zu keiner Zeit im Jahreskreislauf haben wir mehr Tageslicht und Sonnenschein zur Verfügung als jetzt. Lassen wir das Licht in unsere Seele scheinen, damit schöne Gedanken sich entwickeln und vermehren können wie Blumensamen!

Dein <u>**Ruhebild** für diese Zeit des Honigmonds:</u>

Der Mond:

Richte deine Achtsamkeit diesen Monat immer mal wieder bewusst auf den Mond. Dazu kannst du dir ein Bild des Mondes anschauen, ihn in natura betrachten oder ihn dir im Geiste vorstellen.

Der Mond wirkt beruhigend aufs Gemüt. Er verbindet uns mit unserer sanften, weiblichen Seite und fördert die Intuition. Verbinde dich nun gedanklich mit diesen positiven Qualitäten und tauche ganz darin ein. Versuche, die Eigenschaften des Mondes in dir zu fühlen, das Ruhige, Beständige und Klare. Lass dir Zeit dazu …

Nimm wahr, welche Empfindungen dabei in dir entstehen, welche Bilder vielleicht auftauchen. Nimm alles an – ohne Bewertung. Wenn deine Gedanken abschweifen, komme immer wieder zu dem Bild des Mondes zurück … Zwinge dich nicht dazu, lass es ganz einfach geschehen. Bleibe locker und entspannt dabei, ohne ein konkretes Ziel zu verfolgen … Genieße einfach das Gefühl der Zeitlosigkeit – die Zeit spielt für dich nun keine Rolle … Halte deine Aufmerksamkeit auf den Mond so lange aufrecht, wie du magst. Entspanne dich …

1. Juli: Erwartungen

Eine positive Erwartungshaltung: Sie bezieht sich ausschließlich auf uns persönlich. Nur an uns selbst können wir Erwartungen stellen. Wir können nicht von anderen erwarten oder verlangen, was sie zu tun und zu lassen haben. Vorsicht also auch dabei, wenn wir Erwartungen hegen, wie und wann Situationen oder Dinge sich entsprechend unserer Vorstellung zu entwickeln haben oder wie andere Menschen zu sein haben. Dann werden wir oftmals enttäuscht. Diese Form der Erwartung legen wir besser ab, da wir sie nicht steuern können und sie uns nicht weiterbringt. Wir kümmern uns besser um unsere eigenen Angelegenheiten, die in *unserer* Hand liegen.

Die positive Erwartungshaltung gehört in den Bereich des „**Positiven Denkens**". Wir geben unser Bestes in der jeweiligen Situation und gehen optimistisch gestimmt davon aus, dass sich alles zum Guten entwickeln wird. „Ich erwarte nur das Beste für mich!"

„Wenn wir uns von unseren Träumen leiten lassen, wird der Erfolg alle unsere Erwartungen übertreffen."
(Henry David Thoreau)

2. Juli: Glück

Es hängt nie von einem anderen Menschen oder von einem Ort oder vom Besitz ab, ob wir glücklich sind. **Glück**, das sind auch die vielen kleinen Momente der Freude und der Dankbarkeit im Leben und die **empfundene Glückseligkeit**. Es kommt auf die Betrachtungsweise an, wie wir die Dinge *sehen*. Wir müssen das Glück in uns selbst finden, es selbst erschaffen. Wir haben stets die Wahl, wie wir mit den Herausforderungen des Lebens umgehen!

Jeden Tag kann ich mein Leben verändern und ein neues beginnen! Meine Träume kann ich nun wahrmachen und leben – leicht, hell und bunt! Ich kann immer wieder neu träumen. Mache auch du dich auf die Reise, um deinen neuen Wunschtraum vom Glück zu finden! Folge dazu einfach der Stimme und der Weisheit deines Herzens:

Was bedeutet Glücklichsein für dich?

Was war **dein glücklichster Tag** im Leben, wo du Freudentränen vergossen hast? **Erinnere dich an das Glücksgefühl**, das du hattest, dieses Hochgefühl, das nicht gesteigert werden kann: **Halleluja!**

Fühle es erneut. Es ist noch da! Du hast es in dir gespeichert! Lass das **Glücksgefühl** in dir sprudeln wie eine Quelle, während du dich an den glücklichsten Moment deines Lebens erinnerst. Lass dir etwas Zeit dazu und schwelge in dem schönen Gefühl. Wo in deinem Körper fühlst du es? In deinem Herzen vielleicht? Oder im Bauch?

Verankere diese Stelle, indem du sie dir merkst und einen Finger oder eine Hand darauf legst. Immer dann, wenn du diese Stelle bewusst berührst, flammt das schöne Gefühl erneut in dir auf. Hier ist es ab heute und für immer abrufbar. Lass es dein ganzes Sein durchfluten! Dein Körper schüttet nun wertvolle **Glückshormone** aus!

Du kannst dir auch das innere Bild der jeweiligen Situation im Geiste abspeichern und es bei Bedarf, wenn es dir vielleicht einmal nicht so gut geht, du traurig bist oder Schmerzen hast, ins Gedächtnis zurückholen. In meinem Fall ist das die Hochzeit meiner Tochter. Sie so glücklich zu sehen an der Seite ihres Mannes, dieses Gefühl ist so groß, dass ich es nicht beschreiben kann. Mir fällt spontan nur ein Wort dafür ein: „Halleluja!" Damit ist alles gesagt. Besser geht es nicht. Verbinde dieses Wort nun mit dem **Halleluja-Gefühl** in dir!

Was ist dein persönlicher Halleluja-Moment des Glücks?

3. Juli: Energie

Das Wort Energie stammt von *emovere* = Energie in Bewegung. Alles ist Energie, auch unsere Gedanken und Gefühle sowie jedes gesagte Wort, unabhängig davon, ob es positiv oder negativ besetzt ist. Daher können wir auch nichts Gesagtes zurücknehmen. Was einmal ausgesprochen wurde, wurde auch gehört. Und gefühlt, auf beiden Seiten. Alles wirkt auch im **Kollektiv**. Daher sollten wir unsere Worte, aber auch unsere Gedanken sehr weise wählen. Energetisch macht es keinen Unterschied, ob wir etwas bloß denken oder es auch aussprechen. Es kommt auf dasselbe heraus. Die Energie ist die gleiche.

Es dauert bloß einen Bruchteil einer Sekunde, bis aus einem Gedanken ein Gefühl wird. Das ist ein guter Grund, warum wir so achtsam mit ihnen umgehen sollten. Die kosmischen Kräfte und Energien wirken alle Zeit. Sei daher ein guter Verwalter deiner Energiereserven. Optimistisch nach vorne zu blicken und bewusst das Positive zu sehen, beflügelt unsere Energien. Wir stecken voller Kraft und Elan, voller Freude. Negative Emotionen ziehen unsere Energien herunter. Wir können sie nicht vermeiden, sie gehören zu unserem Leben und zu unserer Entwicklung dazu. Aber wir können ihnen immer wieder etwas Positives entgegensetzen! Auch **Licht** und **Liebe** sind Energie: „Ich bringe Licht und Liebe in die Welt – und damit die Freude!"

4. Juli: Gedanken

Wir sollten unsere Gedanken stets rein halten, wie ein klares, reines Gewässer, wo wir auf den Grund schauen können. Unsere Gedanken haben nicht immer mit der Wirklichkeit zu tun. In sie fließen unsere Erfahrungen, unsere Einstellungen und Erwartungen mit ein. Auch unsere momentane Stimmung sowie die seelisch-körperliche Verfassung spielen hinein. Wir sollten nicht vorbehaltlos alles *glauben*, was wir *denken*.

<u>Frage dich:</u> Ist es wirklich wahr, was ich denke? Teile nach außen nur mit, was ehrlich und wahrhaftig ist. Lass es vorher durch einen Filter laufen. Manchmal ist es auch hilfreich, sich zunächst etwas Abstand zu verschaffen und beispielsweise eine Nacht darüber zu schlafen. Dann können wir noch einmal frisch und neu darauf blicken.
<u>Ich kann mich auch fragen:</u> **Ist es den Gedanken wert?**

Das Sprichwort: **„Du bist, was du denkst."** bezieht sich nicht nur darauf, was wir *wissentlich* denken, sondern auch darauf, was wir *unbewusst* denken, was unser Unterbewusstsein *glaubt*. Unsere Gedanken und unser Glaube erschaffen schließlich unsere erlebte Wirklichkeit. Daher sollten wir sie hin und wieder auf den Prüfstand stellen und bewusst gute Gedanken denken, die uns und den Rest der Welt weiterbringen. <u>Fazit:</u> **Glaube nicht immer, was du denkst!**

Ziel ist, das Denken zu verändern, um mich besser zu fühlen. Ich bin nicht meine Gedanken. Und ich bin nicht meine Erfahrungen. Ich bin viel mehr als das! Was ich denke und sage, kommt stets zu mir zurück. Auch das, was ich über mich selbst denke und sage. Daher sollte ich mich nie kritisieren und lieber alternative Gedanken entwickeln. Eine Steigerung der positiven Selbstwahrnehmung führt dazu, dass ich mich wohler mit mir selbst fühle und auch andere Menschen mich sympathischer finden.
Je mehr Selbstvertrauen ich ausstrahle, umso mehr Menschen werde ich für mich einnehmen. <u>Aber:</u> Mein Wohlbefinden hängt nicht davon ab, ob andere mich mögen! Ich muss zuerst einmal bei mir beginnen. Niemand kann meine Gedanken kontrollieren. Sie gehören mir allein. Heute will ich einmal bewusst meine Gedanken wahrnehmen, ohne sie direkt zu bewerten: **Was denke ich eigentlich?**

Wenn ich dann feststelle, dass es *keine* guten Gedanken sind, kann ich sie auch über Bord werfen, auf nimmer Wiedersehen.

<u>„Unser Leben ist das, wozu unser Denken es macht."</u> (Marc Aurel)

5. Juli: Gefühle

Heute will ich zunächst meine Gefühle wahrnehmen – ohne sie sofort zu bewerten: **Wie fühle ich mich?**

Emotionen entstehen aus uns selbst heraus. Äußere Einflüsse vermögen nur zu wecken, was bereits in uns ist. Wir sehen es am Beispiel: *Ich* ärgere *mich*. Es sind nicht die anderen, die mich ärgern. Nur *ich* kann mich ärgern. Ich bin jedoch nicht dazu verpflichtet! Indem wir uns ärgern, geben wir anderen die Macht über uns. Die Macht, wie wir uns **fühlen**. Es funktioniert aber auch andersherum: ICH freue MICH! Ich kann kontrollieren, *wie* ich auf etwas reagiere. Ich allein entscheide, wie ich mich fühle und auch in Zukunft fühlen will!
Unsere Gefühle werden gespeichert, wie auch unsere Erinnerungen und Gedankenmuster. Daher sollten wir sooft wie möglich für gute Gefühle sorgen, damit wir ein reiches Erinnerungsschatzkästchen haben, aus dem wir uns gerne bedienen.

Was ich denke, ist, was ich fühle!

Negative Emotionen werden durch negative, und positive Emotionen werden durch positive Gedanken hervorgerufen. Gedanken bestimmen also die Gefühle. Es ist die eigene **Interpretation** eines Ereignisses und nicht dessen **Qualität**, was dessen emotionale Bedeutung für uns bestimmt. Situationen lösen Gedanken aus, die dann bestimmte Gefühle hervorrufen. Diese Gefühle können wiederum unser Verhalten bestimmen. Situationen lösen somit *nicht direkt* Gefühle aus. Manche Gefühle sind alt, sehr alt. Sie sind noch immer in uns gespeichert, haben aber mit dem Heute nichts mehr zu tun. Ich kann sie nun loslassen, diese alten Gefühlsmuster. Sie können jetzt heilen:

Es geht vorbei ... Es geht weiter ... Schritt für Schritt können wir nun in die emotionale Freiheit gehen, optimistisch sein und bleiben und die positive Seite der Dinge sehen. Es ist *meine* Entscheidung, ob ich mich angegriffen oder verletzt fühle. Wenn ich mich entscheide, eine Situation anders wahrzunehmen, kann ich mich auch ganz anders fühlen! **Weg mit all dem Stress:** Ich kann meine Verletzlichkeiten überwinden und damit meine emotionalen Belastungen reduzieren, indem ich negativen Gedanken vorbeuge und gute, neue Gedanken denke!
Ich kann meine Wahrnehmung jederzeit verändern, wenn ich will. **Wahrnehmung ist keine Tatsache, sondern eine Entscheidung!** Verzeihen und Loslassen der Situation gehört ebenfalls dazu, wenn man sich nicht den ganzen Tag mies und traurig fühlen will.

<u>**Eine Übung:**</u> Wir können jedwede Emotion umkehren in **FREUDE!** Was immer ich an unschönen Gefühlen heute in mir trage, ich transformiere sie nun bewusst in FREUDE. Dazu hole ich ein schönes Ereignis aus meinem reichen Erinnerungsschatzkästchen hervor und verknüpfe dieses innere Bild jetzt mit dem **Gefühl der FREUDE.**

<u>Ich kann es auch mit meinem Atem verbinden:</u>
Ich atme ein und *denke und fühle* **Freude** ... Ich atme aus und lasse die **Freude durch meinen ganzen Körper fließen** ... Schöne neue Bilder sind nun in meinem Kopf. Sie werden von positiven Gedanken begleitet und lösen schließlich gute Gefühle aus:

<u>„Jetzt ist nur noch Freude, Fröhlichkeit und Lachen da!"</u>

6. Juli: Resonanz

Das Resonanzprinzip, auch **Gesetz der Anziehung** genannt, folgt den Grundsätzen: Wie oben, so unten, wie innen so außen, wie im Großen, so im Kleinen. So lautet das Gesetz der Resonanz aus dem Kybalion, der Lehre der sieben hermetischen Gesetze nach der mythischen Gestalt des Hermes Trismegistos. Es besagt, dass alles, was einem Menschen im Außen begegnet, eine Reaktion auf das ist, was in seinem Inneren ist. In unserem Alltag erleben wir es:
„Wie ich in den Wald hineinrufe, so schallt es heraus." Es ist mein eigenes Echo. Alles, was ich aussende, kehrt zu mir zurück. Wie ein Bumerang.

<u>**Ein Beispiel aus dem Leben:**</u>
Wenn ich Wertschätzung und Anerkennung anderen gegenüber zeige und lebe, werde ich sie selbst ebenfalls erfahren. Aufrichtigkeit ist **der Schlüssel.** In den Augen anderer erkenne ich auch ihre wahren Gefühle. Augen lügen nicht! Vermeide Kritik an deinen Mitmenschen und gib lieber Feedback, also eine Rückmeldung, wenn sie erbeten ist. Das hat eine vollkommen andere Wertigkeit. Beginne jedes wichtige Gespräch stets mit wohlwollenden Worten, um eine gute Basis zu schaffen. Das wird auf **Resonanz** stoßen! Und erteile keine Ratschläge. Wenn sie nicht erwünscht sind, sind es nämlich Rat-„Schläge". Und das wollen wir nicht. Weder für uns noch für andere.
Jede Handlung zieht eine Folge nach sich. Das sollten wir bedenken. So sind Hinweise stets besser, oder wohlmeinende Denkanstöße, wie du sie in diesem Buch findest. Beachte stets:

<u>„Alles ist mit allem verbunden und beeinflusst sich gegenseitig."</u>

7. Juli: Karma

Karma begreift sich als spirituelles Konzept. Der Begriff stammt aus dem Sanskrit und bedeutet: **Wirken, Tat**. Demnach hat jede Handlung, ob nur in Gedanken begangen oder tatsächlich ausgeführt, eine Folge. Eine Ursache – eine Wirkung. Daher wird es auch als **Ursache-Wirkung-Prinzip** tituliert. **Was wir säen, werden wir ernten.**

Karma an sich ist weder positiv noch negativ. Es ist einfach. Es entsteht als Resultat unserer Taten und Handlungen der Vergangenheit. Somit können wir es als allgemeingültige Gesetzmäßigkeit ansehen und nicht als Strafe, wie es gerne dargestellt wird.

<u>**Ein Beispiel dazu:**</u>
Wie wir später behandelt werden wollen, so sollten wir heute andere behandeln. Es gibt dazu ein altes Sprichwort: **„Was du nicht willst, das man dir tu, das füg auch keinem anderen zu."** Positiv ausgedrückt kehrt aber auch Schönes, das wir aussenden, zu uns zurück. **Probiere es mal mit einem Lächeln, das du verschenkst!**

<u>„Ich säe und ernte nur Gutes in der Welt!"</u>

8. Juli: Früchte

Welche Früchte kannst du ernten, in der Natur und in deinem Leben? Alles, was wir nähren und ernähren, kann Früchte tragen. Wenn wir den Boden dafür bereiten und die optimalen Bedingungen schaffen, können unsere Blüten austreiben. Wenn die Zeit gekommen ist, dürfen wir ernten, was wir gesät haben. Es ist in einem Garten oder auf dem Balkon, wo wir den Blumen und Pflanzen beim Wachsen zuschauen können, das Gleiche wie im übrigen Leben. Habe ich Samen oder Stecklinge ausgebracht, werde ich die Früchte ernten können. Wenn ich regelmäßig spare, habe ich irgendwann ein ansehnliches Konto und kann dessen Früchte genießen. Bin ich freundlich zu anderen Menschen, begegnet mir ebenfalls Freundlichkeit usw. Es endet nie, denn: <u>„Alles im Leben trägt Früchte!"</u>

Was sind deine besten Früchte, die du je geerntet hast?

Bei mir war es jahrelanges Sparen, bis ich ein gutes Polster hatte, das es mir ermöglichte, meinen alten Bürojob aufzugeben und meine Zeit mit dem Schreiben zu verbringen. Aber meine allerbeste „Frucht" ist meine Tochter. In sie stecke ich noch heute all meine Liebe!

9. Juli: Süße

Der Hochsommer lädt uns dazu ein, **die Süße des Lebens** zu genießen und uns zu entspannen. Wenn wir uns hin und wieder eine Auszeit gönnen, können sich die Dinge in Ruhe entwickeln, die wir vorbereitet haben. In dieser Zeit, wo wir etwas Abstand nehmen und neue Kraft schöpfen, dürfen wir einfach **die Seele baumeln lassen** und uns **süßen Träumen** oder Tagträumen hingeben. So können sich unsere grauen Zellen und auch unser Körper wieder vom Alltag erholen.

Wir können uns die Süße des Lebens selbst gestalten, dazu braucht es keine Süße im Außen, die wir uns in Form von Kalorien einverleiben, obwohl natürlich auch das in Maßen schön ist und guttut. Die wahre Süße des Lebens jedoch kann ich mir nur selbst kreieren, indem ich dafür sorge, dass ich ein schönes Leben habe.

In welchen Momenten erfährst du die Süße des Lebens?

Ich für meinen Teil halte mich gerne am Wasser auf. Bei uns in der Nähe gibt es viele Talsperren, an deren Ufern man wunderbar die Seele baumeln lassen kann und der Sonne müßig bei ihrem Untergang zuschauen kann. Mit einem kleinen Picknick gestalten wir uns einen süßen Tag, der nichts kostet und nur Freude bringt.

„Die Süße des Lebens liegt in den vielen kleinen Dingen, die ich mir selbst gestalten kann!“

10. Juli: Traumreisen

Wir können jeden Tag auf innere Reisen gehen. **Traumreisen und Fantasiereisen** sind Reisen des Bewusstseins. Sie sind ähnlich erholsam wie ein **Kurzurlaub**. Unser Gehirn macht keinen Unterschied darin, ob wir die Dinge selbst erleben oder ob sie nur in unserer Fantasie stattfinden. Das können wir für uns nutzen und so regelmäßig für **kleine Auszeiten** sorgen, auch wenn vielleicht einmal nur wenige Minuten freier Zeit übrig sind. In dieser Zeit können wir abschalten und den Alltag für eine Weile vergessen. **Anschließend fühlen wir uns wieder erfrischt und ausgeruht.**
Mit Traumreisen können wir auch schwierige Zeiten besser überbrücken. Wenn wir hin und wieder bewusst mental abtauchen, können wir in den Wirrungen des Lebens nicht so schnell untergehen. Auch quälende Wartezeiten lassen sich hervorragend damit überbrücken. Probiere es doch einmal hiermit und gehe mit mir auf eine Reise:

Tourist*in für einen Tag:

An einem wunderschönen Sonnentag werden wir mit blauem Himmel und Sonnenschein geweckt. Es ist das ideale Wetter für einen Tagesausflug. Einen Tag Urlaub zu machen, das ist auch schön! Nach dem Frühstück geht es los mit dem Auto. Die Fahrt dauert keine Stunde und führt uns direkt in die Weinberge von Rheinland-Pfalz. In der Nähe eines winzigen romantischen Dorfes stellen wir den Wagen auf einem Wanderparkplatz ab und erkunden die Gegend zu Fuß.
Die Weinberge stehen schon in voller Pracht. Sie ziehen sich alle umliegenden Hügel und Berge hinauf bis zum Horizont. Durch den heißen und trockenen Sommer sind die Trauben dieses Jahr klein, aber zuckersüß und schmackhaft. Kleine Dörfer schmiegen sich im ganzen Tal an die Hänge. Und überall, wo ein Fleckchen Erde ist, wachsen Rebstöcke. Es gibt viele sehr alte Häuser, die aus Feldsteinen gebaut wurden. In unterschiedlichen Größen und Dicken wurden die Natursteine aufeinandergeschichtet. Eine sehr schmale Gasse führt zwischen mehreren alten Häusern hindurch. Vor einem der Häuser ist ein kleines Plätzchen, auf dem ein Holztisch mit Klappstühlen steht. Ein Bild wie im Süden.
In alten Weinkisten stehen einige Terrakottatöpfe mit Küchenkräutern, die in der Sommersonne duften. Ein Rosenlorbeer blüht mit seinen kräftig rosafarbenen Blüten. Ein weiteres Haus hat einen großen Birnbaum vor der Tür, der schwer an seinen reifen Früchten trägt. Hier gibt es eine kleine Terrasse, ebenfalls mit Tisch und Stühlen. Ein Windlicht aus durchsichtigem geriffeltem Glas mit einer dicken weißen Stumpenkerze steht mittig darauf und wartet auf den kommenden gemütlichen Abend. Die wenigen Fenster der Häuser sind alle sehr klein. An einem weiteren Haus wurde ein Spruch aufgemalt: **„Des Sonnenscheins bedarf die Welt."** Wie wahr!
Hinter den Häusern beginnt direkt der steil ansteigende Weinberg, der sich bis zum Himmel emporzuziehen scheint. Die Rebstöcke stehen in unzähligen Reihen auf Terrassen. Zu Beginn einer jeden Reihe wurde ein Rosenstock gepflanzt. Im Garten eines Winzers ruhen wir uns aus. An diesem Ort gedeihen Palmen in riesigen Kübeln, und sogar ein Feigenbaum, der kleine Früchte trägt. Südländisches Flair in der Heimat. Wie schön! Es gibt Wein oder wahlweise Traubensaft, der wunderbar schmeckt. Dazu kann man Zwiebelkuchen oder Flammkuchen essen. Zum Abschluss eines perfekten Tages flitzen wir auf der nahen Sommerrodelbahn mit den Bobs um die Kurven. Wir genießen die sprühende Lebensfreude wie Kinder! Manchmal muss man einfach auch mal etwas Verrücktes oder Ausgefallenes tun! In Momenten wie diesen fühle ich mich mit dem Leben verbunden …

„Das Leben ist schön!"

11. Juli: Unbekanntes

Unternimm oder tue bei nächster Gelegenheit oder heute etwas, was du noch nie zuvor getan hast! Es erweitert den Horizont, wenn wir unsere Komfortzone bewusst verlassen und uns auf etwas Neues einlassen. Wo wolltest du schon immer mal hin (in deiner Nähe), hast es aber bisher nie getan? Was wolltest du schon lange ausprobieren, bist aber nie dazu gekommen? Wo warten unbekannte Ufer darauf, von dir entdeckt zu werden? Wovon hast du schon immer geträumt? **Was fällt dir ganz spontan dazu ein?**

Wenn wir etwas Unbekanntes wagen, schwingt auch immer ein kleines bisschen positive Aufregung mit. Das ist der berühmte Reiz des Neuen, des Unbekannten. Kennst du dieses **leise Kribbeln**, wenn etwas Neues bevorsteht? Wir können die Scheu davor überwinden, wenn wir uns hin und wieder damit konfrontieren und es *trotzdem* tun. **Heute ist der Tag!** Heute kannst du es tun, oder es zumindest planen und dir einen verbindlichen Zeitpunkt dafür reservieren.

„Ich breche auf zu neuen Ufern und genieße das angenehme Gefühl!"

12. Juli: Sonnenlicht

Lassen wir unsere Zellen und Sinneszellen Licht tanken! Wir brauchen **Sonnenschein für die Seele**. Und wir brauchen Licht und Helligkeit um uns herum, das ganze Jahr über. Im Sommer können wir darüber hinaus die Wärme genießen. Wir können damit auch für dunklere Zeiten vorsorgen, nicht nur im übertragenen Sinne. Wenn wir uns bei Tageslicht möglichst viel draußen aufhalten, schaffen wir einen inneren Vorrat, an den wir uns während des Rests des Jahres erinnern können. Wir denken an den schönen Sommer zurück und an das Licht, das wir hatten und innerlich immer noch in uns tragen.

Sonnenlicht ist wichtig für unsere körperliche und mentale Gesundheit. Wenn wir ein Leben in geschlossenen Räumen verbringen, die dazu noch schlecht beleuchtet sind, drückt das auf unsere Stimmung. Wir fühlen uns müde, antriebslos und ausgelaugt. Wie ein Roboter, bei dem die Batterie nachlässt. Helle Farben in der Wohnung und Tageslichtbirnen mit dem ganzen Spektrum natürlicher Farben wirken depressiven Verstimmungen entgegen. Wenn es ganz arg ist, können wir auch für 5 Minuten ins Solarium gehen und Licht tanken.

„Ich bin im Licht und das Licht ist in mir!"

13. Juli: Langsamkeit

Die Entdeckung der Langsamkeit und das **Monotasking**: Es bedeutet, eine Sache nach der anderen anzugehen, einen Schritt nach dem anderen zu machen. **Entschleunigung** ist das Zauberwort. Zeitfenster für Pausen einzuplanen. Reflektiere, was langsam, aber sicher am Gedeihen ist. **Gut Ding will Weile haben!** Verschaffe dir Luft zwischen zwei Aktivitäten, und sei es nur für ein paar bewusste Atemzüge oder für eine Tasse Tee, auf die japanische Art zelebriert. Regelmäßige Arbeits- bzw. Bildschirmpausen sind hilfreich. Ein wenig Meditation in dieser Zeit, Qigong, Yoga, Recken und Strecken und Gähnen …

Sei flexibel und passe dein Leben deinen Bedürfnissen an. Gibt es Aktivitäten, die du reduzieren kannst, um mehr Zeit, Ruhe und Muße zu haben für die Dinge, die dir wirklich wichtig sind? Kannst du Dinge sammeln und dann in einem Rutsch erledigen, anstatt 100-mal loszulegen? Und was könntest du ganz aufgeben oder weniger oft machen? Was macht dir überhaupt keinen Spaß? Könntest du es delegieren? Nicht jede Verpflichtung muss beibehalten werden. Dann haben wir auch wieder mehr **Zeit für Langsamkeit**. Sie ist eine Notwendigkeit, damit wir nicht ausbrennen.
Deine Zeit ist kostbar! Hüte sie wie ein rohes Ei!

„Auch langsam komme ich ans Ziel und bleibe ganz entspannt dabei!"

14. Juli: Leichtigkeit

Den Weg der Leichtigkeit gehen: Eine kleine Anleitung für mehr Zufriedenheit in deinem Leben. Du lernst, die Dinge leichter zu nehmen und sorgst gleichzeitig für mehr Resilienz, einer größeren seelischen Widerstandsfähigkeit, die wir trainieren und sogar erweitern können. **Leichtigkeit und stille Heiterkeit gehen Hand in Hand.** Versuche nun einmal bewusst, alle Widerstände fallen zu lassen und das Leben anzunehmen, wie es gerade in diesem Moment ist, ohne es zu bewerten. Im jetzigen Augenblick gibt es gerade kein Gut und kein Schlecht. Meditiere eine kleine Weile über diesen einen Satz:
„Es ist, wie es ist."

Verbinde deinen Atemfluss mit diesem Satz. Beim Einatmen sprich in Gedanken: **„Es ist"** – beim Ausatmen denke: **„wie es ist."** Praktiziere diese Übung so lange, wie du dich mit ihr wohlfühlst. Wisse nun:

„Das Leben ist leicht!"

15. Juli: Langeweile

Langeweile kann sehr heilsam sein! Wenn wir das Wort auseinandernehmen, entsteht eine **„lange Weile"**. Wie schön! Es bedeutet unverplante Zeit, die uns zur freien Verfügung steht! Sie ist kostbar und selten. Wir müssen diese Zeit mit nichts füllen, sie für nichts Besonderes verwenden oder opfern. Wenn wir mal eine lange Weile nichts Wichtiges zu tun haben, kann Raum für neue Gedanken und Ideen entstehen, muss es aber nicht. Wir können uns den Luxus gönnen, und einfach so in den Tag hineinleben. Ein solcher Tag kann von uns im Vorfeld auch geplant werden. Wir lassen ihn vollkommen frei von allen Verpflichtungen. Das funktioniert am allerbesten, wenn wir allein sind und uns um niemanden kümmern müssen.
Es muss aber nicht immer ein ganzer Tag sein. Auch kleinere Sequenzen eignen sich hervorragend. Es geht nur darum, sich für ein Zeitfenster nichts vorzunehmen. Und dann einfach zu schauen, was kommt. Unglaublich erholsam ist es, für ein paar Minuten in den Himmel zu träumen, ohne Absicht und ohne Ziel. Nur du – sonst nichts.

„Ich genieße (m)eine „lange Weile" und tue: NICHTS!"

16. Juli: Neugier

Wenn wir regelmäßig entschleunigen, kann unsere Neugier wieder erwachen. Welches Thema oder Projekt, privat oder beruflich, interessiert dich schon länger? Worüber könntest du dich schlau machen? Gibt es einen Kurs oder eine Aus- oder Fortbildung, die dich reizen? Füttere deinen Geist mit neuem Input, einfach weil es dich interessiert. Auch wenn es nur ein Hobby wird, ein bloßer Zeitvertreib. Es muss nicht alles im Leben einen tieferen Sinn haben und dem Broterwerb dienen. **Mache es einfach aus Spaß an der Freude und entfalte dein ganzes Potential!**
Neugier ist wohltuend. Sie macht uns lebendig und hält unser Denken flexibel. Wenn wir Neues ausprobieren, wird unser Geist beflügelt. Darüber hinaus eignen wir uns neue Fähigkeiten an. Neue Möglichkeiten entstehen. Und manchmal sogar auch ein kleines Nebeneinkommen, weil wir etwas machen, was auch anderen gefällt. Ich habe z. B. mit dem Filzen begonnen und verkaufe inzwischen Duftkissen aus Filz sowie selbst befüllte Lavendelsäckchen. Brandmalerei ist ein weiteres Hobby, um Holzscheiben schön zu verzieren. Und ich liebe das Ausmalen von Mandalas, nur für mich allein. Und du?

„Meine Neugier beflügelt meine Seele und weckt sie auf!"

17. Juli: Aufhören

Wollen wir etwas Neues anfangen oder in unser Leben ziehen, müssen wir manchmal etwas Anderes aufhören. Gibt es etwas, das dich Zeit kostet und das du eigentlich lieber lassen würdest?
Manchmal müssen wir etwas Altes bewusst beenden, damit Zeit für die Umsetzung einer neuen Idee frei wird. Hinterfrage deine Freizeitgewohnheiten kritisch. Wo sitzen die geheimen Zeitfresser? Enttarne sie und entferne einen, und sei er noch so winzig. Denke an die grauen Herren von Momo. Aber mache es besser als sie: **Spare wertvolle Zeit, um sie für Schöneres im Leben zu verwenden!**
Das Internet ist z. B. solch ein Zeitfresser, Social Media insbesondere. Nährt es dich wirklich? Oder scrollst du einfach nur so herum und „schlägst die Zeit tot"? Die Zeit „totschlagen" hört sich ja schon unangenehm an. Zeit ist ein wertvolles Gut. Wir sollten sie nicht einfach so wegschmeißen. Wo kannst du wie viel Zeit einsparen? **Gesparte Zeit ist wie ein Guthaben, über das du dich freuen kannst.** Nun darfst du dir aussuchen, wofür du es verwenden möchtest!

„Ich spare wertvolle Zeit und verwende sie für MICH!"

18. Juli: Sinnlichkeit

Sie kann nur aufkommen, wenn wir ihr **Zeit und Muße** zugestehen. In Stress und Hektik werden wir sie kaum finden. Sinnlichkeit hat mit unseren Sinnen zu tun, mit dem Sehen, Riechen, Schmecken, Fühlen und Hören. Über alle diese Kanäle können wir sinnliche Erfahrungen machen, wenn wir uns Zeit zum Innehalten und zum Genießen einräumen. Haben wir einen Partner oder eine Partnerin, können wir zu zweit die Sinnlichkeit genießen. Das Zauberwort hierfür heißt **RUHE**. Sinnlichkeit kann nur entstehen, wenn wir uns Zeit für sie nehmen.
Dann spüren wir **alle Sinne** ganz deutlich, und sie können unsere Seele auf vielfältige Weise nähren. Wir können mit allen Sinnen genießen, was wir tun. Das kann das Lesen eines Buches sein, ein gutes Essen, ein Lieblingsgetränk, schöne Musik, ein angenehmer Stoff auf der Haut, tolle Bettwäsche, ein bezaubernder Duft und Vieles mehr.
Bei welcher Gelegenheit nimmst du deine Sinne besonders intensiv wahr? Was braucht es für dich, um dir sinnliche Momente zu zweit oder mit dir allein zu kreieren? Wenn wir alle unsere Sinne bewusst einsetzen, erfahren wir **den Moment** ganz intensiv. Im Urlaub gelingt uns das meistens besonders gut, aber wir können es auch zu Hause!

„Mit all meinen Sinnen koste ich den Moment aus!"

19. Juli: Romantik

Wir können sie in einer Beziehung wecken, sie gemeinsam entdecken und leben. Aber auch in der Natur, an einem lauschigen Platz, den wir ebenso gut allein genießen können, können wir uns in eine **romantische Stimmung** fallen lassen. Es gibt viele romantische Orte auf der Welt, die unsere Sinne und das Herz ansprechen. Auch Gärten können romantisch sein, oder Häuser, Gartenlauben ... Das alles können wir auch für uns ganz allein genießen.

Romantik entsteht im Herzen. Sie ist ein Gefühl, das nicht beschrieben werden muss. Wir sind in romantischer Stimmung, oder wir sind es nicht. Das können wir nicht vom Kopf steuern. Der äußere Rahmen muss stimmen, aber auch der innere. Auch hier spielen die Faktoren **Zeit** und **Ruhe** wieder eine große Rolle. Sonst können wir die schöne Stimmung, die in uns entstehen kann, nicht genießen. Dennoch schadet es nicht, gerade unseren Ruhebereich romantisch zu gestalten. **Was braucht es? Wonach sehnt sich dein Herz?** Integriere es durch äußere Zeichen im Raum und fühle die Veränderung:

„Romantik macht mein Herz weich und weit."

20. Juli: Beziehungen

Meine Beziehung zu mir selbst: Wo stehe ich da? **Pflege ich eine gute Beziehung zu mir?** Bin ich *mir* gut und sorge ich gut für mein Wohlergehen? Mich selbst anzunehmen, wie ich bin und gut über mich zu denken und zu sprechen, ist der Beginn einer guten Beziehung zu mir selbst. Darüber hinaus sind wir auch mit anderen Menschen in Beziehung: mit Partnern, Kindern, Eltern, Arbeitsstätten usw. Nicht immer sind diese Beziehungen einfach oder erfüllend. Wie gehen wir damit um?
Eine Idee: Meine Wahrnehmung in Bezug auf die Einstellung anderer Menschen kann ich verändern! Ich kann die Person nicht ändern, aber ich kann die Sicht auf die Beziehung zu ihr anpassen:
Die Menschen sind, wie sie sein wollen. Letztendlich geht es für uns darum, das Beste daraus zu machen und seine Lehren daraus zu ziehen. Schwere Zeiten in der Vergangenheit haben mich sensibler gemacht als andere Menschen – und das ist ein Segen! Heute sehe ich das so. Das heißt nicht, dass wir uns alles gefallen lassen müssen. Manchmal müssen sich Wege auch trennen. Wenn sich eine Beziehung nicht mehr gut anfühlt, wir unter ihr leiden und eine andere Sicht uns nicht mehr weiterbringt, ja, dann müssen wir eben gehen.

Andere Beziehungen wiederum können heilen, wenn wir gemeinsam an ihnen arbeiten. Das müssen beide Seiten wollen. Sonst bringt es nichts. Für eine gute Beziehung muss man etwas tun. Sie will gehegt und gepflegt werden wie ein kleines Kind. **Es ist ein Geben und ein Nehmen.** Doch der Weg beginnt stets bei uns selbst. Hier müssen wir starten, wenn wir gute Beziehungen pflegen wollen, und den ersten Schritt tun. **Es kann nur werden, was wir daraus machen!**

Die Beziehung zu anderen Menschen ist wichtig für uns. Der Mensch ist ein soziales Wesen, das den Austausch mit anderen braucht. Nur sollte dieser stets auf einer vernünftigen Ebene stattfinden. Niemand im Außen kann uns verletzen, wenn wir es nicht zulassen! Beziehungen sollen uns nähren. Auch können wir an ihnen wachsen. Aber nicht um jeden Preis. Toxische, also schädliche Beziehungen, sollten wir entweder heilen, indem wir uns Hilfe holen oder in eine Beratung gehen, oder sie beenden. Eine Erkenntnis, die mir stets half in komplizierten Beziehungen: **Meine Seele kann nicht verletzt werden!**

„Ich pflege gute Beziehungen – zu mir und zu anderen!"

21. Juli: Feierabend

Den „Abend feiern", ein schönes tägliches Ritual. Es geht um unsere Rückbesinnung auf die Dinge, die uns einst gutgetan haben und uns Freude bereiteten. Wo sind sie geblieben?

Vieles geht im Alltag unter und will von uns wiederentdeckt werden. Es ist einfach schön zu wissen, dass der Rest des Abends zu unserer freien Verfügung steht. Nicht direkt ins Bett zu müssen, weil der Tag schon um ist, nachdem man alle Alltagsdinge bewältigt hat, ist etwas, das wir bewusst ansteuern können. Vielleicht können wir das Abendessen so planen, dass im Anschluss freie Zeit winkt, sodass wir ganz in Ruhe essen und genießen können.

Was bedeutet für dich **„Feier-Abend"**? Wie kannst du dieses Zeitfenster für dich schön und entspannend gestalten? Wenn dir dein Feierabend heilig ist, wirst du wissen, was dir guttut und worauf du dich jeden Abend freuen kannst. Bei uns ist es so, dass wir uns angewöhnt haben, das Abendessen im Wohnzimmer am großen Esstisch einzunehmen, nicht am Küchentisch. Wir decken den Tisch schön ein, machen Kerzen und leise Musik an und sitzen lange und gemütlich bei Tisch. Hier ist auch Zeit für Gespräche. So gestalten wir jeden Abend zu einem kleinen „Fest", nur für uns zwei. Ein kleines, feines Ritual, das nichts extra kostet, aber die Seele (und den Leib) nährt.

„Ich zelebriere meinen Feierabend ganz bewusst und schön!"

22. Juli: Tagträume

Wir können uns bewusst einen Moment schaffen, in dem ein Traum
geboren werden kann. Nimm dir Zeit für Tagträume. Dort begegnest
du dir selbst, deinen Wünschen, Träumen und Hoffnungen. Es tut gut,
sich ab und an sorglose Tage zu verschaffen. Wir können uns jederzeit in schöne Momente hineinträumen. Dazu brauchen wir die Zeit
nicht anzuhalten. Die Zeit hält uns …

Tagträume sind verzauberte Zeit, eine geheime und magische Zeit,
die nur mir gehört. Es sind Zeitreisen. Das ist **meine Freiheit**, die mir
niemand nehmen kann. Diese Zeit läuft parallel neben den anderen
Dingen her, ganz nach Bedarf. Hier herrscht Zeitlosigkeit. Es ist *meine*
Zeit, eine geschenkte Zeit, die ich mir immer wieder nehmen kann,
wenn ich sie brauche, und die ich mit beliebigen Inhalten füllen kann.

Sei in deiner ganz eigenen Welt zu Hause, wenn du Trost oder Abstand brauchst oder einfach nur Zeit für dich. Du kannst einen äußeren Anker dafür setzen, um dich regelmäßig daran zu erinnern. Es
kann eine Muschel oder ein Stein aus dem letzten Urlaub sein oder
etwas, das du auf einem Spaziergang gefunden hast.

<u>„Ich träume mir meinen Tag schön!“</u>

23. Juli: Musik

Musik ist die Sprache unserer Seele. Dieses Wissen kommt u. a.
von den Ureinwohnern Australiens, den Aborigines. Sie sagen, Musik
ist die Stimme unseres Planeten, die eine Verbindung zum Universum
schafft. Singen hilft beispielsweise, dass wir uns beruhigen. Jede Mutter kennt das. Singen kann sogar aus der Schockstarre lösen und hilft
bei Traumata. Es kann darüber hinaus die Heilung unterstützen. Aus
diesem Grund wird Musik gerne zu Therapiezwecken eingesetzt. Sie
sendet Heilschwingungen aus.
Auch eine **Klangschale** sendet heilende Schwingungen und Vibratio-
nen aus, die auf körperlicher und energetischer Ebene wirken. Das
Singen von Mantras wie „OM“ gehört ebenfalls dazu. Trommeln und
Musizieren kann bei Verspannungen helfen, Schmerzen lindern und
Kummer sowie Ängste mindern und uns beruhigen. Die ruhigen und
sanften Wellen und Klänge, die von einem Musikinstrument oder einer Klangschale ausgehen, wirken nicht nur auf Körper und Geist,
sondern auch auf unsere Atmung. Insbesondere wenn wir unter
Atemnot oder Asthma leiden sollten.

Eine Gitarre oder eine Ukulele bringen die Seele sanft zum Klingen, während die Noten und Töne in der Luft schweben und uns tragen. Dann hüpfen sie hinaus in die Welt und tragen die Atemnot oder was immer wir loslassen wollen, Stress, Ängste oder Kummer, mit sich fort. Wir steigern uns nicht (z. B. in den Husten) hinein, vergessen ihn für diesen Moment und haben jetzt keine Zeit mehr dafür.

Was im Geiste geschieht, hilft schließlich auch dem Körper. Die Klangwellen entspannen und beruhigen allmählich unsere Atmung, und mit ihr Körper und Geist …

„Ich lausche den Klängen, die mir wohltun, und entspanne mich!"

24. Juli: MET

Die **Meridian-Energie-Technik** nach Regina und Rainer Franke ist eine **Klopftherapie** aus dem Bereich der Alternativmedizin, bei der unsere Lebenskraft angehoben und unser Energiefluss aktiviert wird. Wir können mit ihrer Hilfe psychosomatischen Beschwerden und emotionalen Problemen sowie zahlreichen Hindernissen und Ärgernissen des Alltags begegnen. Das Heilpraktiker-Ehepaar Franke hat einige interessante Bücher zu diesem Thema geschrieben.

Ich habe im Laufe der Jahre **eine alltagstaugliche Kurz-Variante** entwickelt: Ich wähle ein Grundthema aus, das am meisten drängt. Daraus formuliere ich nun einen positiven Satz, was ich erreichen will und schreibe ihn auf, um ihn mir zu vergegenwärtigen. Dies ist dann meine Affirmation, (z. B.: „Mein Atem fließt leicht und frei.").

Nun aktivieren wir die **Thymusdrüse**, einen heilenden Punkt in der Herzgegend. Wir klopfen leicht mit unseren Fingerspitzen auf das **Brustbein** und sprechen währenddessen die **Affirmation** mehrmals hintereinander, laut oder in Gedanken.
Anschließend summen wir eine fröhliche Melodie, die uns spontan einfällt. Es kann auch ein Kinderlied sein, das uns froh stimmt. Jetzt dürfen wir das neue Gefühl genießen, das dem angestrebten Zustand entspricht, als wäre er bereits Realität!

Ich kann mich durch diese Melodie immer wieder daran erinnern, wenn ich sie in Gedanken wiederhole. Auch die Klopftechnik kann ich regelmäßig wiederholen und darauf vertrauen, dass sie funktioniert!

„Ich klopfe mich gesund, vital und frei!"

25. Juli: Pilgern

Heute ist **Jakobstag!** Der berühmte Jakobsweg, auf Spanisch: Camino de Santiago, der nach Santiago de Compostela führt, wird auch Sternenweg genannt. Der Heilige Apostel Jakobus (spanisch: Santiago) soll dort beerdigt worden sein. Heute wird seiner gedacht.
Compostela bedeutet **Sternenfeld.** Jakobus soll einst den Sternen der Milchstraße gefolgt sein, die ihn hierher führten, woraufhin an Ort und Stelle die berühmte Kathedrale erbaut wurde. Die Compostela wiederum ist die Pilgerurkunde, die bekommt, wer die letzten 100 km zu Fuß oder zu Pferd oder die letzten 200 km mit dem Fahrrad gekommen ist.
Es gibt die unterschiedlichsten Gründe, warum Menschen pilgern. Welcher könnte deiner sein? Insbesondere wenn wir zu Fuß gehen, können wir unseren Geist klären, Eindrücke und Erlebnisse verarbeiten, oftmals auch erst verstehen, und kommen schließlich bei uns selbst an, dem eigentlichen Ziel und Zweck einer Pilgerung.

Es gibt unzählige Pilgerwege. Grundsätzlich spielt es keine Rolle, welchen Weg du einschlägst. **Der Weg des Herzens ist der wichtigste**, völlig unabhängig davon, wo er sich befindet. Er kann einen halben Tag andauern und in deiner Nähe liegen, einen Urlaub lang währen oder noch länger. Viele nehmen sich bewusst eine Auszeit dafür, gerade wenn wir an einem Scheideweg stehen. Aber auch aus jedem anderen Grund können wir einfach losgehen. Wir können an jedem freien Tag pilgern, wenn wir wollen, z. B. sonntags. Man kann sich Pilgerwege auch gut in kleinere Häppchen aufteilen.

<u>„Laufen klärt und befreit Geist und Seele!"</u>

26. Juli: Spazieren

Wenn weder Zeit noch Sinn nach einem Pilgerweg stehen, tut es auch ein regelmäßiger ausgedehnter Spaziergang. Die Natur ruft uns, so oder so. Du kannst ein flottes Tempo vorlegen oder gemächlich ein Bein vor das andere schieben. Spaß soll es machen, egal, wie weit du kommst. Auch hier ist der Weg das Ziel. Wir können uns auch allmählich steigern. Je fitter wir werden, desto mehr Freude macht es uns, und desto weiter kommen wir voran.
Sieh beim Spaziergang die kleinen Wunder am Wegesrand. Es gibt so viel zu entdecken und zu finden: Herzen in aller Art, aus Stein oder in Blattform, schöne Steine, Federn, bunte Blätter, Tannenzapfen, zahlreiche Motive, die ein Foto und eine Erinnerung wert sind …

Wann immer ich ein Herz sehe oder finde, und das ist erstaunlich oft der Fall, erinnere ich mich an das Gefühl der Liebe. Weich und warm breitet es sich in meiner Herzgegend aus. Immer wenn ich ein Herz sehe, fühle ich mich geliebt. Ich stelle mir nun kurz vor, in diese Energie und in die Liebe einzutauchen …

Ich kann in der Natur aus Steinen, Muscheln, Blüten, Blättern oder Zapfen ein schönes Herz legen und fotografieren. Später können sich auch andere Spaziergänger daran erfreuen. Glatte Steine, die wir finden, können wir auch beschriften, z. B. mit STILLE, FREUDE oder mit LIEBE. Sie können uns zu Hause daran erinnern, was für uns wirklich wichtig ist.

„Ich erfreue mich an den kleinen Geschenken der Natur!"

27. Juli: Sommerfrische

Besonders wenn die Hitze des Sommers uns drückt, tut es wohl, ans Wasser zu flüchten. Ob lang oder kurz: der Aufenthalt an einem Gewässer jedweder Art, an einem Bach, einem Fluss, einem See oder an einer Talsperre erfrischen uns rasch.
Gerade in Städten ist es oft sehr stickig. Doch sobald wir uns in die Natur begeben, in einen Park mit vielen Bäumen oder in den Wald, wird die Luft angenehmer. Falls wir in höhere Lagen mit milderem Klima wechseln können, umso besser.

Ich kann mir die Sommerfrische aber auch nach Hause holen!
Ein erfrischendes Bodyspray, das wir im Kühlschrank lagern, können wir jederzeit auf Arme, Hals und Dekolleté sowie auf unsere Beine und Füße sprühen. Das Pfefferminz-Hydrolat von PRIMAVERA belebt in kürzester Zeit unsere Sinne und den überhitzten Körper. Jedes andere Pflanzenwasser eignet sich ebenso. Rose ist auch wunderbar, oder Lavendelwasser sowie Orangenblütenwasser. Es duftet herrlich. Damit holen wir uns den Urlaub in die eigenen vier Wände!

Wir können die Füße auch in eine Schüssel Wasser stellen und einen Ventilator anstellen. Ich habe einen großen und einen kleinen Fächer aus Andalusien. Der große Fächer ist für daheim, den kleinen trage ich im Sommer in der Handtasche bei mir. Er braucht keinen Strom und wirbelt die Luft kurzerhand wie ein willkommener, frischer Windhauch um mich herum. **Mach es dir leicht und angenehm!**

„Ich hole mir die Sommerfrische ins Leben!"

28. Juli: Der letzte Tag

Heute geht es ans Eingemachte, denn auch das muss manchmal sein. Damit wir sehen, wo wir im Leben stehen. Wenn heute dein letzter Erdentag wäre, wie würdest du ihn verbringen? Wen würdest du treffen? Was wolltest du noch sagen? Was essen? Wo sein?
Wenn du einmal über diese Fragen nachdenkst und meditierst, werden dir deine tiefsten Wünsche bewusst. Was hindert dich noch daran, sie auch umzusetzen?

<u>Die gute Nachricht ist:</u> Du hast jetzt Zeit dazu, sie zu verwirklichen! Es war nur eine Übung. Sie soll dich dankbar machen für das, was du in deinem Leben hast und dir bewusst machen, was wirklich wesentlich ist. **Lebe jeden Tag, als wäre es der letzte!**
Aber ohne jegliches Drama und ohne negative Gedanken. Sieh einfach die Chance, das Gute daran, dass du noch Zeit hast! Verpasse sie nicht! Und: **Genieße jeden einzelnen Tag!** Zumindest für einen kleinen, bewussten Moment. Man kann das nicht oft genug sagen. Wir alle sollten es uns von Zeit zu Zeit immer mal wieder bewusstmachen. Es gibt Momente, wenn jemand, der uns nahestand, seinen letzten Tag gehabt hat, da erinnern wir uns. Doch wir müssen nicht warten. Wir können bereits heute damit beginnen, auf unserer eigenen Lebensreise, die hoffentlich noch lange währt: <u>„Ich genieße den Tag!“</u>

29. Juli: Heimkehr

Das Reisen ist dann am schönsten, wenn man danach an einen Ort zurückkehren kann, der sich nach einem **Zuhause** anfühlt. Wenn wir dann noch liebgewonnene Gewohnheiten und neue Erkenntnisse aus dem Urlaub in die Heimat transportieren, nebst lukullischen Genüssen, Rezepten und Gewürzen und ein paar schönen Souvenirs, vereinen wir das Beste aus beiden Welten. Dann können wir freudig wieder zurückkehren in unseren Alltag und in unser alltägliches Leben mit seinen vielen Kleinigkeiten. Wir haben neue Kraft geschöpft und schöne Erinnerungen in unserer Seele abgespeichert.

Es ist schön, heimzukehren. Wir begeben uns wieder in unsere Komfortzone und umgeben uns mit den Dingen, die wir mögen und die uns guttun. Auch liebe Menschen und unsere Haustiere, die auf unsere Rückkehr gewartet haben, freuen sich auf uns. Das gibt uns ein schönes Gefühl von **„Aufgehobensein“.**

<u>„Zuhause ist, wo das Herz ist!“</u>

30. Juli: Ho'oponopono

Lass dir dieses Wort einmal auf der Zunge zergehen. Es handelt sich um ein hawaiianisches **Vergebungsritual**, um Situationen zu befrieden und zu heilen und die Harmonie mit uns selbst und unserer Umwelt wieder herzustellen. Es ist ein Prozess der Selbstreinigung (von negativen Gedanken) und der Selbstliebe. Wir wandeln Negatives in Positives um. Wenn wir nicht vergeben haben, ist unsere Energie weiterhin an die Vergangenheit gebunden. Diesen Kreislauf wollen wir unterbrechen und die Energie und die Achtsamkeit in eine neue Richtung lenken. Im gleichnamigen Buch von Ulrich Emil Duprée gibt es vier Formeln dazu:
„Es tut mir leid. Bitte verzeihe mir. Ich liebe dich. Danke.“

In der **Kurzfassung** geht es darum, die eigenen Anteile am Dilemma, das uns belastet, zu erkennen und in Gedanken die andere Person um Verzeihung zu bitten, wenn etwas nicht gut gelaufen ist. Es ist nie einer allein schuld. Immer sind beide involviert. Wenn wir bereit dazu sind, zu vergeben und die Angelegenheit loszulassen, können wir auf der Seelenebene frei werden und der anderen Seele Liebe entgegenbringen. **Liebe vermag alles zu heilen.** Der Dank dafür, dass wir wieder etwas gelernt haben, befreit uns innerlich.
Die Hauptsache ist, dass wir dahin kommen, diese vier magischen Sätze nicht nur zu **denken**, sondern gleichzeitig auch zu **fühlen**. Das ist die größte Herausforderung. Wenn uns das gelingt, sind wir innerlich frei und gelöst. Dann hat sich das Ritual erfüllt.

31. Juli: Perlen

Die Perlen unserer Erinnerungen: Sie sind unsere schönsten und wertvollsten Momente, die wir im Laufe unseres Lebens ansammeln. Die Erinnerungen an schöne Zeiten können wir noch einmal genießen! Das sind die **Perlen-Momente** unseres Lebens. Wir müssen die Erinnerungen wertschätzen, nicht die Sachen, die wir besitzen. Die Freude bleibt im Inneren. Es kommt nicht auf äußere Faktoren an.

Welche Perlen befinden sich in *deinem* inneren Schatzkästchen?

Bei mir sind es z. B.: Liebe, Freude, Mutterschaft, Tierliebe, schöne Urlaube und Freizeiten, die Hochzeit der Kinder, meine eigene Hochzeit, unser Zuhause, meine Bücher (= meine geistigen Kinder) usw.

„Ich sammle Perlen-Momente und -Gefühle, um sie oft zu genießen!“

AUGUST: Zeit der Wendepunkte

Wenn wir den höchsten Punkt erreicht haben, geht es stets wieder in die andere Richtung. So ist es auch in der Natur. Auf ihrem höchsten Stand können wir ihre Früchte genießen und sie einmachen, einlegen oder einkochen für die Zeiten, die kommen werden, damit wir auch in der dunkleren Jahreszeit noch von ihnen zehren können.

Haben wir den Berg an seiner höchsten Spitze erklommen, werden wir ihn irgendwann wieder in Richtung Tal verlassen müssen, denn das Leben geht weiter. Sind wir gut wieder unten angekommen, dürfen wir uns auf den nächsten Aufstieg freuen. Die Zeit wird kommen.

So ist es mit allem in unserem Leben. **Freude** ist nur deswegen so besonders kostbar, weil es auch die traurigen Momente im Leben gibt. Wo Licht ist, da ist auch Schatten – und umgekehrt. Alles bedingt einander. Alles hängt mit allem zusammen.

Hin und wieder ist eine Brücke zu überqueren, die wir freudig beschreiten dürfen. **Optimismus, Vertrauen und Hoffnung** werden uns sicher hinüberbringen auf dem Weg unserer Lebensreise.

Dein **Ruhebild** für die schöne Sommerzeit:

Die Sonne:

In diesem Monat nehmen wir die unterschiedlichen Farben der Sonne, die nun in ihrer ganzen Kraft steht, auf. Ob dir der Sonnenaufgang oder der Sonnenuntergang lieber ist, du darfst frei wählen.

Beobachte vor deinem geistigen Auge, wie sich die Farbstrahlen, welche die Sonne auf die Erde wirft, im Laufe ihrer Bewegung verändern. Manchmal ist sie zunächst beinahe weiß, dann blassgelb bis sonnengelb, schließlich apricot bis orange, und am Ende des Tages wird sie rot bis lavendelfarben und schließlich rosa.

Du kannst dir nun die Sonnenfarbe aussuchen, die dir am meisten zusagt. Sie löst sich aus der Sonne heraus und hüllt dich ein in ihre wohlige Kraft, in all ihre mystische Magie und strahlende Wärme ...

Bade in diesem Licht und lass es alle deine Zellen beleben ...

1. August: Ernte

Die Natur bietet uns ihre ganze hocharomatische Fülle. Alles ist reif und bereichert unseren Speiseplan. Die geballte Kraft der Sonne steckt darin. Wir können sie mit den guten Gaben der Natur zu uns nehmen, dann sind es wahrhaftige „Lebensmittel". Wir erleben die **Fülle des Seins** und können sie voll auskosten. Obst und Gemüse strahlt und glänzt in allen Farben, die der Garten der Natur für uns bereithält. Zu keiner Zeit des Jahres können wir uns gesünder, frischer und bunter ernähren als jetzt. Alles Frische liefert uns neue Energie für unsere Zellen. Die unterschiedlichen Farben von Obst und Gemüse haben neben ihren wertvollen Inhaltsstoffen, die sie unserem Organismus liefern, eine Heilwirkung auf Körper und Geist. Dies erkannte schon Dr. Bach, Arzt und Begründer der Bachblüten:

Gelbes bringt Licht in die Seele und hilft gegen Ängste und Kummer.
Grünes beruhigt und entspannt und liefert wertvolle Vitalstoffe.
Rotes stellt uns Energie und Kraft zur Verfügung bei Unsicherheiten.
Braunes und alles in gedeckten Naturtönen erdet und festigt uns.
Bläuliches und Lila gibt uns Schutz bei Überempfindlichkeit.
Oranges gibt neuen Mut und Zuversicht und hebt die Energien an.

Hast du eine Lieblingsfarbe bei deinem Essen? Was will sie dir sagen?

<u>„Meine Nahrung soll meine Medizin sein."</u> (nach Hippokrates)

2. August: Geruchssinn

Kannst du den Sommer riechen? Was ist für dich der typische Geruch nach Sommer und Sonne? Kannst du ihn konservieren für andere Zeiten? Über unseren Riechsinn kommen alte Erinnerungen an schöne Zeiten in unser Gedächtnis zurück. Auf einmal sind die Bilder wieder da, und mit ihnen die schönen Gefühle. Wenn wir einen Duft besonders mögen, dann brauchen wir ihn auch. Dann tut er uns gut. Manchmal weckt er auch eine alte Sehnsucht in uns:

Wie riecht Freude für dich?
Was duftet nach Geborgenheit?

Wir können zu einem Duft, den wir mögen, auch eine Intention hinzugeben, als Botschaft an unser Unterbewusstsein, was wir uns (wieder) wünschen. Beispielsweise beim Duft frischer Orangen:
<u>„Möge ich voller Freude und Optimismus sein!"</u>

3. August: Zentrierung

Wenn im Außen alles verrückt ist, dann musst du in dir selbst ruhen. Wir können die anderen nicht kontrollieren oder beeinflussen. Wir können nur über uns selbst bestimmen. Und wir können frei entscheiden, wie wir damit umgehen wollen, was uns von anderen geboten wird. Ich bin nicht dazu verpflichtet, mich immer und immer wieder zu ärgern oder Frust zu schieben.
Ich kann meine innere Mitte heute bewusst neu ausloten. Aus ihr kommt meine innere Kraft und Stärke. In der Mitte des Körpers ist das Herz zuhause, unser innerer Motor. Ist das Herz gestärkt, sind wir zentriert. Um dahin zu kommen, verbinde ich mich mental mit Himmel und Erde, während ich mich körperlich in der Mitte dazwischen befinde – wie oben, so unten – und wie außen, so innen.

Mein inneres Bild dazu ist eine Schwanen-Familie auf dem Höhenfelder See. Ruhig sitzen die Schwanen-Eltern mit ihren zwei Kindern auf dem Wasser, in dem sich der Himmel spiegelt. Als säßen sie zwischen den Welten. **Es ist ein Bild der Ruhe und Entspannung**. Die Schwanen-Familie ruht ganz in sich selbst und stört sich an nichts und niemandem. Sie ist sich selbst genug. Das Äußere hat keinen Zugang zu ihr. Sie sind heute mein Vorbild. Genau so will ich sein. Ungetrübt von den Wellen im Außen, getragen und geborgen im Kreis meiner Lieben, die mir am Herzen liegen – und ich ihnen. Das gibt mir Kraft.

„Ich bin zentriert und ruhe in meiner eigenen inneren Kraft!"

4. August: Abgrenzung

Die Kunst besteht darin, eine Insel der Ruhe inmitten von Chaos zu sein. Das kann ich üben, indem ich mich abgrenze, wo es nötig ist. Innerlich wie äußerlich. Ich fühle, wann es notwendig erscheint, und richte mich danach. Ich warte nicht, bis ich ausgebrannt bin. Hierbei kann ich gut **auf mein inneres Gespür hören:**
Wenn uns etwas zu viel wird, dann *fühlen* wir das. Ein Unwohlsein macht sich breit. Es kann im Kopf sitzen, in der Brust oder im Bauch. Innere Bilder helfen uns dabei, schnell abzuschalten und die inneren Grenzen zu wahren. Einmal tief durchzuatmen und ein Ruhebild zu visualisieren, wie die Schwäne oder das Ruhebild des Monats, hilft uns, innerlich einen Schritt zurückzutreten. Dazu braucht es nur einen kurzen Moment des bewussten Innehaltens.

„Ich grenze mich ab, wo es nötig ist – und atme einmal tief durch!"

5. August: Identität

<u>Eine Methode zur Selbstfindung:</u>

Frage dich: **Wer bist du?** Über diese Frage lohnt es sich, ausgiebig zu meditieren. **Warum bist du hier? Was hast du zu geben?**

Lass alles weg, was du nicht bist oder nicht (mehr) sein willst, und finde dich selbst! Was macht deine Persönlichkeit aus? Hier geht es ausschließlich um deine inneren Werte, nicht um dein Aussehen, deinen Titel oder Status in der Welt, noch um Geld. Wir gehen bewusst **vom Haben zum Sein.** Selbstfindung ist ein Prozess, der sich immer lohnt, gestartet zu werden. Er führt dich auf sicherem Wege zu deinem inneren Selbst: **Vom Suchen zum Finden.**

<u>Also:</u> **Wer bist du wirklich** (hinter all deinen Fassaden)?

Es hilft, sich Notizen zu machen und Stichpunkte aufzuschreiben:

Wer und wie *will* ich sein? Wer nicht (mehr)? So kommen wir uns allmählich selbst näher. Und irgendwann kristallisiert sich die Antwort auf die Frage aller Frage heraus: **Wer bin ich?**

<u>„Du selbst zu sein in einer Welt, die ständig einen anderen aus dir machen will, ist der größte Erfolg von allen.“</u> (R. W. Emerson)

6. August: Minimal-Prinzip

Zum Glücklichsein, da braucht's nicht viel. Weniger ist mehr. Weniger macht frei! Denn: **Besitz besitzt den Besitzenden.** Je weniger wir besitzen, desto weniger können die Dinge *uns* besitzen. Und je weniger wir haben, desto weniger können wir auch verlieren.

Gerümpel und Schmutz lassen die Energien stagnieren, unsere eigenen und die unserer Wohnung. Wenn wir uns vor Augen führen, was in unserem Leben wirklich wichtig und wesentlich ist, dann haben wir **die Essenz unseres Seins** erkannt. Dann fällt es uns leichter, uns von Dingen und Gewohnheiten zu lösen, die uns Zeit, Kraft und Nerven kosten und uns nicht wirklich weiterbringen.

Das Anfertigen einer kleinen Liste unseres täglichen Einerleis kann uns hierbei unterstützen. Wir können sie in 3 Rubriken einteilen, um Ordnung hineinzubringen und komplexe Vorgänge zu vereinfachen:

1. Was *uns* wichtig ist.
2. Was notwendig erscheint, uns aber keine Freude bereitet.
3. Was wir uns wünschen würden, tun zu können, wenn wir nur endlich die Zeit dazu hätten.

Vielleicht können wir schon direkt im Anschluss einen Rotstift ansetzen und das eine oder andere streichen, ersetzen, zeitlich auf ein Minimum schmälern, (es auch mal gut sein lassen), oder delegieren? Hast du nun zumindest ein kleines Zeitfensterchen geschaffen für einen deiner Träume und Wünsche nach mehr Zeit für dich?

5 freie Minuten am Tag reichen fürs Erste schon. Jeder Weg beginnt mit dem ersten kleinen Schritt! Sehr hilfreich ist es, wenn wir unser Leben zunächst entrümpeln, Schritt für Schritt. Dann haben wir weniger aufzuräumen und sauber zu halten. Aber auch alle anderen Tätigkeiten wollen auf den Prüfstand gestellt werden. Sich auf das Wesentliche zu konzentrieren, macht frei und froh!

„Ich beschränke mich freudig auf das wirklich Wesentliche!"

7. August: Zuhause

Unser Zuhause ist unser Spiegel. Es wird durch seine Bewohner und die Menschen, die ein- und ausgehen, energetisch geprägt. Emotionen bleiben als Erinnerungen in den Räumen zurück, ob gute oder negative. Räuchern kann hier helfen, und natürlich das Aufräumen und Putzen. Einmal richtig durchzulüften und die „dicke Luft" rauszulassen, wenn es hitzige Diskussionen gegeben hat, Ärger oder Kummer in der Luft lag, wirkt wahre Wunder.
Es ist wichtig, dass wir uns in unserem Zuhause wohlfühlen, dass es ein Rückzugsort für uns ist, wo wir uns sammeln und neue Kraft tanken können. Wenn unsere vier Wände uns belasten, unsere Wohnsituation nicht stimmt oder die Nachbarn ständig stören, ist es höchste Zeit, für Abhilfe zu sorgen. Manchmal muss das auch ein Umzug sein. Du erkennst es daran, dass du nicht gerne nach Hause kommst. Oft reicht auch schon eine gravierende Veränderung in deinem Heim.

Was brauchst du für ein heimeliges Gefühl?

Den meisten Menschen ist eine gewisse Ordnung und Sauberkeit sowie Gemütlichkeit wichtig. Auch schöne Farben spielen eine wichtige Rolle sowie alles, an dem unser Herz und gute Erinnerungen hängen.

„Zu Hause ist es am schönsten! Ich sorge täglich dafür!"

8. August: Feng-Shui

Feng-Shui ist eine chinesische Harmonielehre. Sie bedeutet „**Wind und Wasser**" und zielt darauf ab, den Menschen und sein Lebensumfeld in Harmonie zu bringen. Es geht kurz gesagt vor allem darum, die Energie in den Räumen (wieder) zum ungehinderten Fließen zu bringen. Auch unsere Wohn- und Arbeitsräume besitzen Energiefelder. Beim „**Intuitiven Feng-Shui**" vertrauen wir einfach auf unser Gefühl.

Hier eine Kurzanleitung:
Vorbereitung: Aufräumen, Müll und Überflüssiges wegtun und anschließend alles reinigen. Wir können ätherische Öle ins Putzwasser geben, z. B. Lavendel oder Zitrone, für einen frischen Duft. Dann mache Tabula rasa und starte einen völligen Neubeginn:

Vertraue deiner Intuition und sei kreativ, bis sich die Dinge an ihrem Platz *richtig anfühlen*. Dazu kannst du das eine oder andere Möbelstück oder Dekoteil, das du magst, umstellen und schauen, wie es jetzt auf dich wirkt. Manchmal liegt es nur an der Anordnung der Dinge, also an der neuen „An-Ordnung".
Gibt es dunkle Bereiche, die mehr Licht bräuchten? Stehen Dinge im Weg herum, sodass man ständig umständlich drumherum gehen muss? Stapeln sich Leergut, Altglas, Plastikmüll und Papiermüll? Sind Räume zu voll oder zu dunkel und erdrücken dich? Kränkeln die Pflanzen? Gibt es „Andenken" oder Erbstücke, die dich, (auch unbewusst), emotional belasten? Hinfort damit!

Es gibt auch Symbole, die die Energie eines Raumes anheben können: die Blume des Lebens, Windspiele, Kristalle im Fenster, die bei Sonneneinstrahlung bunte Regenbogen ins Zimmer streuen, ein Zimmerbrunnen oder was immer für dich symbolischen Gehalt besitzt.

„Ich sorge für (m)ein Leben in Harmonie!"

9. August: Räuchern

Zur energetischen Raumreinigung können wir uns des uralten Rituals des Räucherns bedienen. Wir nutzen die Kraft des Feuers und der Pflanze, von der das Räucherwerk stammt, zum Transformieren der Energien im Raum, im Haus oder auf dem Grundstück. Wenn wir zum Räuchern zusätzlich eine gute Absicht formulieren, folgt der Rauch dieser Intention und bestärkt sie. Positive Affirmationen wirken nicht nur auf uns selbst, sondern auch auf unsere Umgebung ein.

Als wir die Schlüssel für unser Haus bekamen, das bis dato über sehr lange Zeit fremd vermietet war, war es dringend an der Zeit für eine Räucherung. Ich nahm das Harz „Weihrauch indisch" für mein Räucher-Kännchen. Zu Beginn zündete ich eine Kerze an und öffnete alle Fenster. Dann „wusch" ich meine Hände im Rauch und scheffelte mir Rauch über die Körpervorder- und Rückseite, um mich davor zu schützen, die Fremdenergien, die sich durch das Ritual lösen würden, auf mich zu ziehen. Anschließend ging ich im Uhrzeigersinn durch jeden Raum und fächelte mit der Hand den Rauch in alle Ecken und Enden, bis ich wieder bei der Kerze angekommen war. Die ganze Zeit über dachte ich in Gedanken meine Intention:

„Alles, was nicht zu *mir/uns* gehört, verlässt diesen Raum nun!"

In regelmäßigen Abständen wiederhole ich dieses Ritual, besonders während der Umbauarbeiten, und es fühlt sich wirklich gut und allmählich nach „unserem" Zuhause an. Nähere Infos zum Thema Räuchern findest du z. B unter www.vielharmonie.com

10. August: Stärke

Unsere inneren Ressourcen sind Kraftquellen, aus denen wir bei Bedarf jederzeit schöpfen können. Dazu können wir sie horten wie einen Schatz, bis wir eine ganze Ansammlung hilfreicher Ressourcen haben, die unser Leben leichter machen. Sie sind ein Bestandteil unserer Resilienz und helfen uns in stressigen und schwierigen Zeiten, Lebensthemen zu bewältigen und Aufgaben zu meistern.

Schlussendlich wachsen wir an den Herausforderungen, die das Leben an uns stellt, und füllen uns unsere inneren Ressourcen selbst auf. Dazu reflektieren wir, was uns in der Vergangenheit geholfen hat. Wir erinnern uns und greifen auf bewährte Methoden zurück, finden aber auch einige neue. So entstehen im Laufe der Zeit unsere Favoriten. **Entspannung ist ein wichtiger Schlüssel dazu!**

Wenn wir gelernt haben, unsere innere Kraftquelle zu nähren und uns ihrer bei Bedarf bedienen, werden wir belastbarer für künftige herausfordernde Situationen. Wir legen uns ein dickeres Fell zu. Das ist es, was uns im Leben weiterhilft. Krisen lassen sich nicht vermeiden, aber wir können lernen, besser mit ihnen umzugehen. Es ist stets, was wir daraus machen!

Was sind meine Stärken?
Was gelingt mir stets leicht und gut?

Tief in deinem Innern steht die Antwort geschrieben. In Ruhe und in der Meditation wird sie uns offenbart, als Gedanke oder als Bild. Daher ist **regelmäßige Entspannung** wichtig, um in unserer Kraft zu bleiben. Wir können dem Unterbewussten alle Fragen stellen, auf die wir eine Antwort suchen. Die erste Intention ist jeweils die Antwort.

Unsere Stärke beinhaltet auch **Ausdauer und Vertrauen ins Leben** und seine Prozesse. Durch sie entsteht unsere Resilienz. Auch einmal „Fünfe" gerade sein zu lassen, ist eine Stärke. Ich muss nicht alles auf die Goldwaage legen und bewerten. Wenn ich immer alles auf mich beziehe, bin ich schnell verletzt, beleidigt oder gekränkt. Was hilft mir das? Die Situation wird es nicht verändern. Die anderen Menschen auch nicht. Also Schwamm drüber.

Ich bin mir meiner inneren Stärke bewusst und bediene mich aller Ressourcen, die ich mir im Laufe meines Lebens selbst angeeignet habe. Ich ziehe alle Hilfsmittel, die ich kenne, zu Rate und bediene mich ihrer, denn: „Ich bin Meister*in meines Lebens!"

11. August: Auflistung

Manchmal wissen wir nicht mehr, wo uns der Kopf steht. Tausend Dinge wollen erledigt und mehrere Probleme am liebsten gleichzeitig gelöst werden. Eine Liste kann uns stets helfen, Ordnung ins Chaos zu bringen. Eine **„To-do-Liste"** zum Beispiel. Anschließend können wir eine Sache auswählen, die angegangen wird. Die anderen parken wir derweil. Sie werden nicht vergessen, sind aber erst mal raus aus dem Kopf. Du kannst dich später darum kümmern.

Die altmodische Variante der handschriftlichen Liste ist hier förderlich, da wir uns diese Liste an einen Ort legen können, wo sie uns regelmäßig ins Auge fällt, um uns an sie zu erinnern. Das gilt übrigens für alle Listen, auch für Wunschlisten, Dankbarkeitslisten usw.

Dankbarkeit erzeugt automatisch positive Gefühle. Dazu können wir jeden Abend drei gute Dinge notieren. Das ist ein Garant dafür, Glück und Zufriedenheit zu empfinden. Beim Durchlesen meiner Notizen kann ich die angenehmen Gefühle erneut spüren und durchleben!

Der nächste Schritt kann sein, meine Ziele zu notieren, meine Interessen und was mir Freude macht, mich begeistert, gut läuft und ohne Widerstände in mein Leben tritt. Das sind viele bunte Punkte, die ich sammeln kann wie Smarties. Warum nicht notieren? Ich begebe mich damit in eine aufmerksame und positive Erwartungshaltung.

Wie könnte der nächste Schritt aussehen? Was ist als Erstes zu tun? Teilziele und kleine Schritte lassen sich rascher umsetzen. Wenn ich etwas Neues beginnen will, kann ich mir Zeitziele setzen und gleichzeitig eine Affirmation aus ihnen formulieren. **Wo sehe ich mich?**

<u>„In einem Monat will ich … haben; in 3 Monaten …; in einem halben Jahr …; in einem Jahr …; in zwei …; fünf …; zehn Jahren …!"</u>

12. August: Aufstellung

Mit einer „systemischen Aufstellung" können wir ein Thema unseres Lebens genauer beleuchten. Ihren Ursprung fand die „**Familienaufstellung**" bei Bert Hellinger. Hier stellen mehrere Menschen ein Thema einer bestimmten Person aus ihrem Kreise auf. Es gibt jedoch auch die Möglichkeit einer „**Einzelaufstellung**", bei der Berater*in und Klient*in im Gespräch eine Situation beleuchten. Man nimmt z. B. Figürchen oder andere kleine Gegenstände als Stellvertreter und Helfer und beobachtet und vor allem *fühlt* in das bestehende Problem hinein. Lösungsansätze werden ausprobiert und Notizen gemacht, um die neu gewonnenen Einsichten anschließend umzusetzen.
Doch auch allein für mich kann ich eine kleine Aufstellung vornehmen und sehen, was sich dadurch *in mir* verändert, in meinem Denken und Fühlen. Ich habe hier eine kleine Abwandlung für dich. Sie ist ganz einfach und öffnet die Augen:

Wir suchen uns ein aktuelles Thema aus oder ein aktuelles Problem, für das wir eine Antwort oder eine Lösung suchen. Es kann auch eine Differenz mit einer anderen Person sein. Dann nehmen wir ein weißes Blatt Papier und ein Figürchen, das uns repräsentieren soll, z. B. eine kleine Buddha-Figur, eine Muschel oder was immer uns einfällt, sowie ein Teelicht. Wir malen eine liegende Acht auf das Papier, die Lemniskate. Mit ihren zwei Kreisen repräsentiert sie die Verbindung, gleichzeitig aber auch Schutz. Je nachdem, was wir gerade brauchen.

<u>Wir wissen ja bereits:</u> **Alles ist mit allem verbunden.**
Nun setzen wir unsere Figur in einen der Kreise. In dem anderen sitzt das Teelicht mit unserem Thema im Gepäck. Wie fühlt sich das an?

Lass es einen Moment auf dich wirken. Du in dem einen Kreis, dein Thema in dem anderen … **Dann frage dich:** Ist es *mein* Problem oder habe ich es (von der anderen Person) übernommen? Fühle hinein … Kommst du zu dem Schluss, dass es nicht deines ist, kannst du es an den Adressaten zurückgeben. Die Trennung der zwei Kreise macht dir deutlich, dass du nicht in den Schuhen anderer Menschen gehen musst. Stelle dir in Gedanken vor, dass du das Paket, das dir nicht gehört, zurückgibst. **Wie befreit du dich nun fühlst!**
Handelt es sich um eine Frage oder um ein Problem, das *du* zu lösen hast, das deines ist, dann nimm diese Aufgabe freudig an. Bitte um eine Antwort oder um eine Lösung, um Inspiration …
Zünde nun das Teelicht an und bringe Licht und Frieden hinein in die Situation. Bitte die kleine Flamme um Hilfe und Inspiration und wisse, es ist getan. Alles andere wird sich nun fügen und ergeben, in seiner eigenen Zeit. Du hast den mentalen Boden dafür bereitet und bist den ersten Schritt gegangen. Du sitzt in der einen Hälfte, das Thema oder die Person in der anderen – und alles ist oder wird gut.

Zum Abschluss hast du die Wahl, ob beide Kreise in der Mitte verbunden bleiben sollen, oder ob du sie mit einer Schere in der Mitte trennst. Was würde sich stimmiger anfühlen? Es ist deine Wahl.

„Ich bringe Licht in mein Leben und fühle den inneren Frieden!"

13. August: Türmchen

Wir bauen im Laufe unseres Lebens viele Türmchen. Immer wenn wir etwas mit Erfolg, **Freude und Enthusiasmus** tun, stapeln wir unsere imaginären bunten Bauklötzchen zu Türmchen, damit wir und andere sie anschließend bewundern und bestaunen können. Wir sind zufrieden und blicken stolz auf das, was wir uns aufgebaut haben.

Dann gibt es jedoch, wie auch in unseren Kindertagen, die sogenannten **„Türmchen-Zerstörer"**. Sie kommen ungefragt mit ihrer Kritik, ihren Bedenken und ihrem Veto daher – und zerstören unser liebevoll aufgebautes Türmchen. Neid ist oft ihr Motiv, oder Missgunst. Ja, Neid muss man sich verdienen … Es sind die Pessimisten mit dem Haar in der Suppe und dem halb leeren Glas. Wir brauchen sie nicht. Sie wollen unsere Freude nur schmälern, weil sie selbst keine haben. Das verschafft ihnen miese Genugtuung. Schotte dich gegen sie ab und lass sie abprallen. Wenn sie sich als Freunde tarnen, kannst du sicher sein, dass sie keine sind. Auch im Kollegenkreis tauchen sie auf, und sogar in Familien. Sie reden gerne anderer Leute Glück klein.

Lass dir das nicht länger gefallen. Wahre Freunde freuen sich mit dir und bauen dich auf oder unterstützen dich, sie reißen deine Türmchen nicht nieder. Es zeigt sich das wahre Gesicht. Du erkennst es an ihren Augen. Vor allen anderen hüte dich besser.

14. August: Selbstverwirklichung

Selbstverwirklichung ist der Schlüssel zum Glück. Kreiere etwas, sodass dein innerstes Wesen Ausdruck findet und Gestalt annimmt. **Finde die Perle in deinem Innern,** dein inneres Wesen, das sich selbst verwirklichen will!

Was sind deine Träume?

Auf welchem Weg kannst du ihnen ein Stück näherkommen? Was müsste als erstes passieren? Wenn wir unsere Träume erfüllen, verwirklichen wir unser Selbst, das, was bereits in uns ist und im Außen ausgedrückt werden will. Wir haben alle Ressourcen, die es dafür braucht, mit auf diese Welt gebracht. Manchmal liegen sie noch versteckt in uns. Oder wir hatten als Kinder schon einen Blick darauf, aber die Vernunft schob im Laufe unseres Heranwachsens einen Riegel davor und ließ uns Dingen oder Tätigkeiten nachgehen, die „vernünftiger" erschienen. Die meisten von uns kennen es. Doch irgendwann reicht uns das nicht mehr. Ein nagendes Gefühl breitet sich in uns aus: **Das kann doch noch nicht alles gewesen sein!?**
Wenn du dieses Gefühl kennst, dann bist du auf einem guten Weg, die Perle in deinem Innern zu finden und zum Glänzen zu bringen. Und ich verrate dir nun, wo und wie du sie finden kannst:

Wie immer brauchen wir unsere Vorstellungskraft. Inzwischen wissen wir, dass die Weisheit, *unsere* Weisheit, im Herzen wohnt. Dort gibt es eine fünfte Kammer, winzig klein und mit bloßem Auge nicht zu sehen. In dieser Kammer wohnt dein göttlicher Funke, deine Perle, dein strahlendes, unsterbliches Ich als winziges Körnchen aus Licht. Kannst du es dir bildlich vorstellen? In diesem Fünkchen ist alles enthalten, was du für dieses Leben mitgebracht hast. Hier wohnt dein inneres Wesen. Du kannst es in Gedanken besuchen und ihm Fragen stellen. Es weiß auf alles eine Antwort, denn es ist ein Teil von dir, inmitten deines Herzens, und es kennt dich besser als jeder andere!

15. August: Kräuterweihe

Die Kräuterweihe ist ein schöner alter Brauch zu Maria Himmelfahrt. Die wichtigsten Heilkräuter werden heute zu Sträußen gebunden und gesegnet. Dadurch erhalten sie Energie sowie besondere Heilkräfte, denn eine Segnung ist letztendlich nichts anderes als eine Bereitstellung und Projektion von guten Energien auf eine Sache.
Welche Kräuter magst du ganz besonders? Das, was wir bevorzugen, ist das, was wir auch gerade brauchen. Hast du eigene Kräuter oder Beete, wo du nun ernten kannst? Du kannst dir kleine Kräutersträußchen binden, sie zum Trocknen aufhängen und ihnen gute Wünsche verleihen. Dann helfen sie dir auch in Zeiten, wo die Natur sich ausruht, und du kommst gut durch den Herbst und Winter.
Wir selbst verleihen den Dingen ihren Wert, ihre Bedeutung und ihre besonderen Kräfte, an die wir glauben!
Auch viele Blumen besitzen Heilkräfte. Manche stehen mit der Muttergottes in Verbindung, wie die Mariendistel und das Marienblümlein, auch **Gänseblümchen** genannt. Es steht für die Unvergänglichkeit, (kommt es doch nach dem Mähen rasch wieder zurück), wirkt entspannend und bringt die Freude zurück ins Leben.

Ein Rezept:
Ich pflücke vor dem Rasenmähen immer die Blütenköpfchen der Gänseblümchen in unserem Garten ab und lege sie zum Trocknen auf ein Backblech, das ich für einige Tage oben auf den Küchenschrank stelle. Dann fülle ich sie in ein Schraubglas und kann mir im Herbst und Winter einen Tee (mit Honig) für mein Immunsystem aufbrühen. Der Tee hilft gegen Husten und Rheuma und ist lecker und gesund!

„Ich gebe meinem Körper, was er braucht!"

16. August: Schlüsselerlebnisse

Schlüsselmomente, die uns bewusst machen, wo wir gerade stehen und wo wir hinwollen, sind Momente, in denen uns spontan etwas bewusst wird. Wir sehen, lesen oder hören etwas – und plötzlich macht es „pling" in unserem Kopf. Es ist wie eine **Initialzündung**, bei der wir sofort wissen: **Das ist es!** Diesen Erlebnissen sollten wir eine Bedeutung beimessen! Sie können eine Stütze sein und Orientierung bieten, Brücken bauen und Impulse geben. Man kann sie nicht erklären, sie sind einfach da. Und es geht, wie fast immer, über die Gefühle. Wir *fühlen*, dass es das ist, was wir gerade suchen oder brauchen, wonach wir uns sehnen und was uns zu unserem Glück noch gefehlt hat.

Bei mir war es einst ein Zeitungsartikel. Es ging um eine junge Frau, die gerne Geschichten erfand und von ihren Kindern ermutigt wurde, diese aufzuschreiben. Sie brachte ein E-Book über Amazon heraus. Es war die einzige Möglichkeit zu publizieren, ohne Bindung an einen Verlag und ohne im Vorfeld Geld ausgeben zu müssen, was man nicht hat. Es machte „klick" – und die Vorstellung, meine Fantasiereisen, die ich in meinen Kursen vortrug, nun als E-Book herauszubringen, ließ mich nicht mehr los. Und so fing alles an. Mit diesem **Funken, der übersprang**. Der Zeitungsartikel war **der Schlüssel** dazu. Ich hielt ihn nun in meiner Hand und machte etwas daraus.

Es gab noch viele weitere **Schlüsselerlebnisse** in meinem Leben, wie in deinem Leben bestimmt auch. **Was hast du aus ihnen gemacht?** Manchmal muss man warten, bis die Zeit reif ist. Dann müssen wir den Apfel aber auch pflücken, sonst verstreicht seine beste Zeit ungenutzt. Spätestens, wenn er vor deinen Füßen liegt: **Greif zu!**

<u>„Ich nutze voller Freude die „Schlüsselerlebnisse" meines Lebens!"</u>

17. August: Essenz

<u>Die Erkenntnisse und Weisheiten des Lebens</u>, im geschriebenen Wort auf den Punkt gebracht und als **Essenz** verewigt, nutzen sich nicht ab. Sie sprechen immer wieder neu zu uns, wo wir auch gerade im Leben stehen. Wir entwickeln uns ja beständig weiter. So verändern sie sich hin und wieder mit uns zusammen. Damit besitzen sie ihre eigene Magie; halten sie doch **wertvolle Augenblicke** für uns fest.

Letztlich ist alles eine Sache der Wahrnehmung. Jeder erfährt seine eigene Wirklichkeit und lebt die eigene Wahrheit. Hätte ich nicht so viele einschneidende Erfahrungen gemacht und durchlebt, wüsste ich nicht so viel darüber und könnte es jetzt nicht mit anderen teilen ...
<u>„Jedes Leben hat sein Maß aus Leid. Manchmal bewirkt eben dieses unser Erwachen."</u> (Buddha)

18. August: Work-Life-Balance

„Halbtags arbeiten, um ganztags zu leben." Eine Weisheit aus dem Zen-Buddhismus. Es ist etwas, das wir spätestens dann anzusteuern beginnen, wenn wir die Lebensmitte erreicht oder überschritten haben. **Es hat damit zu tun, es sich zu erlauben!** Manchmal bringt uns auch unsere Gesundheit dahin, uns damit zu befassen. Doch so lange müssen wir nicht warten. Wir können beizeiten versuchen, die Balance zwischen Arbeiten und Leben bzw. Freizeit zu (er-)finden.

Ich stelle fest, dass jüngere Leute sich heute leichter damit tun. Sie sind nicht mehr bereit, ihre wertvolle Zeit nur mit Arbeiten zu verbringen. Sie nehmen sich Auszeiten, Sabbaticals, Auslandsjahre oder -Semester oder arbeiten von vornherein nur in Teilzeit. Sie leben sparsam, besitzen nur das Nötigste, machen Camping, leben in kleinen Wohnungen, teilen sich ein Auto und andere Dinge und genießen das Leben. Sie warten nicht auf die Rentenzeit und verschieben wertvolle Dinge, die sie tun wollen, auf später.

<u>Wir können uns fragen:</u> **Ist es mir das wert?**

Was ist es dir wert, dein Leben? Dein Leben in Vollzeit? Ist die ganze Arbeit das Geld wert? Hast du dann noch Zeit und Ruhe für dich übrig? Diese Fragen muss jeder für sich beantworten. Es gibt keine falschen Antworten. Wenn du dir viel Besitz etc. leisten willst, wirst du mehr Geld verdienen müssen, als wenn du ein einfacheres Leben mit mehr freier Zeit anstrebst. Beides ist natürlich in Ordnung. Wenn du herausfindest, **ob es dir das wert ist**, hast du deine Antwort parat.
Bei mir hatte es sich mit 46 Jahren gewandelt. Vom Sicherheitsdenken mit einer Festanstellung ging ich in die Freiberuflichkeit mit freier Zeiteinteilung – und lebe seitdem sehr erfüllt, auch mit weniger Geld. Sparen kann auch großen Spaß machen, weil ich sehe, was ich mir an Freiheit und Freizeit leisten kann. Denn die ist unbezahlbar!

<u>„Ich bringe meine innere Waage des „Work-Life" in Balance!"</u>

19. August: Handgepäck

Durchs Leben reisen mit leichtem Gepäck. Heute besinnen wir uns einmal auf das Wesentliche. Wir reisen mental nur mit Handgepäck – für mehr Leichtigkeit. Packe nur das Allernötigste in deinen Handkoffer des Lebens. Das führt dich zurück zum Kern der Dinge und vereinfacht dein Leben ungemein. Durch Reduktion wird das Leben überschaubarer. Schlichtheit kann man ganz leicht genießen:
Sieh die Fülle, nicht den angeblichen Mangel!

Stelle dir nun vor, du begibst dich auf eine Reise, und alles, was du brauchst, passt ins Handgepäck. Wie leicht bist du dann unterwegs, wie sorgenfrei und leichtfüßig kommst du voran, wenn du nur ein kleines Köfferchen oder einen Rucksack trägst, der alles beinhaltet, was für dich wirklich wichtig ist – und nicht mehr als das!

Fühle diese Leichtigkeit: <u>„Das Leben ist leicht!"</u>

20. August: Baumkräfte

Die Heilkraft der Bäume ist seit alten Zeiten bekannt. In vielen Kulturen und Ländern spielen Bäume noch heute eine besondere Rolle. Die Eiche vermittelt uns Robustheit und Beständigkeit. Es gab in meinem Leben eine alte Eiche, um die ich früher stets mit meinem Großvater herumging bei unseren Spaziergängen. Sie war ein Anhaltspunkt und ein Wendepunkt zur Umkehr. Und zur Wiederkehr.
Es gibt zur Eiche auch eine schöne Geschichte aus dem Jahre 1934 von Dr. Edward Bach, die mir sehr am Herzen liegt und die ich nun mit dir teilen möchte. Sie verdeutlicht anschaulich, warum und wie die Bachblütenessenz der Eiche, Oak, auf der Seelenebene wirkt.

„Die Geschichte vom Eichbaum"

Eines Tages, es ist noch nicht lange her, lehnte sich ein Mann an einen Eichbaum in einem alten Park in Surrey (England), und er vernahm, was der Eichbaum dachte. Nun, das klingt sehr lustig, aber Bäume denken tatsächlich, weißt du, und manche Menschen können verstehen, was sie denken. Dieser alte Eichbaum – es war ein sehr alter Eichbaum – sagte zu sich selbst:

„Wie beneide ich doch die Kühe auf der Weide. Sie können umhergehen, und ich stehe hier fest. Alles um mich herum ist so schön, so wunderschön: der Sonnenschein, der Wind und der Regen; aber ich bin fest verwurzelt an meinem Platz."

Jahre gingen ins Land; da fand der Mann heraus, dass in den Blüten des Eichbaumes eine große Kraft lag: Die Kraft, viele kranke Menschen zu heilen. Also sammelte er die Blüten der Eichen und bereitete eine Medizin daraus, und viele, viele Menschen wurden geheilt und wieder gesund.

Einige Zeit später, an einem heißen Sommernachmittag, lag der Mann am Rande eines Kornfeldes und döste vor sich hin. Da hörte er einen Baum denken; denn manche Menschen können vernehmen, was Bäume denken. Der Baum sprach ganz ruhig zu sich und sagte:
„Ich werde nun nicht mehr die Kühe beneiden, die auf den Wiesen umhergehen können, weil ich in alle vier Himmelsrichtungen der Erde gehen kann und die Menschen heile, die krank sind."
Und der Mann blickte auf und siehe, es war ein Eichbaum, der dies dachte.

„Die Eiche schenkt mir Kraft, Stärke und Ausdauer. Alles wird gut!"

21. August: Lehren

Es kann uns ein Anliegen sein, andere zu lehren, was wir selbst gelernt haben. Wenn wir tun, was wir lieben, können wir auch andere Menschen inspirieren, es ebenfalls so oder so ähnlich zu machen. So wird auch ihr Leben womöglich leichter, besser und erfüllter. Andererseits kann auch jeder Mensch *unser* Lehrer sein. Es gibt immer jemanden, der etwas besser kann als unsereins. Eigentlich könnten wir alle voneinander profitieren, wenn wir nur wollten.

Was kannst du andere Menschen lehren?
Womit dienst du ihnen als Vorbild?
Worin bist du Meister*in?

Bringe die Menschen auf den Weg. Hilf ihnen und unterstütze sie nach Möglichkeit. Lehre sie, was du selbst gelernt hast. Damit gibst du deinem Leben einen (besonderen) Sinn, und du wirst dich gut dabei fühlen! Gleichzeitig überprüfst und festigst du dein Wissen und machst es anwendbar. **Wissen ist nur wahres Wissen, wenn es auch angewendet wird!** Dann verstehen wir erst wirklich, was wir gelernt haben. Trage die Fackel weiter und entfache das Feuer in anderen. Auch sie wollen sich gut fühlen. Womit kannst du sie inspirieren? Teile deine Begeisterung!

„Ich nähre das Feuer meiner Begeisterung und trage es in die Welt!"

22. August: Kreativität

Wenn wir kreativ sind, lassen wir unser Inneres nach außen treten und verleihen ihm, für alle sichtbar, Ausdruck. Kreiere und erschaffe etwas Neues, Besonderes, Einzigartiges. Gestalte etwas Eigenes, das vielleicht auch das Leben anderer Menschen verändert, bereichert oder verschönert. Welches Hobby hat dich schon immer gereizt? Was geht dir leicht von der Hand? Handwerkliches, Filzen, Azulejos gestalten, Mandalas malen, Papier schöpfen, Geschichten schreiben, Handarbeiten, Musizieren, Brandmalerei ...? Mache es einfach weil du Lust darauf hast, als Hobby oder sogar als kleinen Nebenerwerb.

Sei einfach du selbst – und lass alles andere weg!
Lass alles aus dir heraus! Das, und nur das, ist *die eine* Voraussetzung für **das Empfinden von Glück und Erfüllung im Leben**.

„Ich verleihe meiner Kreativität Ausdruck!"

23. August: Prioritäten

Das Strukturieren und Setzen von Prioritäten erleichtert uns den Tagesablauf enorm. „Aufschieberitis" indes, und mag sie noch so verlockend sein, bringt uns auf Dauer nicht weiter. Wenn wir unsere „To-do's" erledigt und abgehakt haben, fühlen wir uns anschließend wesentlich besser, als wenn wir sie bis zum Äußersten vor uns herschieben. Sonst bekommen wir den Kopf niemals frei für die Dinge, die wir gerne tun und die uns Freude bereiten, weil im Hinterkopf immer noch die unerledigten Dinge herumspuken und uns (unbewusst) belasten. Wir fühlen uns innerlich „unfrei".

Es fühlt sich hingegen unglaublich gut an, wenn wir die wichtigen Dinge zuerst erledigen und sie dann fertig sind, bevor wir uns in tausend Kleinigkeiten verlieren und uns in ihnen verzetteln. Oft hilft es, bereits am Vortag einen verbindlichen Plan für den nächsten Tag im Kopf zu haben, an den wir uns dann halten. Oder wir machen direkt einen Wochen- oder einen Monatsplan.

Ich habe die Erfahrung gemacht, wenn ich mich an meinen Plan für die Woche halte, heruntergebrochen auf 5 oder 6 Arbeitstage, und mich nicht ablenken lasse, bin ich fast immer schneller damit durch, als errechnet. Das schafft mir Raum für neue Möglichkeiten – oder für unverhoffte Freizeiten! Wichtig ist lediglich das **ANFANGEN.** Der Rest kommt dann schon ans Laufen. **Womit fängst *du* heute an?**

„Freudig erledige ich mein Tagwerk und fühle mich befreit!"

24. August: Flow

Im FLOW zu sein ist im Grunde eine Form der Trance, der Meditation. Sogar unsere Arbeit kann zur Meditation werden. Wenn wir uns in etwas versenken, dann ist es **Meditation**. Alle künstlerisch tätigen Menschen kennen das: Maler*innen, Schriftsteller*innen, Tänzer*innen, Musiker*innen, Bildhauer*innen usw. Dann entwickeln sich die Dinge fast von selbst, sie entstehen einfach, ohne große Mühe. Das jeweilige Thema fließt durch uns hindurch und schafft sich eine Bühne. Oft erinnern wir uns im Anschluss gar nicht, wie alles entstand.

Wir sind **im Flow, im Fluss, im Strom des Lebens**, wenn wir uns in der Sache, die wir tun, beinahe verlieren, uns darin auflösen und scheinbar verschwinden, zur Sache selbst werden, sodass die Grenzen verschwimmen – das ist es! Das Leben trägt uns, wenn wir im Fluss sind. Wir sind zur rechten Zeit am rechten Ort und tun genau das Richtige. Es geht uns leicht von der Hand. Die Gedanken, Raum und Zeit hören auf zu sein. Oder die Zeit verfliegt nur so.

Bei welchen Tätigkeiten befindest du dich im Fluss? Wenn du Kinder hast oder mit Kindern arbeitest, wirst du erkennen, dass sie sich oft wie in Trance befinden während des Spielens, Bastelns oder Malens. Teenager können sich in Büchern und Geschichten oder in Filmen verlieren. Sie sind dann nicht mehr ansprechbar. Unsere Tochter sagte immer, sie sei in ihrem „**Paralleluniversum**". Mein Flow ist beim Schreiben, aber auch beim Lesen, Malen und Gitarre Spielen präsent. Ich werde ein Teil davon.

Wie fühlst du dich im Anschluss, nachdem du im Strom des Lebens mitgeschwommen bist? Ist es nicht großartig?!

„Der Fluss des Lebens trägt mich durch Raum und Zeit!"

25. August: Zeitschmelze

Wenn die Zeit schmilzt: Der berühmte katalanische Künstler Salvador Dalí hat es bildlich für uns festgehalten. „**Die schmelzenden Uhren**" symbolisieren die zerrinnende Zeit. Eine weitere Aussage dieses Bildes ist: „**Die Beständigkeit der Erinnerung**". Im Laufe seines Lebens, und im Laufe der Zeit, stellte er laut seiner Biografie fest, dass die Zeit zerrann und manche Erinnerungen allmählich zu verblassen oder sich zu verändern schienen. **Was ist Wirklichkeit, und was ist Illusion?** Selbst die Zeit, wie wir sie kennen, ist eine Illusion ...

Was ist Zeit? Ist sie endlich? Oder unendlich? Sie kann sich ausdehnen oder schrumpfen, wie ein Gummiband zwischen den Fingern. Schöne Zeiten scheinen zu verfliegen, weniger schöne hingegen ziehen sich endlos hin. Zeit ist subjektiv. Manchmal spielt sie keine Rolle, ein anderes Mal ist sie kostbar oder sogar selten, oder sie ist vorbei. Wo ist sie also zu finden? Hast du dir je Gedanken über die Zeit gemacht? Von Zeit zu Zeit schadet das nicht. Worauf es ankommt ist in meinen Augen, sie nicht zu verschwenden.

Achtsamkeit und Bewusstheit helfen uns dabei. Schöne Zeiten tragen wir im Herzen. Sie können nicht verlorengehen. Andere Zeiten sind gut, wenn sie überstanden sind. Zeit geht vorbei. Die Kunst besteht darin, die guten Zeiten voll auszukosten und die inneren Bilder in Erinnerung zu behalten. Oder sie, wie Dalí, zu verewigen und der Nachwelt zu hinterlassen. Manches überdauert die Zeit.: Musik oder literarische Werke und alle Kunst, die auf Dauer angelegt wurde.

„Alles geschieht zu seiner Zeit. Ich genieße sie ganz bewusst!"

26. August: Abschied

Manchmal ist die Zeit um. Dann müssen wir von etwas oder jemandem Abschied nehmen. Mal fällt es uns leichter, manchmal schwerer, je nachdem. Leichter wird es, wenn wir uns darauf einstellen können. Dann haben wir auch Zeit, uns auf das Neue, was danach kommt, einzustellen. **Jedem Abschied wohnt ein Neuanfang inne**, ein Neubeginn. Etwas Altes endet, damit Neues entstehen kann.
Ab morgen wird alles anders sein. Morgen ist der Tag. Das Buch des Lebens ist geschrieben. Alles hat seine Zeit. Bewusstes Abschiednehmen hilft beim Loslassen. Es ist ein Prozess und gehört zum Leben. Es zu leugnen, hilft nicht. **Es gibt jedoch auch schöne Abschiede.** Wenn wir freudvoll in neue Abenteuer aufbrechen, weil wir umziehen, eine Weile fortgehen, eine neue Arbeit aufnehmen usw.
Abschiede müssen nicht immer traurig sein. Sind sie es doch, weil jemand zurückbleibt, so will dieses Gefühl wahrgenommen und angenommen werden. Nur dann können wir es allmählich integrieren und auflösen. Es ist schön, sich Hilfe zu holen, wenn wir sie brauchen. Auf mehrere Schultern verteilt, wird die Last leichter. Vielleicht sei diese Gewissheit in Zeiten des Abschieds ein Trost auch für dich: Herzen können nicht gebrochen werden. Sie werden weich geknetet ...

„Jeder Abschied ist immer auch der Beginn einer neuen Zeit!"

27. August: Trauer

Ein neuer Betrachtungswinkel: **Trauer ist ein heilsames Gefühl.** Sie ist ein Heilungsprozess, der uns am Ende, wenn wir sie geschehen ließen und einmal durch sie hindurchgegangen sind, Trost und Linderung bringt. Das zeigt die Erfahrung, wenn man es einmal erlebt hat. Traurigkeit ist eine Energie, die wir aktivieren, um einen Verlust zu verarbeiten und schließlich über ihn hinwegzukommen. Sie ist ein Zeichen unserer Liebe. Wenn wir die Trauer annehmen und freisetzen, befreien wir gleichzeitig auch die Energie, die bis dahin im Schmerz gebunden war. Das ist wichtig für die Verarbeitung.
Bei der Trauerarbeit wollen wir **die Liebe ehren, die ewig währt,** nicht den Schmerz und das Leiden. Wir können uns auf den Frieden freuen, der nach dem Schmerz kommt. Dann beginnt die Heilung des Herzens. Auch der Verlust heilt schließlich. Aber die Liebe, die bleibt. Die Materie verwandelt sich in Geistiges, wenn jemand die Erde verlässt. **Die Energie wandelt sich lediglich, sie verschwindet nicht.** Im Geiste sind alle Lieben, die vor uns gingen, noch bei uns. Mir ist das in vielen Fällen **eine schöne Gewissheit und ein Seelentrost.**

Mit dieser Übung können wir unserer Seele Gutes tun. Lies sie dir zunächst durch, damit du sie anschließend mit geschlossenen Augen genießen kannst:

<u>Die Heilkraft der guten Fee:</u>

Eine gute Fee kommt nun zu dir. Sie wird dir helfen, deine Aura, das Energiefeld, das deinen Körper umgibt, von allen Emotionen, die dich gerade belasten, zu reinigen, während du mit geschlossenen Augen liegst und bewusst atmest: Stelle dir vor, wie sie mit sanften Fingern dunkle Flecken aus deinem Lichtkörperfeld zieht, damit dein Seelenkleid wieder leuchtend hell strahlen kann. Lass ihr Zeit dazu ...
Negativität sowie Gedankenformen von Angst und Traurigkeit werden nun sanft und liebevoll gelöst. Schmerzhafte Erinnerungen werden aus deinem Energiefeld entfernt – und deine Seele heilt ...
Die Fee hat einen Balsam dabei, den sie nun in dein geklärtes Energiefeld einarbeitet. Es ist **Seelenbalsam**, der rasch Linderung bringt. Du kannst es bereits fühlen ...
Bleibe in diesem Gefühl, so lange es dir guttut ...

Manchmal können wir Feen auch in der Natur wahrnehmen, mit den inneren Augen und den äußeren Augen, mit weichem Blick. Es ist die Kraft der Imagination: Es ist wahr, was wir für wahr halten, was wir glauben. Die Grenzen, so es denn welche gibt, sind fließend. Die Elementarwelt ist in das Unbewusste der Menschen hinab gesunken. Bis wir erwachsen sind, haben wir sie größtenteils vergessen. Unsere Kinder aber erinnern sich noch. Wir können das auch! So können wir wieder in das Reich der Magie eintauchen. Letztlich ist alles eine Sache der Wahrnehmung ... **Hauptsache ist doch, es hilft dir!**

Ich kann auch meinen Engel oder Schutzengel „anrufen" und etwas von meiner Last nach oben abgeben, ihn um Hilfe und Trost bitten. Ebenso den Engel einer Person, um die es geht, oder den eines Tieres. Zusätzlich gibt es auch den alten und bewährten Brauch, die Erzengel zu rufen:

Michael, um uns in Zeiten der Angst mutiger und sicherer zu fühlen.
Raphael, der Engel der Heilung, hilft uns, unseren Körper zu heilen.
Ariel ist für unsere seelische und psychische Heilung zuständig.

Natürlich können auch alle anderen Schutzpatrone aktiviert werden. Allein der Gedanke an sie kann schon helfen. **Mutter Maria** und ihr Sohn beispielsweise haben immer ein offenes Ohr für uns.

<u>„Meine Seele ist heil, für immer heil!"</u>

28. August: Wandel

Wie Phönix aus der Asche kommen: Wenn sich in meinem Leben Dinge oder Situationen ändern, dann muss ich mein Schiffchen eben um die Klippen herum steuern. Ich werde mich anpassen müssen, sonst geht es nicht weiter. Also schauen, woher der Wind weht, und die Segel neu setzen. Der Strom des Lebens fließt stets um die Hindernisse herum und findet seinen Weg. Wasser sucht sich seinen Weg. Das Leben selbst führt uns, wenn wir es zulassen.

Es gibt nichts Beständigeres als den Wandel. Alles fließt. Nichts bleibt, wie es ist. Das hat aber auch einen klaren Vorteil, denn auch schwierige Zeiten gehen vorbei! Ein augenscheinlicher Verlust macht automatisch Platz für etwas Neues in unserem Leben. Im Nachhinein erweist er sich oft sogar als Segen. Schauen wir nach vorne und konzentrieren wir uns dankbar und zufrieden auf das, was wir haben. Dann gehen wir leichter durchs Leben. **Sprich dich frei:**

Freisprechung: (Quelle leider unbekannt)
Ich bin heile, ewige Seele in einem wunderbaren Körper. Ich danke für die Gelegenheiten und Herausforderungen der Liebe, des Wachsens und der Reifung und für das darin verborgene Geschenk. Ich bitte um Hilfe, Kraft und göttliche Führung. Alles, was in meiner Seele noch unerlöst ist, ist jetzt unwirksam und für alle Zeiten gelöscht.
Ich verzeihe mir selbst allen Schmerz, den ich auf meine Seele greifen ließ und bitte um Verzeihung für den Schmerz, den ich anderen Seelen zugefügt habe. Ich verzeihe all jenen, die meiner Seele Schmerz zugefügt haben. Alles, was mir nicht mehr dient, darf sich jetzt erlösen, befreien und erlöschen. Ich bin frei, ich bin frei, ich bin ewig frei!

„ICH BIN! Egal, was im Außen passiert!"

29. August: Weiterentwicklung

Weiterentwicklung bedeutet: Wir hören nie auf zu lernen, wenn wir es denn wollen. Wie das Wort Entwicklung schon sagt, **„ent-wickeln"** wir etwas: wir wickeln etwas aus, und zwar etwas, das bereits in uns steckt!
Wir können eigentlich keine Fehler machen. Genau genommen gibt es gar keine Fehler, nur Erfahrungen und Lernfelder. Ein Fehler ist es erst dann, wenn wir etwas wider besseres Wissens noch einmal machen. Obwohl wir bereits feststellten, dass uns das nicht weiterbringen wird. Doch auch das gehört dazu. Umwege lassen uns lernen.

Das, was wir „ent-wickeln", ist der Diamant in unserem Inneren!

Wir kommen mit einem Rohdiamanten auf die Welt. Mit jeder Erfahrung, die wir machen, bekommt er einen besseren Schliff. Wenn wir ihn hin und wieder polieren, indem wir unserer Seele Gutes tun, beginnt er zu funkeln und zu glänzen. In jedem Menschen steckt dieser Diamant. Er entwickelt sich mit uns, mit jeder Lernaufgabe, die wir meistern.
Bei dem einen ist er größer, beim anderen kleiner, mal ist er heller und mal trüber, ganz individuell. Mal strahlt er förmlich nach außen, woanders versteckt er sich scheinbar im Inneren. Alles entwickelt sich so, wie wir es zulassen. Jeder Mensch geht seinen eigenen Weg. Jeder darf für sich entscheiden, was er zulässt und was er ablehnt.

Wie schaut *dein* Diamant im Moment aus? Welche Farbe hat er? Glänzt er? Kümmere dich um ihn, hege und pflege ihn. Er gehört dir allein! Bringe ihn zum Strahlen und lass das Beste in dir zum Vorschein kommen und sich „ent-wickeln".

<u>„Ich wickle meinen inneren Diamanten aus und lasse ihn strahlen!"</u>

30. August: Brücken

Hin und wieder ist es in unserem Leben an der Zeit, Brücken zu bauen, um einfacher von A nach B zu kommen. Brücken sind Hilfsmittel, die es uns leichter machen, an einem bestimmten Punkt anzukommen oder einen anderen Bereich, der nicht mehr zu uns passt, zu verlassen. Wenn wir eine Brücke zur nächsten Station unseres Lebens schlagen, kommen wir einfacher ans Ziel.
Vieles kann uns als Brücke dienen. Gute Freunde können das, die Familie, gute Bücher, Ratgeber, Lehrer und Therapeuten, einfach alle Menschen mit Lebenserfahrung. Manchmal dienen uns auch Tiere als Brücke, um uns z. B. wieder für Nähe oder für die Liebe zu öffnen.

Jedoch liegt die Verantwortung immer allein bei uns. Wir können zwar andere nach dem Weg fragen, müssen aber schließlich unsere eigenen Brücken finden, die zu uns passen, und irgendwann selbstständig darüber gehen. Ich selbst bin im Leben schon über viele Brücken gegangen. Sie bringen uns weiter und man kann die Aussicht genießen. Wir sehen, was hinter uns, und was vor uns liegt. Darauf dürfen wir uns freuen. Jede Brücke ist auch immer eine neue Chance.

<u>„Jede Brücke bringt mich voran auf dem Spielfeld des Lebens!"</u>

31. August: Hoffnung

Unsere Hoffnung nährt sich aus der Überzeugung, dass alles, was uns im Leben widerfährt, einen Sinn hat. Das ist das Licht am Ende des Tunnels. Jedes Ende ist immer auch ein neuer Anfang. Und plötzlich ist auch wieder eine Brücke da, über die wir gehen können. Hoffnung und Optimismus gehen Hand in Hand voran.

<u>Bedenke:</u>

„Wer die Zukunft mit Furcht erwartet, impft sie mit Schrecken."

Gehe also hinein ins **Vertrauen**. Wenn du an sie glaubst, kann deine **Hoffnung** sich erfüllen, wenn dies in deinem Lebensplan so vorgesehen ist. Oft geschieht jedoch auch etwas Anderes, meist sogar etwas Besseres. Sei offen für alles, was kommt. Und im Anschluss erkennen wir dann, dass es genau richtig war so.

Sei voller Zuversicht für das Gute, das bereits auf dich wartet, auch wenn du es noch nicht sehen kannst, und gib die Hoffnung niemals auf.

**Positive Gedanken machen nicht nur das Denken,
sondern auch das Leben leichter!**

Wenn wir vor einem Tunnel stehen, können wir nicht hindurchsehen, wenn er etwas länger ist. Doch gehen wir hindurch, stehen wir irgendwann wieder im Licht und haben klare Sicht. Jeder Tunnel endet irgendwann. Der Weg hat sich gelohnt. Die Hoffnung trägt dich derweil. Sie nimmt dich an die Hand und geht mit dir gemeinsam durchs Leben. Und manchmal trägt sie dich auch ein Stück auf ihren Schultern, wenn deine Beine und Füße zu müde sind. In solchen Momenten siehst du nur *eine* Fußspur auf dem Weg ...

<u>„Hoffnungsvoll blicke ich nach vorn und bleibe frohen Mutes!"</u>

**„Die größten Menschen sind jene,
die anderen Hoffnung geben können."**
(Jean Jaurès)

SEPTEMBER: Zeit der Alternativen

Diesen Monat widmen wir uns den zahlreichen **Alternativen**, die das Leben uns bietet. Wir können die **Perspektive** und den **Blickwinkel** verändern, und schon entdecken wir Dinge, die wir vorher übersehen hatten, warum auch immer. Wir schärfen unseren Blick und gucken mit Adleraugen auf **neue Möglichkeiten**.

Wir bekommen einen Überblick sowie einen erweiterten Ausblick auf neue Horizonte, die wir uns selbst erschließen auf der Reise durch das Abenteuer, das wir Leben nennen. Dabei vergessen wir nicht, die Muße in unser Leben einzuladen und sie voll auszukosten, um unsere Lebensqualität beständig zu mehren und fest zu verankern.

Das **Ruhebild** zu diesem Monat:

Möwen am Himmel:

Möwen gibt es nicht nur am Meer, auch an anderen Gewässern sind sie zu Hause. In Köln wohnen sie am Rhein. Sie sind sehr gesellig und kleiner als die Seemöwen und fliegen hoch durch die Lüfte. Dabei scheinen sie dem Leben mit ihren typischen Lauten entgegenzulachen, so als wollten sie uns sagen: „**Nimm das Leben leicht!** Es gibt immer eine Alternative! Schau auf uns!"

Stelle dir nun vor, dass du bequem sitzt oder liegst und deinen Blick auf einen strahlend blauen Himmel richtest. Über dir segeln die Möwen. Ihre weißen Bäuche leuchten am Himmel. Die Flügelspitzen verlaufen von Hellgrau bis in dunkleres Grau, die Schnäbel sind rot.

Die Möwen ziehen ihre Kreise, mal höher und mal tiefer. Dabei rufen und lachen sie in ihrer eigenen Sprache. Kannst du es in deinen Gedanken hören? Du verbindest dieses Geräusch mit Freiheit und Weite und lauschst ihrer Botschaft an dich ...

Schließe deine Augen und sieh alles ganz genau vor dir ...

Vielleicht möchtest du in deinen Gedanken mit ihnen fliegen. Alles ist möglich im Monat der Alternativen ...

Leicht und frei wie eine Möwe zu sein, das ist dein Gefühl des Monats!

1. September: Zuversicht

Zuversicht und Optimismus sind Geschwister. Sie gehören zusammen. Alles befindet sich ständig im Wechsel und im Wandel. Doch die Zuversicht lässt uns nicht untergehen. Sie trägt uns durch die Wirren der Zeit. Auf Dunkelheit folgt Licht. Immer. Das weiß die weise Zuversicht. In welchen Momenten hat sie dir bereits geholfen? Es hilft, sich solcher Momente zu erinnern. Daraus können wir auch für die Gegenwart und die Zukunft Mut und Zuversicht schöpfen, dass alles gut sei. **Der lange (schlechte) Traum vom Unglück ist endlich vorbei!**

Das Geschenk eines neuen Tages können wir bewusst feiern und genießen. **Gestalte dir heute einen Sonnentag**, unabhängig vom Wetter. Dann scheint die Sonne eben in deiner Seele. **Der Tag gehört dir!** Mit frischem Mut und neuer Zuversicht starten wir in den neuen Monat. Alles liegt noch vor uns, alle Möglichkeiten und alles Schöne, das auf uns wartet und das es für uns zu entdecken gilt.
Heute blicken wir nach vorn, nur nach vorn. Sei zuversichtlich, dass deine Wünsche und Träume in Erfüllung gehen! Pessimismus ist ein Luxus, den ich mir nicht länger leisten kann und will! Lieber bin ich glücklich und froh und beschwöre dieses Gefühl nun herauf. Ich weiß:

„Alles Gute strömt JETZT zu mir!"

2. September: Lesen

Wir können Glück und Begeisterung auch beim Lesen finden. Lesen ist Magie, und **Bücher sind ein wahrer Schatz**. Wenn wir lesen, spielt unser eigenes Leben stets mit in die Geschichten hinein. Wir erkennen uns darin wieder. Die Geschichten sprechen zu uns und können ein neues Licht auf unser Leben werfen. Wir spiegeln uns in ihnen. Wenn wir lesen, öffnet sich für uns eine neue, andere Welt. Wir können jeden Tag etwas Gutes lesen, das Seele und Geist nährt und den Horizont erweitert. Und seien es nur einige wenige Zeilen.
Mir jeden Tag etwas Zeit und Muße zum Lesen zu nehmen, ist eine meiner liebsten Beschäftigungen, auf die ich mich täglich freue. Sonst fehlt mir etwas und es ist wie ein verlorener Tag. Jede Wartezeit nutze ich beispielsweise dafür. So habe ich nie das Gefühl, wirklich gewartet zu haben. Bücher sind heilsam, denn **Studien besagen, dass Menschen, die regelmäßig lesen, glücklicher sind als Nichtleser!** Schreiben und Lesen sind somit wahre Heilmittel für die Seele.

„Ich lese gute Bücher, die meinen Geist und meine Seele nähren!"

3. September: Abenteuer

Mach mal etwas, das neu für dich ist! Besuche eine fremde Stadt oder mache etwas ganz anders als sonst. Reise mit dem Zug, statt mit dem Auto oder per Flugzeug. Der Weg ist manchmal auch das Ziel. Wenn wir langsam ankommen, hat unsere Seele Zeit, mit uns zu reisen. Wir können uns allmählich anpassen. Sich auf ein Abenteuer einzulassen, erweitert den Horizont beträchtlich.
Wenn wir bewusst scheinbare „Unannehmlichkeiten" auf uns nehmen, können wir viel erleben. Individuell gestaltete Reisen oder Ausflüge, bei denen wir alles selbst organisieren müssen, haben den Geschmack und Geruch des Besonderen. Ein Hauch von Abenteuer liegt in der Luft. Mit wahrer Begeisterung können wir uns in das Erlebnis, das vor uns liegt, hineinzustürzen und sehen, was es zu erleben gibt. Das Leben bekommt eine neue Würze, wenn wir die alten, ausgetretenen Pfade verlassen und einmal alles anders machen als sonst.

Mein Mann und ich gewöhnten uns vor Jahren an, mit dem Auto nach Frankreich und Spanien zu fahren, anstatt zu fliegen. Der Vorteil liegt klar auf der Hand: Man erlebt den ganzen Weg! Wir sehen viel von der Umgebung und können anhalten und pausieren sowie übernachten, wo wir wollen. Jeden Tag aufs Neue zu überlegen, wie weit wir fahren wollen und wo wir nächtigen werden, und nicht genau zu wissen, was kommt, ist herrlich! Dann können wir alles auskosten, was uns begegnet. Wenn uns etwas nicht so gut gefällt, fahren wir einfach weiter. **Wir lassen uns treiben, wohin der Wind uns weht!**

Wenn wir nur wenige Tage Urlaub haben, fahren wir mit dem Zug oder mit dem Fernbus. Auch hier erleben wir die ganze Landschaft entspannt vom Fenster aus und kommen erholt und stressfrei an. Wir haben Zeit und Muße, das neue Abenteuer direkt zu genießen.

<u>„Ich breche auf zu neuen, ungeahnten Abenteuern!"</u>

4. September: Finden

Vom Suchen zum Finden – und von der Erkenntnis zur Erfahrung! Man muss die Erkenntnisse selbst erfahren und umsetzen, sonst sind es nur Worte. Ich verlagere meinen Fokus auf das **Finden** neuer Möglichkeiten. Ich gehe einfach davon aus, dass mir die Sachen begegnen, die ich gerade brauche, dass ich Hinweise und Tipps bekomme, mir Dinge ins Auge fallen, die nun für mich von Belang sind. Ich schärfe meinen Blick und vertraue auf das große Ganze.

Das ist der Luxus der **Zufriedenheit**. Ich freue mich über die Dinge, die ich tun kann und klage nicht über Sachen, die gerade nicht oder nicht mehr gehen. Ich kann auch EINFACH zufrieden und glücklich sein mit dem, was ich habe, und ein einfaches und zufriedenes Leben führen, die Dinge genießen und mich damit begnügen, was das Leben gerade bietet. <u>Zum Beispiel erinnere ich mich an:</u>

Balkon-Office im Dezember, an einem sonnigen Mittag. Gerade, wenn man mit etwas nicht rechnet, ist man umso erstaunter und erfreuter, wenn einem schöne Momente geschenkt werden: ein unerwartet milder und sonniger Tag kurz vor Weihnachten, um noch einmal Körper und Seele mit Licht und Wärme aufzutanken. Sonnenstunden und eine Tasse Tee, dabei ganz entspannt ein bisschen arbeiten und Notizen machen für zukünftige Projekte im nächsten Jahr:
So einfach ist die kleine Freude!

Wenn wir EINFACH leben wollen, reicht es schon, wenn wir uns ehrlich fragen, wie viel wir zum Glücklichsein tatsächlich brauchen – jetzt, in diesem Moment. Die Farben der Natur, den Sonnenschein, das Licht ... Wir können auch einfach LEBEN und das Herz öffnen für die kleinen Dinge – die großen kommen dann ganz von selbst. Wenn dir gute Gedanken kommen, dann notiere sie, um ihnen nachzugehen, wenn du dir deine tägliche kleine Pause der Besinnung gönnst. <u>Also:</u>
Was brauchst du wirklich im Leben?

Das Bewusstsein zu genießen, genug zu haben, führt zum inneren Glück, wenn wir wieder lernen, uns an Kleinigkeiten zu erfreuen und die Welt der kleinen Dinge und Freuden erneut zu schätzen lernen. Lass einmal alles los, alle Vorstellungen und Erwartungen – und lass dich dann auf die Fülle des Lebens ein, die du schon hast. Du hast lange gesucht. **Nun lerne zu finden!** Es liegt alles in dir. Es ist alles bereits da und will nur von dir entdeckt werden. Gehe deinen (neuen) Weg mit ganzem Herzen. So werden Körper, Geist und Seele vereint. Trage darum stets Liebe in deinem Herzen. Wenn wir die Liebe selbst leben und anderen vorleben, vermehrt sie sich. Das Materielle, der Luxus, ist unwichtig, wenn ich Liebe im Herzen trage ...
Die Kunst ist, in MIR zu finden, was ich sonst immer im Außen gesucht habe! So kehrt die Lebensfreude zurück zu mir. Meine Wirklichkeit erschaffe ich mir selbst. Es ist wichtig, dass ich MEIN Leben lebe, meine wahre Natur, und meinem eigenen Weg folge, es mir selbst recht mache. Dazu gehört auch, dass ich meine Anlagen und Talente, meine spezifischen Fähigkeiten und Fertigkeiten nutze und in mein Leben integriere. Ich finde sie allesamt *in mir*.

<u>„Meine Suche hat ein Ende. Nun beginne ich zu FINDEN!"</u>

5. September: Ehe & Partnerschaft

Sie will gehegt und gepflegt werden, damit sie lange währt. Wie ein Baum oder eine Pflanze. Wenn wir etwas pflanzen und anschließend gießen, kann es kurze Zeit später beginnen, Wurzeln zu bilden. Mit der Zeit wächst unser Pflänzchen heran, wenn wir es gut versorgen und ihm geben, was es braucht, um wachsen und gedeihen zu können und sich zu festigen. Licht und Liebe sind der beste Dünger.
Bei einer festen Beziehung ist es genauso. Ein Wechsel aus Nähe und Distanz ist essenziell, damit sie sich entwickeln kann. Aus einem **Du** und **Ich** wird ein **Wir**. Das bedeutet nicht, dass wir etwas aufgeben. Wir bekommen stattdessen etwas hinzu. Wir erweitern uns. Auch wenn wir nur zu zweit bleiben. Eine Partnerschaft ist wie ein weiteres Wesen, das genährt werden möchte, damit es sich gut fühlt.

Das Wesen der Partnerschaft. Es liegt an uns, gut dafür zu sorgen. Offenheit und Ehrlichkeit sind ein gutes Rezept. Rücksicht und Toleranz ein weiteres. Eine Prise Zuversicht und ein Stückchen Humor, einen Schluck Geduld und einen Löffel Nachsicht zusammen mit einem Becher voll Gemeinsamkeiten und einer Tüte voller Glücksgefühle durch gemeinsam erlebte schöne Momente, sind wichtige Bestandteile fürs Gelingen. Und alles umhüllt von einem Mantel aufrichtiger Liebe und dekoriert mit einem Kuss als Sahnehäubchen.

„Das Rezept für eine gute Ehe: Das Wesen der Partnerschaft nähren!"

6. September: Wahrhaftigkeit

Sei ehrlich und echt, bei allem, was du denkst, tust und sagst. Lass dich von nichts und niemandem davon abbringen. Dann stehe dazu. Bleibe ganz bei dir. Wahrhaftigkeit ist ein wichtiger Grundpfeiler. Auf ihr können wir unser Gerüst des Lebens aufbauen, damit es tragfähig ist. Mein Konfirmations-Spruch aus der Bibel lautete einst:

„Liebet nicht mit Worten, noch mit der Zunge, sondern mit der Tat und mit der Wahrheit."

Intuitiv ausgewählt, als ich 14 Jahre alt war – und tatsächlich ist es ein Leitspruch meines Lebens geworden, oder vielmehr immer gewesen. Ihn zu beherzigen fällt leicht. Wenn wir wahrhaftig sind, strahlen wir das nach Außen aus und ziehe andere Menschen an, die ebenfalls so sind. Wir ergänzen uns auf wunderbare Weise. Den Rest können wir getrost abhaken. **Wo und wann bist du wahrhaftig?**

7. September: Horizonterweiterung

Den geistigen Horizont zu erweitern, bedeutet neben dem Nähren des Geistes auch, dass wir das Denken erweitern. Wir erweitern es, wenn wir zulassen, dass es stets mehrere Meinungen gibt:

**Das Gegenteil von dem, was ich glaube,
kann ebenfalls wahr sein!**

Das gilt nicht nur für uns, sondern auch für alle anderen. Jeder glaubt an seine eigene Wahrheit. Die Kunst besteht darin, die Meinung anderer ebenfalls stehenzulassen, auch wenn sie konträr zu unserer ist. Wir alle haben einen unterschiedlichen Blickwinkel auf das Leben und seine Umstände sowie einen unterschiedlichen Entwicklungsstand. Das, was ich früher nicht geglaubt habe, habe ich heute vielleicht eingesehen. Andersherum ist das, was ich ehemals für die einzige Wahrheit hielt, heute möglicherweise überholt.

Wir Menschen verändern uns im Laufe unseres Lebens. Unsere Weltanschauung tut dies auch. Wenn wir jung sind, stehen wir in der Ebene und blicken auf einen Berg. Dies ist unser Berg des Lebens mit all seinen Herausforderungen, aber auch mit schönen Ausblicken und Rastplätzen zum beschaulichen Verweilen und Genießen. Wenn wir älter und reifer werden, haben wir in der Regel einen besseren Überblick und sehen die Dinge klarer, lassen uns nicht so leicht täuschen. Wir kommen dem Horizont jedes Jahr ein Stückchen näher, und unser geistiger Horizont erweitert sich beständig.

„Ich fördere die Weite des Geistes und erweitere meinen Horizont!"

8. September: Genuss

Heute ist ein **Marientag**, anlässlich ihres Geburtstages. Nimm es zum Anlass, heute etwas ganz Besonderes zu genießen, was immer es sei. **Gönne dir etwas!** Lebe wie Gott in Frankreich! Es beginnt bereits mit der richtigen Einstellung. Wenn wir schöne und positive Erlebnisse haben, fällt es uns leicht, diese Momente bewusst zu erleben und uns an ihnen zu erfreuen. Was aber ist mit unserem Alltag? Wo bleibt hier der Genuss? Die Idee ist, uns täglich diese kleinen **Genuss-Momente** zu verschaffen. Wenn wir sie fest in unsere Tagesplanung integrieren, können wir bereits die Vorfreude genießen! Auch hier fällt uns das Planen und Umsetzen dieser schönen neuen Gewohnheit leichter, wenn wir ein tägliches Ritual daraus gestalten.

Was ist für dich ein Genuss-Moment? Was liebst du besonders?

Wenn es deinem Körper und der Seele guttut, dann behalte es bei. Ist es eine eher ungesunde Angewohnheit, hast du jederzeit die Möglichkeit, eine ungesunde gegen eine gute Gewohnheit zu tauschen!

„Ich genieße den Moment!"

9. September: Muße

Muße ist entspanntes Nichtstun mit der Möglichkeit, zu mir selbst zu kommen. Muße ist eine innere Haltung. Ich muss sie mir gestatten. Ihre zeitliche Dauer ist nebensächlich. In dieser Zeit muss ich nichts erreichen. Wenn ich möchte, kann ich musizieren, bummeln, spazieren gehen oder wandern, wozu auch immer ich Lust habe. Es muss zu keinem Ergebnis führen. Das ist der Unterschied.

Den Tag müßig verbummeln und „den lieben Gott einen guten Mann sein lassen". Müßiggang bedeutet Anhalten und Innehalten, eine längere Pause machen. Wenn wir uns Zeit zur Besinnung einräumen, kann Raum entstehen für Neues, muss es aber nicht. Wir dürfen auch einfach einmal nichts tun und uns darauf besinnen, dass auch das wichtig ist für unsere Ruhe, unsere Erholung und Regeneration: es ist **eine Besinnung, um heiter und gelassen zu werden.**

Wir können durch den ganzen Tag streifen wie eine Katze, uns treiben lassen und tun und lassen, was wir wollen. Katzen tun auch nichts, was sie nicht wollen. Sie haben ihren eigenen Kopf. Auch ein halber Tag reicht schon. Und selbst, wenn es nur ein Stündchen ist:

„Muße macht (den Geist) frei!"

10. September: Reisen

Mit dem Zug oder mit dem Auto hat die Seele Zeit, mitzukommen. Wir hängen sie unterwegs nicht versehentlich ab. So haben wir Zeit, uns auf das Neue einzustellen oder, wenn wir auf der Heimreise sind, ganz langsam wieder zurückzukehren. Das macht es uns leichter und stresst daher weniger. Die Umstellung erfolgt nach und nach. Das ist der Unterschied zum „Urlaub". Eine Reise erfolgt in unterschiedlichen Etappen an verschiedenen Stationen, mit kleinen und größeren Pausen und Zwischenstopps, je nach Bedarf, nach Lust und Laune.

Einen Urlaub hingegen verbringen wir meist an einem bestimmten Ort, den wir direkt ansteuern, „um keine Zeit zu verlieren". Aber wir verlieren die Zeit nicht, wenn wir uns langsam auf sie einstellen und auf dem Weg alles mitnehmen, was uns an Interessantem begegnet. Daher hat das Reisen eine ganz andere Energie als das „Urlauben". Es geht tiefer und wirkt nachhaltiger. Wir erinnern uns noch nach Jahrzehnten an die Reisen, die wir machten. Die Erlebnisse prägen sich tiefer ein, da wir währenddessen wirklich „da" sind.

Wo geht deine nächste Reise hin? Du kannst deine Gedanken schon mal losschicken. Allein die Planung ist die reinste Freude. Alle Vorbereitungen, selbst das Sparen daraufhin, kannst du als **Fest** ansehen. Auch kleine Reisen und Tagesreisen sind es wert, gefeiert und gewürdigt zu werden. Es muss nicht immer eine Weltreise sein.

<u>„Die Freuden des Reisens liegen auch in den kleinen Dingen und in der Vorfreude!"</u>

11. September: Seelenwege

Jede Seele, jeder Mensch und jedes Tier geht seinen eigenen Weg. Wir kennen die Seelenwege der anderen nicht. Aber wir können sie liebevoll begleiten, indem wir ihnen gute Gedanken senden, von nah und von fern. Das hilft immer. Oft bleibt auch gar keine andere Wahl.

Die Macht der Gedanken ist kraftvoll. Wenn viele Menschen gute und liebevolle Gedanken denken, kann die Welt ein besserer Ort werden. Fangen wir heute, an diesem Gedenktag, gemeinsam damit an!

Wir können unsere Mitmenschen und Tiere seelisch begleiten, indem wir mitfühlend und wohlwollend sind. Das, was wir selbst erleben wollen, können wir auch selbst geben! Wenn ich gut mit anderen umgehe, werde auch ich wertgeschätzt. Daher sollten wir niemandem ein Haar krümmen, auch nicht in Gedanken, denn jeder Gedanke strebt danach, sich zu verwirklichen: **Gleiches zieht Gleiches an.**

Das ist ein uraltes Gesetz. **Nähren wir die guten Gedanken!** Das ist das Bestreben dieses Buches und die Sehnsucht der Menschen nach einer heilen Welt, die wir alle in uns tragen. **Wem kannst du gute Gedanken schicken?** Es spielt keine Rolle, ob dieser Mensch oder dieses Tier noch auf Erden ist. Die Botschaft kommt immer an.

<u>„Ich wünsche einer Seele, die mir am Herzen liegt, alles Gute!"</u>

12. September: Anbindung

Heute stellen wir eine Verbindung her zwischen uns und dem Kosmos: Verbinde dich mental mit den göttlichen Kräften des Universums, mit deinem Schutzengel, deinen Geistführern oder deinen Ahnen. Bitte um ihren Schutz, ihre Führung und ihren Beistand. Sie waren vor dir da und haben deinen Weg auf Erden geebnet. Wir müssen nicht alles allein schaffen und dürfen sie um Unterstützung bitten.

Das Wort **Ahnung** kommt von den **Ahnen**. Wir sind nicht allein. Es gibt Dinge zwischen Himmel und Erde, die kann der Mensch (oftmals) nicht sehen. Gerade in Krisen erinnere dich immer wieder daran: **Du bist nicht allein! Das ist ein schönes Gefühl!**

Suche bewusst die Anbindung und stelle die geistige Verbindung her. Bitte in Gedanken um Unterstützung. Das ist alles. Es ist wirklich so einfach. Dann siehst du nur noch eine Spur im Sand, denn du wirst getragen … (nach „Spuren im Sand" von Margaret Fishback Powers)

„Ich bitte (z. B.: meinen Schutzengel …) zu mir!"

13. September: Verbundenheit

Mit welchen Menschen, Orten oder Begebenheiten fühlst du dich innerlich verbunden? Niemand ist eine Insel – alles ist mit allem verbunden, alles hängt zusammen. Alles hat eine eigene Energie. Wenn die Energiefelder zueinander passen, fühlen wir die Verbundenheit. Dann schwingen wir gleich, sind gleich getaktet. Die Chemie stimmt.

Verbundenheit ist ein angenehmes und wohliges Gefühl. Es meint *nicht* Abhängigkeit oder Verpflichtung, sondern die *freiwillige* und *freie* Form einer Verbindung auf seelischer Ebene. Unser Körper schüttet in Momenten der inneren Verbundenheit das Bindungshormon Oxytocin aus, auch **Kuschelhormon** genannt. Es entsteht bei Umarmungen und bei jeder Art von sozialer Bindung sowie bei der Liebe und **fördert das Gefühl von Vertrauen und Verbundenheit**. Wir fühlen uns aufgehoben und angekommen.

Womit oder mit wem fühlst du dich im Herzen verbunden? Was nährt dein Herz auf diese Weise? Wobei spürst du: Hier ist mein Platz, hier gehöre ich hin! Vervollständige diesen Satz für dich:

„Ich fühle mich angenehm verbunden mit …!"

14. September: Symbole

Symbole besitzen eine eigene Kraft und Magie, nämlich die, die ihnen gegeben wurde oder die *wir* ihnen geben. Es gibt allgemeingültige Symbole wie das Yin-und-Yang-Zeichen, die Blume des Lebens, das Unendlichkeitszeichen in Form einer liegenden Acht, ein Kleeblatt, die Jakobsmuschel oder auch Schriftzeichen wie das OM. Ihre Symbolkraft ist deutlich spürbar, wenn wir uns mental mit ihr verbinden. Sie kann positiv oder negativ behaftet sein, je nach Symbolcharakter. Manche ursprünglichen Symbole oder Runen wurden leider für unlautere Zwecke verwendet. Sei also achtsam. Runen sind die alten Schriftzeichen der Germanen, die auch heute noch Bedeutung haben.

Alle Symbole sind **Kurzformeln**. Sie sollten ausschließlich mit positiven Energien besetzt sein. Nur dann sind sie hilfreich und förderlich. Wir sollten uns darüber hinaus mit ihnen identifizieren können. Daher sind selbst ernannte und selbst gefundene Symbole stets am wirkungsvollsten, wie z. B. ein schöner Stein, den wir an einem besonderen Ort gefunden haben. Mit einem Acrylstift können wir ihn beschriften und ihm so eine besondere Bedeutung verleihen.
Symbole aktivieren bestimmte Kräfte, mit denen wir uns verbinden können. Manche Symbole haben auch eine Schutzfunktion. Die Blume des Lebens kann z. B. als Schutzamulett getragen werden. Die Saat des Lebens soll unsere Zellen an ihre ursprüngliche Vollkommenheit erinnern. Die Jakobsmuschel soll die Pilger beschützen usw.

Welches Symbol hat eine besondere Bedeutung für dich? Wenn du noch keines hast, lass dich vom Schicksal überraschen, welches dir in nächster Zeit begegnet. Halte deine Augen offen!

„Ich verleihe meinem Symbol den Zauber, den ich mir von ihm wünsche: (Liebe, Frieden, Freude, Gesundheit, Geduld, Glück …)!

15. September: Küsse

Ein Kuss zur Begrüßung und zum Abschied hat auch eine symbolische Bedeutung. Bei der Begrüßung drücken wir unsere Freude aus, beim Abschied geben wir unsere guten Wünsche mit auf den Weg. Sie fungieren **wie eine Impfung** und **ihre Wirkung dauert an, bis wir uns wiedersehen.** Die Südländer haben ein sehr schönes Ritual dazu mit (angedeuteten) Küsschen rechts und links. **Gib Küsschen!**

„Ein Kuss, von Herzen gegeben, hat magische Wirkung!"

16. September: Zufriedenheit

Zufriedenheit entsteht, wenn wir **Gutes tun und denken**. Fange bei dir selbst an. Tue dir (und/oder anderen) noch heute etwas Gutes, was immer es auch sei und wie klein und unbedeutend es dir auch vorkommen mag. **Optimismus ist das Zauberwort!** Versuche, stets auch den guten Kern der Sache und die Chancen und Möglichkeiten einer Situation zu erkennen. Und dann das Beste daraus zu machen.

Alles hat zwei Seiten. Wo Schatten ist, da ist auch Licht. Nur weil sich gerade eine Wolke vor die Sonne geschoben hat, hört die Sonne nicht auf zu sein. Sie ist noch da, bloß sieht man sie gerade nicht. Vielleicht fällt es dir leichter, wenn du in schönen Erinnerungen schwelgst. An miesen Tagen sind gute Erinnerungen Balsam für die Seele. Du darfst dich nun **für eine schöne Erinnerung entscheiden**. Lass dir Zeit dazu und denke nach – ganz in Ruhe …

Wenn du deine wundervolle Erinnerung gefunden hast, schwelge ausgiebig in ihr. Nimm sie noch einmal in allen Facetten wahr. Spiele die ganze Situation in Gedanken durch und spüre das Glück des Augenblicks noch einmal. Nimm dir auch hierfür Zeit …

Es zaubert dir ein Lächeln aufs Gesicht und macht dich glücklich. Das Leben wird nun automatisch etwas leichter. Richte deinen Blick nach vorne und formuliere vielleicht ein kleines Ziel für die Zukunft. Gehe anschließend in die Aktivität hinein und hole dir bei Bedarf Unterstützung im Außen, damit du dein Ziel bald verwirklichen kannst. Ein schönes Ziel lenkt uns von einer momentanen Situation ab, wenn sie gerade nicht so besonders gut sein sollte, und schenkt Hoffnung. **Zufriedenheit** entsteht auch, wenn wir aktiv werden und vorwärtsgehen, auch wenn wir das Ziel noch gar nicht erreicht haben:
Wir können auch jetzt schon zufrieden sein!

Du könntest auch für mehr und regelmäßigere **Entspannung** in deinem Leben sorgen. Dazu kannst du **positive Begleitsätze** oder **Affirmationen** bilden. Ein paar davon biete ich dir an:

„Ruhe und innere Zufriedenheit breiten sich immer mehr in mir aus!“
„Ich erlaube mir, glücklich zu sein!“
„Ich gönne mir Momente der Ruhe und Gelassenheit!“
„Ich sorge gut für mich!“
„Ich sorge für gute Erlebnisse und gute Gefühle in meinem Leben!“

<u>„Ich bin heute rundum zufrieden. Ich fühle es!“</u>

17. September: Tagebuch

Tagebuch zu schreiben kann uns bei der **Selbstverwirklichung** unterstützen sowie als **Hilfe zur Selbsthilfe** dienen. Es ist wie eine Anleitung zur **Achtsamkeit**. Wenn wir uns Notizen machen, können wir Ordnung ins Bewusstsein bringen. Die Gedanken und Gefühle, die uns umtreiben, kommen **in Harmonie**. Was wir aufgeschrieben haben, können wir anschließend gedanklich loslassen, um abends besser zur Ruhe und in den Schlaf zu kommen. Die Entspannung kann beginnen.

Skizziere in deinem Tagebuch deinen perfekten Tag. Was kannst du in deinen Alltag regelmäßiger integrieren? Notiere dir auch kleine Details und schöne Gefühle, die du erleben willst oder bereits erlebt hast. Was entspannt dich? Was schenkt dir Freude? <u>Und dann:</u>
Lebe deinen perfekten Tag! Achte dabei ganz bewusst auf den Genuss und auf die Dankbarkeit für die Dinge, die du bereits hast. Integriere eine gute Tat in deinen Tag, wenn es dir möglich ist. Auch das erzeugt Dankbarkeit, beim anderen <u>und</u> bei dir. So kann es aussehen:

<u>**Mein Tagebuch:**</u>
- Datum:
- So geht es mir heute (auf einer Skala von 1-10):
- Meine Beobachtungen und Inspirationen heute:
- Mein Körper fühlt sich:
- Meine Emotionen sind diese:
- Meine guten Gedanken des Tages:
- Meine Bedürfnisse sind (erfüllt):
- Ich empfinde Dankbarkeit für:
- Meine heutigen Aktivitäten waren:
- Meine (neuen) Ziele sind:
- Die (neuen) Erkenntnisse meines Selbst, um mehr Leichtigkeit in mein Leben zu bringen, sind:

Ein Tagebuch der besonderen Art ist ein <u>Freudentagebuch</u>. Hier dürfen nur positive Dinge notiert werden! Dazu können wir jeden Abend <u>3 schöne Dinge des Tages</u> erinnern. Machen wir uns das zur Gewohnheit, öffnen wir allmählich den Fokus für das Gute in unserem Leben. **Worüber konnte ich mich als Kind, Jugendliche*r, Erwachsene*r besonders freuen, unabhängig vom Thema Geld?** Wann und wie war das? Was davon hat noch heute eine Bedeutung für mich? Wurde es im Laufe meines Lebens mehr oder weniger? Was kann ich tun, um diese Dinge vermehrt in mein Leben einzuladen?

<u>„Ich reflektiere jeden Tag die guten Dinge und Gedanken!"</u>

18. September: Inneres

__„Alles liegt im Innern."__ Ein weiser Spruch aus dem Buddhismus. Alles liegt in dir. Alle Chancen, alle Wege, sie sind bereits da – du musst sie nur noch gehen. Schritt für Schritt. Dieses Buch bietet dir 366 kleine Gelegenheiten dazu, dein Inneres zu entdecken und das Beste in Dir zum Vorschein zu bringen. Doch gönne dir hin und wieder eine Pause zwischen den einzelnen Schritten und genieße dein Sein, wie es gerade ist! Auch das ist Weiterentwicklung.

Wir müssen nicht pausenlos überlegen und grübeln, wie wir unser Leben verändern und optimieren können. Dann kann schnell Unzufriedenheit entstehen. Wir sollten das Leben zwischendrin auch genießen! Wenn wir uns Pausen gönnen, kann sich in Ruhe entwickeln, was wir bereits in uns tragen. Es kann sich ordnen und sortieren und sich schließlich, wenn die Zeit gekommen ist, zeigen und sichtbar nach außen treten. Sieh derweil das Gute, das du schon hast, das schon in deinem Leben ist. Das Beste findest du nicht im Außen. Du hast es schon, denn: **Das Beste bist __du__!**

> **„Ruhe im Innern, Ruhe im Äußeren.**
> **Wieder Atem holen lernen – das ist es."**
> (Christian Morgenstern)

19. September: Staunen

Das Leben ist eine Reise, und wir können jeden Tag und jeden schönen Moment voll auskosten. Staunen bedeutet, mit wachen Augen zu schauen und die Wunder der Natur zu entdecken, und immer wieder innezuhalten, um die vielen außergewöhnlichen Eindrücke zu verarbeiten. Offen und begeisterungsfähig für Neues zu sein und sich wieder Zeit zum Staunen und für neue Erkenntnisse und Einsichten zu nehmen, gibt uns ein gutes Gefühl und fördert unsere Kreativität.

__„Jeder Tag ist ein besonderer Tag!"__

Du kannst dich ab heute dazu entscheiden, ihn zu einem solchen zu machen! Oftmals müssen wir dafür nur die Komfortzone, das vertraute Umfeld, verlassen. Der Preis dafür sind schöne, neue und wundersame Eindrücke. Die Faszination endet nie. Mache dich auf die Socken an unbekannte Orte und gehe mit offenen Augen durch die Welt und durch die Natur. Stelle wieder fest, wie großartig das Leben ist, mit brodelnden Glücksgefühlen im Bauch, als wäre heute dein Geburtstag! **Erinnerst du dich an dieses erhebende Gefühl?**

20. September: Lebensqualität

Lebensqualität muss man sich (er-)schaffen. Manchmal hat Lebensqualität sogar mit Arbeit zu tun, wie in meinem Fall. Es ist nicht immer nur die Freizeit gemeint. Für mich bedeutet Lebensqualität, Zeit und Ruhe zum Schreiben zu haben. Ich sitze zu Hause in meinem schönen Arbeitszimmer, befülle meine Aromalampe mit einem feinen Duft, stelle mir eine Tasse Tee hin und beginne den Tag mit einem guten Gedanken, mit einer Affirmation, die mich durch den Tag begleitet. Dann tippe ich am Laptop vor mich hin, während meine Katze sich neben mir eingerollt hat und mir Gesellschaft leistet. Ich genieße diese Arbeitszeit sehr, denn: **Ich tue, was ich liebe!**
Wenn ich produktiv war, werde ich den ganzen Tag von diesem guten Gefühl getragen. Mittags koche ich lecker für meinen Mann und mich, denn er ist mittags daheim. Wir essen gemeinsam, meistens mediterran, und genießen noch eine Tasse Kaffee. Dann geht es frisch gestärkt weiter durch den Tag. Ich weiß dies sehr zu schätzen, da es für viele nicht selbstverständlich ist. In unserem Alter genießen wir es. Es hat eben auch Vorteile, etwas älter zu sein.

Worin liegt *deine* Lebensqualität begründet?

Horche tief in dich hinein. Herz und Seele wissen, was du brauchst. Wenn du in den Spiegel blickst, siehst du den einzigen Menschen, der dein Leben ändern und verbessern kann!
Dich glücklich zu machen kannst du nicht delegieren. Für deine Seele und deinen Körper bist du selbst verantwortlich. Das beinhaltet **die Chance**, dein Leben so zu gestalten, wie es *dir* beliebt! Finde heraus, was es braucht, um glücklich zu sein und handle danach. Und:

> **„Gib jedem Tag die Chance,
> der schönste deines Lebens zu werden."**
> (Mark Twain)

21. September: Bodyscan

Der Bodyscan ist **eine Reise durch den Körper**. Diese Übung dient dem Loslassen und damit der Entspannung von Körper und Geist. Wir können sie auch zum besseren Einschlafen nutzen. Dazu können wir uns die Zeilen zunächst durchlesen und sie dann aus dem Kopf heraus und mit geschlossenen Augen ausführen. Es ist ganz einfach: Wir wandern mit unserer Achtsamkeit durch unseren ganzen Körper, von den Füßen bis zum Kopf, **und fühlen die Entspannung**:

Meine Zehen und Füße sind entspannt ...
Meine Unterschenkel sind entspannt ...
Meine Knie sind entspannt ...
Meine Oberschenkel sind ganz entspannt ...
Mein Gesäß und meine Hüften sind locker und entspannt ...
Mein Bauch ist weich, warm und entspannt ...
Mein Brustkorb ist entspannt, der Atem fließt tief und gleichmäßig ...
Meine Schultern sind locker und gelöst ...
Mein Nacken ist weich und entspannt ...
Mein Rücken ist ganz locker und entspannt ...
Mein Gesicht ist vollkommen entspannt ...
Mein Geist ist ruhig und entspannt ...
Mein ganzes Selbst ist entspannt ...
Ich lasse alles los ...

„Ich finde tiefen Frieden und Ruhe in mir, in meinem Innern.“

22. September: Herbst

Heute ist **Herbst-Tagundnachtgleiche**. Der Tag und die Nacht sind nun wieder gleich lang. Heute ist einer dieser Schwellentage, wo die Schwelle zwischen dieser und jener Welt leichter überschritten werden kann. In alten Zeiten und Riten wurden diese Tage bewusst begangen. Die Ernte ist eingebracht und es ist nun wieder an der Zeit, innezuhalten und dankbar zu sein für die Gaben der Natur und des Lebens an uns. Wir konnten den Sommer über Kraft und Energie tanken, die uns nun durch das weitere Jahr begleitet, während die Tage kürzer werden. Ich behalte etwas von der Wärme und der Sonne in mir, denn: Der Sommer ist erst vorbei, wenn wir uns nicht mehr an ihn erinnern können ...
Und so können wir uns auch auf diese Jahreszeit freuen, während wir von den schönen Erinnerungen dieses Sommers zehren. **Welche Erinnerungen hast *du* dieses Jahr in dein Lebensbuch geschrieben?** Wovon kannst du zehren und nimmst es mit in die neue Zeit?

„Ich genieße die Früchte meiner schönen Erinnerungen!“

23. September: Farbenfülle

Die Natur erstrahlt in den schönsten Farben des Sonnenuntergangs. Die Tage werden merklich kürzer, aber auch farbiger. Alles hat eben zwei Seiten. Die Farben leuchten förmlich im Licht der Herbstsonne.

Welche Farben machen dich glücklich? Warum? Was verändern sie? **Hast du eine Sehnsuchtsfarbe?**

Ein paar Beispiele:
Sehnsuchtsblau: für Ruhe, Frieden und Entspannung. *Seegrasgrün:* für Hoffnung, Erneuerung, Gesundheit und Harmonie. *Sonnengelb* hebt die Stimmung und macht gute Laune. *Meerestürkis* erfrischt uns. *Hibiskusrot* vitalisiert. *Orange* wärmt uns. Und dazu *Muschelweiß, Perlrosa, Feengold* und eine Luft, die nach Sehnsucht riecht. Sie schmeckt nach Sonne und nach der Wärme des Sommers, nach Hoffnung und einer guten Zeit. Ein Meer an Duft, warmen Farben, Licht und Lebensfreude. Wie die Essenz unserer Träume.

Umgib dich mit Farben, die dir guttun und die deine Seele nähren und streicheln. Sie enthalten deine schönen Erinnerungen und verbessern dein Wohlbefinden innerhalb kürzester Zeit. Wähle eine Farbe aus:

„Ich bade im Licht der Farbe *(z.B.: Lavendel-Lila …)*. Sie tut mir wohl!"

24. September: Bachblüten

Heute ist der Geburtstag von Dr. Edward Bach. Er lebte von 1886 bis 1936, war Arzt und Homöopath und begründete die weltweit bekannte „Bachblüten-Therapie". Aus 38 wildwachsenden Blumen und Blüten entwickelte er seine feinstofflichen Mittel, die sieben verschiedene psychische Ursachen von Krankheiten und Unpässlichkeiten behandeln, lindern und heilen können. Es gibt mittlerweile auch fertige Blütenmischungen in Drogerien und Apotheken zu kaufen.

Die berühmtesten sind die **Notfalltropfen**, auch **Rescue Remedy** genannt. Sie wirken bei allen plötzlichen Ausnahmezuständen direkt auf der Seelenebene, entspannen und beruhigen, ohne Nebenwirkungen zu haben. Sie helfen in extremen Stresssituationen, bei akuten Ängsten, Schock und Panik. Das kann die Angst vor einer Prüfung sein, vor dem Zahnarzt, einem Vorstellungsgespräch, Lampenfieber, Flugangst, See- und Reisekrankheit, Schwindel, Angst vor einer OP, bei einem Familienkrach, nach einer Kündigung, einem enttäuschenden Brief, einer Gerichtsverhandlung, plötzlichem Ausschlag, bei den ersten Anzeichen einer Migräne, wenn wir Zeuge eines Unfalls werden, ein Nahestehender plötzlich ernsthaft erkrankt, bei plötzlichen und akuten psychischen und/oder körperlichen Schmerzen, drohender Ohnmacht etc. Also überall dort, wo wir schnell und plötzlich Hilfe brauchen und im ersten Moment überfordert und kopflos sind.

Sie helfen bei geistiger Überanstrengung, starken und aufwühlenden Emotionen, Verzweiflung und Nervosität. **Rescue** kann zusätzlich auch äußerlich aufgetragen werden z. B. bei Verbrennungen, Prellungen, Quetschungen, Abschürfungen oder kleineren Schnittverletzungen und bei Insektenstichen. Der enthaltene Alkoholanteil desinfiziert gleichzeitig. Große Wunden gehören aber immer zum Arzt!

Man kann die **Notfalltropfen** auch noch nehmen, wenn der erste Schock schon vorbei ist. Dann helfen sie, sich wieder besser zu sammeln und Abstand zur Situation zu gewinnen. Die Einnahme sollte rein intuitiv erfolgen. Wenn man an die Blüten denkt, nimmt man sie. In akuten Situationen etwa alle 5-10 Minuten. Dazu **4 Tropfen** pur auf die Zunge geben. Sie helfen sofort. Wenn man sie vergisst, benötigt man sie auch nicht mehr.

Sehr einfach und wirkungsvoll ist die **Wasserglas-Methode:**
Wir geben 4 Tropfen in ein Glas Wasser und trinken es schluckweise. Das ist auch eine gute Möglichkeit für unterwegs. Ausführliche Infos und Anleitungen findest du im Buch: **„Im Zauber der Bachblüten".**

> **„Blüten sind Engel, die dir in Zeiten der Not**
> **hilfreich die Hand reichen."**
> (Dr. Edward Bach)

25. September: Aromatherapie

Ätherische Öle beinhalten **die Essenz** der Eigenschaften und Duftstoffe einer Pflanze. In naturreinen ätherischen Ölen offenbart sich die Seele der Pflanze, und durch ihren Duft sprechen die Blumen zu uns. Ihr ätherischer Geist verteilt sich in der Luft, die wir atmen. Das ist das Wesen der Aromatherapie.
Angenehme Düfte haben eine positive Wirkung auf unsere Gefühlswelt. Sie entspannen, motivieren, beruhigen, bringen sanft in den Schlaf und hüllen uns liebevoll und tröstend ein, je nachdem, für welches Öl wir uns entscheiden. Düfte können schöne Erinnerungen wecken und innere Bilder entstehen lassen.

Mit dem Einsatz von **100 % naturreinen ätherischen Ölen,** (z. B. von PRIMAVERA), können wir unsere emotionale Gesundheit dauerhaft stärken. In unserem stressigen Alltag ist es besonders wichtig, dass wir uns kleine Oasen der Ruhe, der Stille und der inneren Sammlung schaffen, um entspannen zu können. In meinem Buch **„Im Zauber der Düfte"** habe ich ausführlicher darüber geschrieben.

Der Einsatz ätherischer Öle kann Körper, Geist und Seele gleichermaßen entspannen. Wichtig ist, dass wir den jeweiligen Duft mögen
oder dass wir etwas Schönes mit ihm verbinden, beispielsweise eine
Urlaubserinnerung. Einige Düfte eignen sich besonders zur Entspannung sowie zur **Atemtherapie**. Die beliebtesten Düfte sind:

Lavendel (zur Entspannung und zum Einschlafen),
Zitrone (wirkt antibakteriell und ist hilfreich bei Infekten und zum
Durchatmen; fördert die Konzentration und erfrischt),
Thymian (beruhigt die Bronchien und löst Verschleimungen),
Eukalyptus (ist frisch und klar; fördert eine tiefe Atmung) und
Pfefferminze (öffnet die Atemwege, auch bei (nasser) Kälte!).

Alle diese Öle eignen sich auch wunderbar zur Inhalation, z. B. in einem Dampf-Inhalator. Hier atmen wir bewusst tiefer ein und aus und
nehmen gleichzeitig die wertvollen Essenzen in uns auf. Denke dir:

„Bewusst atme ich die Seele der Pflanze ein – und es geht mir gut!"

26. September: Alternativen

Alle „**feinstofflichen Mittel**" enthalten die Botschaft ihrer jeweiligen
Pflanze, aus der sie gewonnen wurden. Dieser Begriff wurde durch
den Anthroposophen Rudolf Steiner geprägt. Die Mittel sind „feiner"
als herkömmliche Stoffe, was mit ihrer Herstellung und der Verdün-
nung zusammenhängt. **Sie wirken direkt auf der Seelenebene –**
und von dort auf den Körper. Dies trifft sowohl auf die Bachblüten zu
als auch auf die Mittel der Homöopathie. Ihre **geistige Essenz** ist ver-
gleichbar mit der Aufzeichnung einer Nachricht, die wir mit der Einnahme des jeweiligen Mittels abrufen können und in uns aufnehmen.
So geht das Wesen der Pflanze nebst ihren Kräften auf uns über.

Es gibt oftmals **Alternativen**, mit denen wir es in den leichten Fällen
des Alltags begleitend versuchen können. Gute Beratung ist hier
wichtig, z. B. in der Apotheke oder bei Heilpraktiker*innen sowie bei
Ärzt*innen, die damit arbeiten, damit wir nichts verschleppen.
Ein schönes Beispiel ist **Euphrasia**, der Augentrost. Homöopathische
Tropfen für die Augen lindern vielerlei Beschwerden ohne Nebenwirkungen wie gerötete, gereizte und trockene Augen, Bindehautreizun-
gen und -entzündungen oder tränende Augen und Pollenallergie. Es
verhilft im wahrsten Sinne des Wortes wieder zu einer „klaren Sicht".

„Ich sehe klar und werde mir bewusst, was gut für mich ist!"

27. September: Aura-Schutz

Die Aura, der uns umgebende **Lichtkörper**, besteht aus verschiedenen feinstofflichen Schichten, die alle ineinander übergehen. Sie gilt auch als Speicherort allen Wissens und aller Erfahrungen, die wir je gemacht haben. In ihr können wir alle Störungen fühlen und/oder sehen, die z. B. durch Krankheiten, Traumata, Verletzungen seelischer oder körperlicher Art, Schmerzen etc. verursacht wurden. Genauso können diese in der Aura auch wieder ausgeglichen werden. Über unsere Aura, den **Energiekörper**, sind wir über das **morphogenetische Feld** mit allen Lebewesen, so auch mit Tieren und Pflanzen, letztlich mit dem ganzen Planeten Erde verbunden und vernetzt. Näheres dazu findest du in meinem Buch **„Die Energie des Himmels"**.

Wir können unsere Aura stärken und schützen, wenn wir das Bedürfnis dazu haben. Es gibt ein paar sehr einfache und wirkungsvolle **Übungen** hierzu, die sich lohnen, ausprobiert zu werden:

Wir können unsere Aura vor Fremdeinflüssen „verschließen": <u>Dazu legen wir eine Hand auf den Solarplexus in der Magengegend. Stelle dir nun eine</u> **Schutzblase aus weißem Licht** <u>vor, die dich umgibt wie einen Kokon.</u> Du kannst dir mental auch **einen goldenen Mantel** aus Licht für einen bestimmten Zeitpunkt oder Zeitraum überziehen, damit niedere Energien nicht mehr zu dir durchdringen können. Auch eine imaginäre **Tarnkappe** kann hilfreiche Dienste leisten, oder ein **Schutzschild,** versehen mit einem Symbol für schützende Kräfte (die Blume des Lebens, die Lemniskate = liegende Acht, ein Traumfänger, auch vor das Fenster gehangen ...). Wähle aus, was zu dir passt!

<u>„Ich schließe meine Aura und bitte um den Schutz!"</u>

28. September: Einstellung

Wenn ich die Umstände nicht ändern kann, muss ich meine Einstellung dazu verändern und mich mit ihnen arrangieren. Eine andere Wahl habe ich in diesem Moment nicht. Somit ist Vieles eine Sache der inneren Einstellung. Ob ich darunter leide, ist meine eigene Entscheidung. Ich kann auch meine innere Haltung verändern, das ist wesentlich einfacher und wirkungsvoller, wie beim **Lotoseffekt**:
Sei durchlässig und lass das, was du im Außen nicht beeinflussen kannst, an dir abprallen oder abfließen und das Negative beseitigen:

<u>„Ich bin wie eine Lotosblume, an der nichts haften bleibt!"</u>

29. September: Michaelis

Heute, am **Michaelistag**, feiern wir die Erzengel, die in vielen Religionen bekannt sind. Dieser Tag ist dem **Erzengel Michael** geweiht. Er steht mit seinem goldenen Schwert und dem blauen Mantel für das Thema Schutz. Wir dürfen ihn bitten, uns in allem zu unterstützen. Das schadet nie, auch wenn du keinem besonderen Glauben angehörst. Stelle dir einfach vor, wie sein Segen dir ganz persönlich gilt, er dich schützend und liebevoll in seinen langen blauen Mantel hüllt und dir dabei hilft, Altes und Vergangenes loszulassen, was deiner weiteren Entwicklung nicht mehr dienlich ist.

Engel berühren unser Herz:
Sie reichen uns die Hand, wann immer wir sie brauchen. Sie kommen, wann immer wir sie rufen. Sie leihen uns ihre Flügel, wann immer wir nicht weiterwissen. Sie haben eine Engelsgeduld mit uns, wie kein anderer; und einen langen Geduldsfaden, der niemals reißt. Wir sind stets beschützt und behütet, immer und überall, und niemals allein. Wir werden immer geführt und geleitet.
Das ist Liebe – die Quelle allen Seins ...

„Vielen Dank, ihr lieben Engel! Stets sollt ihr einen Platz in meinem Herzen haben!"

30. September: Neuausrichtung

Heute kannst du symbolisch alles, was dir nicht mehr dient, dem heilenden **Feuer** übergeben. Kreiere dir ein eigenes Verbrennungsritual und starte eine kleine **Zeremonie**. Du kannst dazu auch etwas auf einen Zettel schreiben, was du loslassen möchtest, was **erlöst** und **gelöst** werden soll, und diesen dann **verbrennen**: Nimm ein feuerfestes Gefäß und schaue den Flammen beim Lodern zu. Das Feuer aktiviert die transformierende Kraft, deine aufgeschriebenen Worte lösen sich in Schall und Rauch auf und steigen in Richtung Himmel, wo sie sich verflüchtigen. Sieh es dir an und wisse, dass es funktioniert!

Im Anschluss fällt es dir leicht, dich neu auszurichten und deine Sinne sowie deine Gedanken neu zu kalibrieren. Dein Geist ist nun geklärt und dein Kopf ist frei für das Gute, das nun kommen kann und wird, sei dir dessen sicher!

„Ich übergebe dem heilenden Feuer meine negativen Gedanken, Gefühle und Erfahrungen und sehe, dass sie erlöst werden!"

OKTOBER: Zeit des Übergangs

Die Raupe wird zum Schmetterling. Dies ist eine schöne Metapher als Zeichen des Übergangs in eine neue Zeit, in eine neue Epoche im Jahreskreis der sich erneut verändernden Natur sowie für alle Phasen des Wechsels. So symbolisiert der Schmetterling die Wandlung von dem, was war, in das, was danach kommt. Manches hat einfach irgendwann ausgedient und bedarf einer neuen Form. Das gilt auch für unseren Lebenslauf.

Wenn der Wind der Vergangenheit weht, lass ihn vorbeiziehen. Wir blicken nicht zurück. Der Wind bringt immer auch neues Wetter. Wenn wir frischen Wind in etwas hineinbringen, bedeutet das auch, dass sich etwas verändert, dass etwas neue Energie bekommt, einen Anschub, den es gerade noch gebraucht hat, damit der Stein ins Rollen kommt. Bahn frei für die Geschenke des Lebens!

Dein **Ruhebild** des Monats:

Der Schmetterling:

Hast du unter den Schmetterlingen ein Lieblingsexemplar? Es spielt keine Rolle, ob du seinen Namen kennst. Wenn du ihn dir vor deinem geistigen Auge vorstellen kannst, reicht das. Du kannst dir auch das Bild eines Schmetterlings hinlegen oder im Internet anschauen. Oder du fantasierst dir einen zurecht. Präge dir dieses Bild ein, um gleich deine Augen zu schließen und ihn im Geiste vor dir zu sehen:

Dein Schmetterling sitzt im Sonnenschein und ruht sich aus. Seine schillernd bunten Flügel klappen im hellen und warmen Licht der Sonne langsam auf und wieder zu, in Analogie zu deinem Atem:

Du atmest ruhig ein – und die Flügel des Schmetterlings breiten sich aus … Du atmest gelassen wieder aus – und die Flügel schließen sich. Ganz ruhig und gleichmäßig, in deinem eigenen Rhythmus …

Bleibe eine Weile bei deinem Atem und betrachte vor deinem geistigen Auge derweil die leuchtend bunten Farben deines Schmetterlings. Schließe deine Augen nun, sieh den Schmetterling vor dir, und genieße diese kostbare Zeit, die du dir gerade schenkst …

1. Oktober: Ruhe

<u>Meine heutige Aufgabe:</u> In meiner Welt, meinem Alltag, die Ruhe zu finden. Sie ist ein Segen fürs Gemüt. Es tut gut, für Ruhe zu sorgen und sich nicht ständig einer Beschallung auszusetzen. Unser Gehirn kann sich am besten erholen und regenerieren, wenn es nicht ständig irgendwelche Informationen verarbeiten muss, die wir über die Augen und vor allem über die Ohren aufnehmen.
Wir können der Ruhe bewusst lauschen. Wenn wir alle Außengeräusche so weit wie möglich ausschalten, nehmen unsere Sinne wahr, was sich an Schönem um uns herum befindet: Blätterrascheln im Wind, Vogelgesang, das Summen der Bienen, der eigene Atem, das Schnarchen der Katze, das beruhigende Ticken der Armbanduhr …

Aber auch **die Ruhe des Geistes** ist gemeint. Die Ruhe im Kopf, wenn die Gedanken in ihrem sich ewig drehenden Karussell stillstehen und schließlich aufhören zu sein. Wenn dir das schwerfällt, halte dich an das Wort **<u>„Ruhe"</u>**. Das sei für heute deine Affirmation.
Du kannst sie im Kopf rezitieren, sie in Dauerschleife in Gedanken vor dir hersagen. Dann wird die Ruhe zu dir kommen, sie wird ein Teil von dir. Schließlich wirst du zur Ruhe selbst. Die Klarheit des Geistes ist ihr Geschenk …

2. Oktober: Stille

„Rückkehr zu den Wurzeln ist Stille." (Laotse) Wir wollen heute von der äußeren Stille in die innere Stille finden. Sie ist kostbar wie ein Schatz. Gehe in deine innere Stille. Ruhe und Frieden findest du in dir, in deinem Innern. **Die Stille ist noch tiefer als die Ruhe.** Sie folgt ihr, wenn wir alles andere ausblenden und nur noch SIND …

Heute ist, sehr passend dazu, der **Ehrentag deines Schutzengels**. Du kannst ihm in der Stille begegnen. Vielleicht möchtest du ihm danken für seine Arbeit. Auch dies kannst du in deinem inneren Raum tun, in deinen Gedanken. Du kannst im Außen auch eine Kerze für ihn anzünden und ein paar Blumen hinstellen, wenn du magst.
Werde innerlich still und erinnere dich voller Dankbarkeit an vergangene Situationen, die doch noch ein glückliches Ende nahmen, obwohl die Zeichen anders standen. Wo Dinge sich fügten, die du nicht (mehr) erwartet hattest. Wo ein Unglück im allerletzten Moment abgewendet wurde. Wir alle kennen derlei. Danke dafür!

<u>„Die Stille ist das Atemholen der Welt."</u> (Friedel-Maria Kuhlmann)

3. Oktober: Einheit

Alles ist eins. Wir alle sind ein Teil des Ganzen. Wir können uns das gerade heute, am Tag der **Wiedervereinigung**, ins Bewusstsein rufen. Das gilt auch für die **Gleichberechtigung**: Alles darf sein. Wir gehören alle zusammen, ohne Ausnahmen. Ein Grund zum Feiern!

Womit fühlst du dich eins? Worin bildest du mit anderen eine Einheit? Wo oder worin seid ihr euch einig? Was macht euch aus? In der Partnerschaft, in der Familie, in einem Verein oder in einem Team? Wenn Angelegenheiten auf mehrere oder gar auf viele Schultern verteilt werden, sind sie leichter zu tragen. Das Gefühl der Einheit nährt uns. Es fühlt sich gut an, ein Teil von etwas Größerem zu sein. Viele Dinge gelingen nur in der Gemeinschaft, in der Symbiose mit anderen. Zusammenhalt verbindet, Trennung spaltet.

„In der Einheit mit anderen ist vieles leichter!"

4. Oktober: Transformation

Wenn wir geistig in alte Emotionen verstrickt sind, die wir eigentlich loslassen wollten, gibt es eine wunderbare **imaginäre Technik**, die uns dabei hilft, die Knoten zu lösen, die uns noch an das alte Thema binden. Sie findet lediglich **in unserer Vorstellung** statt:

Das violette Feuer von Saint Germain ist das geistige Feuer der Erde. Es hat transformierende Kraft und dient der Reinigung und der Heilung unseres Energiefeldes. Dies kann unsere Gesundheit betreffen oder eine Verstrickung, die **gelöst und erlöst** werden soll. Alles, was uns Sorgen, Kummer und Leid beschert, in allen Bereichen unseres Lebens. Alte Wunden können nun endlich heilen.
Du kannst das violette Feuer der Transmutation „anrufen", es spontan um Hilfe bitten, in jeder Situation und Lebenslage, um sie zu verändern und zu verbessern. Dieses Feuer wirkt durch **die Kraft der Imagination**. Es braucht kein Feuer und keine Flammen im Außen, in der Realität. Es dient der inneren Reinigung, um alte Verhaltensweisen abzustreifen. Und so geht es: Wähle ein Thema aus und sprich:

„Ich bitte das violette Feuer um ... (z. B. Frieden)." Gib alles, was du in deiner Seele fühlst, was dir nicht mehr dient, ins geistige violette Feuer. Sieh und spüre, wie es dich erlöst, dich frei und leicht macht. Wie jede Zelle und jedes Atom deines Körpers nun zu strahlen und hell zu leuchten, zu schwingen und zu vibrieren beginnt. Und so sei es!

5. Oktober: Erledigung

Allmählich können wir darüber nachdenken, was wir in diesem Jahr auf jeden Fall noch abschließen und erledigen wollen, damit wir es nicht mit ins nächste Jahr nehmen müssen. Wir sollten diese Angelegenheiten nun nach bestem Wissen und Gewissen allmählich zu Ende bringen. Noch ist genügend Zeit und wir müssen nicht in Hektik verfallen. **In welchen Ecken meines Seins gibt es noch Unerledigtes?**

Das können aufgeschobene Dinge sein, mit denen wir uns nicht gerne befassen. Doch wenn sie in irgendeiner Ecke anstauben, drücken sie uns unweigerlich auf der Seele. Unser Unterbewusstsein können wir nicht beschummeln. Es kennt unsere Staubmäuse. Doch wenn wir ihrer Herr werden, verlieren sie ihren Schrecken.

Aber auch die Sachen, die wir dieses Jahr eigentlich umsetzen wollten, weil wir sie schon lange vorhatten, und die uns doch eigentlich am Herzen lagen: Wo sind sie geblieben? Was hinderte uns? Es war uns doch wichtig gewesen!? Jetzt, wo die Tage merklich kürzer werden, können wir diese Zeit, die wie mehr drinnen verbringen, bewusst dafür nutzen.

<u>**Es ist ganz einfach:**</u> Alles, was dir im Kopf herumspukt und mit: „Ich müsste, ich sollte, ich könnte mal wieder usw." beginnt, gehört in die Kategorie der Dinge, die endlich angegangen werden wollen. Vielleicht verwerfen wir ja auch das eine oder andere wieder. Auch dann ist es erledigt, denn es ist raus aus deinem Kopf. Es ist deine Wahl: **An welche Sachen möchtest du endlich einen Haken machen?**

<u>„Ich erfreue mich an den aufgeräumten Ecken meines Lebens!"</u>

6. Oktober: Aufteilung

Welche noch anstehenden Aufgaben können wir teilen, aufteilen oder anderen übergeben? Wir müssen nicht alles allein machen. **Sich Unterstützung zu holen ist ein Zeichen von Stärke!**

Es gibt einfach Dinge, die andere Menschen besser können, die ihnen leichter fallen und schneller von der Hand gehen als uns. Jeder hat seine eigenen Stärken. Wenn wir diese gezielt einsetzen, kommen wir schneller voran. **Vieles ist eine Sache der Einteilung!**

Wenn wir den Tag damit beginnen, die unangenehmeren Dinge, die aber sein müssen, zuerst zu tun, dann bleiben die angenehmeren Dinge übrig, mit denen wir uns nicht so schwertun. Kümmere dich um die Quälgeister zuerst, das nimmt ihnen die Macht und du bist sie los. Sich kleine Zettelchen zu machen und sie vor die Nase zu legen, hilft.

So wird nichts vergessen. Haben wir einmal Struktur in den Wust der Dinge, die getan werden wollen, gebracht und sind gestartet, können wir Sache für Sache auf dem Notizzettel abhaken und uns frei fühlen. **Der Lohn ist echte Zufriedenheit!** Es kann eben auch Spaß machen, eine Liste sukzessiv, also Stück für Stück, abzuarbeiten und die kleinen und großen Erfolge zu sehen. Die äußere Ordnung und die innere Ordnung bauen aufeinander auf! Beide verstärken sich. **Wo braucht es bei dir noch Struktur und Ordnung?**

„Stück für Stück komme ich meiner inneren Ordnung näher!"

7. Oktober: Oskar

„Oskar" kann uns ein sehr guter **Freund und Helfer** sein. Wenn wir herausgefunden haben, was für uns wichtig ist, was wir tun können und wollen, um uns das Leben etwas leichter zu machen, werden uns auch Dinge auffallen, die aus unserer (neuen) Ordnung herausfallen. Welche davon entbehren inzwischen ihrer Sinnhaftigkeit? Was kann in die Tonne? Wo ist es genug? Gib es hinein in **„Oskar, die Tonne"** und lass es dort. Manches überlebt sich einfach, anderes erledigt sich mit der Zeit, weil es nicht mehr wichtig ist. Das gilt auch für Gedanken, die wir nicht mehr haben wollen, für alte Glaubenssätze, leidige Verpflichtungen, von denen wir uns nun lösen und negative Emotionen, die wir endlich über Bord werfen. Sie sind passé, vergangen.

Überlege dir also, was für dich (noch) von Wert ist. Der Rest kann in die (geistige) Tonne. Du wirst ihn nicht vermissen. Gehe nicht hinunter zu den Mülltonnen und hole ihn wieder in die Gegenwart zurück. Denke nicht mehr daran und rede auch nicht mehr darüber. Lass es gut sein, lass es ruhen und lass das Universum sich darum kümmern, als wäre dort unten vor der Tür **deine kosmische Mülltonne**. Mach den Deckel drauf, auch im übertragenen Sinne, und schraube ihn zu, damit die Energien sich zum Guten wandeln können. Fertig!

„Ich sortiere aus, was es nicht mehr braucht in meinem Leben. Basta."

8. Oktober: Einkehr

Der Oktober ist auch die Zeit der inneren Einkehr. Wir verbringen in der Regel wieder mehr Zeit drinnen, es wird früher dunkel, und wir machen es uns zu Hause gemütlich. Es bietet sich an, wieder einmal nach innen zu hören und der kleinen Stimme in uns zu lauschen.

Wir nehmen uns heute die Zeit. Sie wird frei, wenn wir sie uns einteilen, weil sie wichtig für uns ist. Kleine, besinnliche Momente sind kostbar. **JETZT ist solch ein Moment!** Lege das Buch beiseite und schließe es für heute. Schließe auch deine Augen und sei einfach nur in diesem Moment, der dir gehört. Ich schenke ihn dir! Du brauchst nichts dafür zu tun. Du kannst einfach nur die Augen schließen und genießen, dass nichts sein muss. Herrlich!

„Ich genieße einen bewussten Moment der inneren Einkehr. Jetzt!"

9. Oktober: Namenstag

Finde heraus, was dein Vorname bedeutet. Kannst du dich darin wiederfinden? Was ist seine Botschaft? Wofür steht er? Weißt du, wie du zu deinem Namen gekommen bist? Was ist die Geschichte dahinter? Jeder Name tätigt eine ganz bestimmte Aussage und ich glaube, wir haben die Namen, die zu uns passen. Welche Bedeutung hat dein Name für *dich*? Aus welchem Sprachbereich oder Land kommt er? Identifizierst du dich mit ihm? **Was will dir dein Name sagen?**

Wann hast du Namenstag, auch wenn du ihn bisher nicht gefeiert hast? Das kannst du ab heute ändern! Wenn es mehrere Daten gibt, darfst du dir einen dieser Tage aussuchen, der am besten zu dir passt. Bei mir ist es der heutige. Notiere dir deinen Tag in deinem Kalender. Und wenn es soweit ist: **Feier dich und lass dich hochleben!**

„Ich gestalte mir einen wundervollen Tag zu meinen Ehren!"

10. Oktober: Leidenschaft

Wofür brennst du leidenschaftlich? Wenn du das weißt, erkennst du auch deine Lebensbestimmung. Entfache dein **inneres Feuer** der Leidenschaft, indem du etwas tust, das dir Erfüllung bringt. Die Macht dazu liegt in dir. Lebe deine Kreativität! Drücke aus, was du bist, was in dir steckt, was dich ausmacht – und lass dein inneres Licht leuchten! Genieße Heiterkeit und Freude durch die Umsetzung deiner Ideen und Projekte. **Tue, was du am liebsten machst!**

Die Freude am Tun erfüllt uns und nährt unsere Seele. Wenn wir das tun, was wir lieben, ist uns nichts zu viel, nichts eine Last. Wenn wir unsere Leidenschaft dann noch zu unserem Beruf gemacht haben, kommt uns unsere Arbeit gar nicht mehr wie Arbeit vor.

Bei mir ist es das Schreiben. Am liebsten würde ich 7 Tage die Woche schreiben, also arbeiten, da ich es liebe, das zu tun. Zwar war es ein langer Weg bis dahin, schließlich habe ich dreißig Jahre meines Lebens in einem anderen Beruf gearbeitet, doch ich fing nebenberuflich damit an sowie mit anderen Dingen, die mir ebenfalls Freude bereiteten. Dazu zählen u. a. auch meine Beratungen, Kurse, Workshops und Ausbildungen in den Bereichen Entspannungstechniken, Bachblüten, Energiearbeit usw.

Es ist wichtig, etwas zu tun, das wir lieben! Und sei es in der Freizeit. Auf der ganzen Welt gibt es Menschen, die ihren Träumen folgen und das tun, was sie lieben, die mit Leidenschaft bei der Arbeit sind. Auch du kannst eine oder einer von ihnen sein! Vielleicht nicht von heute auf morgen. Aber sich dessen bewusst zu werden und sich auf den Weg zu machen, ist schon mal ein guter Anfang.

Wie findest du nun das, was dir am meisten Freude bereiten würde? Vielleicht ist es etwas, das du immer schon tun oder erreichen wolltest, und das im Trubel deines Lebens unterging. Was wolltest du machen oder werden, als du jung warst, als Kind oder Teenager? Was fällt dir besonders leicht? Welches Hobby etc. interessiert dich?

Wenn du dir nicht sicher bist, probiere aus, was dir spontan (wieder) in den Sinn kommt. Meist sind es Botschaften aus deinem Unterbewusstsein. **Sie sind ein Geschenk auf deinem Weg!**
Wir hören, sehen oder lesen etwas, und plötzlich „klingelt" es im Ohr. Auf einmal sind wir hellauf begeistert und hellwach. Nimm das ernst und teste aus, ob es wirklich so ist, wie du es dir vorstellst.

„Ich folge meiner Leidenschaft und spüre die tiefe Erfüllung in mir!"

11. Oktober: Talent

Da wo deine Gaben liegen, da liegen auch deine Aufgaben!

Es geht um deine Fähigkeiten, deine Stärken und Begabungen:
Wo liegen sie, deine Kräfte und inneren Schätze? Pflege und kultiviere sie! Deine Talente sind die Werkzeuge für die Erfüllung deiner Lebensaufgabe. Ein Talent ist das, was uns sozusagen in die Wiege gelegt wurde, was wir mitbrachten auf diese Welt.

Sei einzigartig! Jeden Menschen gibt es nur ein einziges Mal auf der Welt, und jeder kann mindestens eine Sache besonders gut. Eine, die sonst niemand so kann wie du – denn es gibt DICH kein zweites Mal!

Was ist das Besondere an dir? Was zeichnet dich aus?

Was vermisst du im Leben? Was hast du dir immer gewünscht, aber niemand hat es bisher umgesetzt? Zum Beispiel: Welches Buch wurde nie geschrieben? Wozu gibt es noch keinen Ratgeber etc.? Womit kann das Leben anderer verbessert werden? Was macht es leichter? Was muss (neu) erfunden werden? Was immer dir dazu einfällt: Setze es um! Unsere Talente wollen eingesetzt und gelebt werden!

Das Gefühl der **Erfülltheit** und die **Erfüllung** unserer Lebensaufgabe stehen in direktem Zusammenhang. **Die Quelle zum Glück liegt in uns!** Wenn wir das Glück von innen nach außen tragen, können wir es nicht verlieren. Setzen wir unser Talent richtig ein, und das erkennen wir daran, wie zufrieden wir mit unserer Arbeit sind, sprudelt diese Quelle in uns. **Glaube an dich! Du kannst es!**

„Ob du glaubst, dass du etwas kannst, oder glaubst, etwas nicht zu können, du hast immer recht." (Henry Ford)

12. Oktober: Feiertag

Finde etwas, das es heute zu feiern gilt! Wähle spontan ein Ereignis aus, das erste Gute, das dir in den Sinn kommt. Heute ist sein Feiertag. Mache ihn einfach dazu. Erkläre ihn dazu und begehe ihn entsprechend. Verpflichte dich dazu, denn es ist eine schöne Pflicht! Sei erfinderisch. Du kannst deinen eigenen Feiertag einfach erfinden!

Kolumbus entdeckte heute Südamerika. Was entdeckst du oder hast es bereits entdeckt? Dieser Tag wird dir geschenkt. Mache etwas Besonderes daraus, nur für dich! **Was willst du heute feiern?** Es gibt Vieles, was du im Leben bereits erreicht hast. Was ging im Trubel unter und fand bisher keine richtige Würdigung? Heute ist sein Tag! Jetzt kannst du alles nachholen, alle Feste, die versäumt wurden.

Richte dir jeden Monat einen kleinen Feiertag ein, an dem du etwas Besonderes unternimmst, dir etwas Schönes gönnst oder dir einfach nur ein freies Zeitfenster gönnst – nur für dich! Feier den Tag des guten Gefühls, der guten Gedanken, des guten Geschmacks oder was immer dir einfällt und wofür du dich gerne beglückwünschen möchtest. Du kannst mit anderen zusammen feiern oder allein, darauf kommt es nicht an. Allein deine Wertschätzung dir selbst gegenüber zählt!

„Der heutige Tag ist *mein* Fest. Ich mache ihn dazu!"

13. Oktober: Vorbereitung

Sei bereit! Für das, was kommt, für das, was du dir wünschst, für Dinge, die demnächst anstehen … Planung und Organisation erleichtern das Leben. Wenn wir vorbereitet sind auf das, was kommt, gehen wir leichter in neue Situationen hinein. Sie bringen uns nicht mehr so schnell aus dem Konzept. Wenn also Dinge, Termine oder Entscheidungen anstehen, mit denen du rechnen kannst, dann ist **die innere Bereitschaft** dazu der erste Schritt.

Das Leben ist einem ständigen Wandel unterworfen. Da ist es förderlich, wenn wir uns innerlich darauf einstellen und dann alle weiteren Schritte unternehmen, die es braucht. Eine „Vermeidungshaltung" oder „Vermeidungsstrategie" wird uns nicht weiterbringen. Besser ist, wir setzen einen Fuß vor den anderen. Wappne dich und rüste dich, dann kann dich so schnell nichts aus der Bahn werfen.

Gilt es, sich auf etwas Schönes wie auf eine Feierlichkeit vorzubereiten, kannst du diese intensive Zeit sogar bewusst genießen, denn:

Es ist immer das, was wir daraus machen:
Sehen wir eine Veränderung als Drama, wird es eines werden. Sehen wir sie als Chance, wird sie eine sein. **Es wird sein, was du glaubst!**

„Ich bin bereit! Komme, was wolle."

14. Oktober: Aufbruch

Auf geht´s!
Es ist erstaunlich, wie sich meine Energie verändert, wenn ich mich auf etwas freue. Täglich plane ich mir ein festes Zeitfenster ein, um etwas zu tun, auf das ich mich richtig freue. Das lässt mich jedem Tag auf eine neue, glückliche und zufriedene Weise entgegensehen.

Wenn ich mich meinem neuen Weg verschreibe, der mir Erfüllung bringt, und aktiv werde, verändert sich die geballte Kraft der Turbulenzen, die mir vorher im Weg gestanden haben, und wird zum Antrieb, der mich vorwärtsbringt. Die Geschwindigkeit und Kraft dieser Neuausrichtung ist direkt proportional zur **Klarheit und Intensität meiner Gedanken und meines Verhaltens.** Zu *sagen*, dass ich loslegen möchte, ist nicht das Gleiche, wie aufzubrechen. Es ist wichtig, mich dabei nicht aufhalten zu lassen und mein Denken und Handeln entsprechend in die Wege zu leiten und tatkräftig umzusetzen.

„Ich genieße das Glücksgefühl des Neubeginns! Ich breche jetzt auf!"

15. Oktober: Ankommen

Ankommen ist in der Regel leichter als Abschied zu nehmen. Vor allem, wenn man sich auf einen neuen Ort freut, wie es auf Reisen und Ausflügen der Fall ist, aber auch bei einem beruflichen Ortswechsel, dem man freudig entgegensieht. Das Gleiche gilt auch für einen Umzug in neue Gefilde. Man muss stets da zu Hause sein können, wo man JETZT ist, an jedem Ort der Welt. Wie sieht es aus:

Fühlst du dich *in deinem Leben* angekommen?

Du erkennst es am Grad deiner inneren Zufriedenheit, hinsichtlich deines Wohnortes, aber auch in Bezug auf den Ort, an dem du in deinem Leben stehst, in deinem Beruf, deiner Familie, deinem sozialen Umfeld usw. Was braucht es gegebenenfalls noch dazu, um bei dir selbst anzukommen? Was fehlt? Oder ist alles komplett?
Gib dir selbst das Gefühl deines mentalen Zuhauses, im Inneren wie auch im Äußeren. **Richte dich gut *in dir* und *in deinem Leben* ein**, um dich wohlzufühlen. Zu Hause ist ein Gefühl! Gib dir selbst die Geborgenheit, die du erleben möchtest – und sei in dir selbst zuhause.

„Ich ruhe in mir selbst. Ich bin angekommen."

16. Oktober: Versunkenheit

Momente glücklicher Versunkenheit lassen uns mental abtauchen. Wir nehmen um uns herum nichts mehr wahr, außer dem, worin wir versunken sind. Den Geist mental zu versenken ist eine schöne Kunst. Sie lässt uns abschalten und ganz in dem aufgehen, was gerade ist. Im Yoga heißt es **Samadhi**. Katzen und Kinder können das besonders gut. Doch auch wir „alten Hasen" können es uns wieder aneignen:

Wir setzen den **meditativen Blick** auf. Die Augen sind dabei auf „unscharf" gestellt. Wir müssen nicht zwingend etwas erkennen oder scharf sehen. Wir stellen die Augen so ein, als würden wir durch das Objekt oder die Landschaft „hindurchschauen".
Diese Technik funktioniert wunderbar, wenn wir auf ein Gewässer blicken. Oder wähle etwas, das dein Auge erfreut, beispielsweise in der Natur. In solchen Momenten schaltet unser Geist vollkommen ab, und auch unsere Seele kann sich erholen. Wir fühlen uns wohl.

„Die Seele nährt sich von dem, woran sie sich erfreut."
(Augustinus)

17. Oktober: Unbeschwertheit

Heute wollen wir das Leben leichtnehmen! Wir nehmen uns das einfach vor – und so sei es! Es geht schließlich immer weiter, egal wie. Wenn wir lockerer werden, können wir das Leben besser genießen. Eine andere Sicht auf die Dinge und etwas innerer Abstand dazu, lassen uns wieder aufatmen.

Erinnere dich an einen fröhlichen und unbeschwerten Moment, den du erlebt hast … Nimm das Gefühl wahr, das du währenddessen hattest. Nun hast du es wieder! Alle Emotionen sind in unserem Unterbewusstsein gespeichert. Es lohnt sich, die guten ab und an hervorzukramen. Und so zaubern wir heute die Unbeschwertheit hervor!

Sei die Zauberin oder der Zauberer deines eigenen Lebens und hole aus dem schwarzen Zylinder das, was du heute brauchst, um dich leicht und unbeschwert zu fühlen. Es ist alles da. Du brauchst nur zuzugreifen! Du kannst den folgenden Satz auch als Mantra trällern und singen, während du dir das schöne Gefühl dazu vorstellst:

„Mein Leben ist so locker, leicht und unbeschwert!" (Raffaello)

18. Oktober: Blühen

Sei das blühende Leben! Verhalte und fühle dich heute so! Egal wie es dir heute Morgen beim Aufstehen wirklich geht oder ging. Sieh dich strahlend, leuchtend, hell! Kleide und style dich heute entsprechend, inklusive eines Lächelns – und deine neue Ausstrahlung wird es für alle sichtbar machen. **Das ist das beste Geschenk**, das du dir, (nicht nur heute), machen kannst!

Selbst wenn wir uns mies fühlen: Wir müssen nicht so aussehen! Die Mundwinkel und die Schultern aufzurichten und sich nett herzurichten sind ein guter Anfang zu einer guten Besserung. **Blühe heute auf wie eine Blume im Sonnenschein!** Strahle hell wie eine leuchtende Bougainvillea und verzaubere dich selbst mit deiner Ausstrahlung. Du kannst auch einfach nur so tun, als ob. Überstrahle einfach alles Dunkle und Negative und bringe Licht ins Dunkel hinein.

Merkst du, wie du innerlich aufblühst? Wie wir uns innerlich fühlen, so werden wir auch gesehen. Man sieht uns an, ob wir gut drauf sind.

„Mein Geschenk an mich: Ich bin das blühende Leben!"

19. Oktober: Geschenke

Geschenke, die nichts kosten, können etwas ganz Besonderes sein. Wir können das Geschenk des neuen Tages bewusst empfangen. So selbstverständlich ist es gar nicht, einen neuen Tag geschenkt zu bekommen und diesen auch als Geschenk anzusehen. Doch jeder neue Tag steckt voller Möglichkeiten, voller guter Gedanken und Ideen!

Eine sehr effektive Möglichkeit, sich selbst besser zu fühlen, ist anderen ein Geschenk zu machen. Es muss gar nichts kosten, darf es aber. Wir können beispielsweise auch Zeit schenken, oder Aufmerksamkeit, echte Anteilnahme oder echtes Interesse an den Belangen des Anderen sowie unsere Hilfe anbieten.
Wichtig ist nur, dass es von Herzen kommt. Sonst ist es nichts wert. Dann ist es kein Geschenk, sondern ein Opfer. Unser Gegenüber merkt es sofort, wenn wir uns etwas abnötigen. Sei authentisch bei allem, was du tust!

Das größte Geschenk jedoch ist unser Leben. Erinnere dich täglich daran, denn es ist kostbar: „Mein Leben ist ein Geschenk!"

20. Oktober: Seelenfrieden

Seinen Seelenfrieden kann man nicht suchen, man kann ihn nur finden. Der Weg ist kurz. Er ist etwa zwanzig Zentimeter lang, und er führt **vom Herzen zum Gehirn**. Seelenfrieden kann man nur im Herzen *fühlen*. Über den Verstand allein ist er nicht zu erreichen. Wir können uns zwar vornehmen, Frieden zu haben und zu halten, aber wenn wir ihn nicht *fühlen* können, dann haben wir ihn nicht.

Es ist nun an der Zeit, unseren Frieden zu machen. Vor allem mit Dingen, die wir nicht ändern können. Auch die Vergangenheit gehört dazu. Frieden kannst du nur dir selbst geben. Jemand anderes kann dir keinen Frieden schenken. Er muss *in dir* sein. Und das ist er dann, wenn wir es gut sein lassen. Der Weg geht wieder über die **Gefühle**. *Fühlen* wir, dass es gut ist, dann ist es das auch.

Innere Ruhe und Seelenfrieden sind Geschenke, die du nur dir selbst bereiten kannst. Über inneren Frieden zu reden ist nicht dasselbe, wie ihn zu *leben* und vorzuleben. Friede sei mit dir und *in* dir! Wisse: **Der Seelenfrieden ist *in mir*!**

„Nichts und niemand kann meinen Seelenfrieden heute stören!"

21. Oktober: Entspannung

Ganz entspannt im Hier und Jetzt!

Wenn wir entspannt sind und in unserer inneren Mitte ruhen, spüren wir die Kraft des Augenblicks. Entspannung ist die erste Voraussetzung für eine Veränderung in unserem Leben. Der Geist ist frei und klar und wir sind aufnahmefähiger für eine Erweiterung unseres Bewusstseins. Wir sind ganz präsent und werden offen für neue Inspirationen und Ideen, die uns wirklich helfen und weiterbringen.

Wenn wir uns auf Entspannung einlassen und aufhören, permanent gedanklich um unsere Sorgen, Ängste und Probleme zu kreisen, stärken wir unser Nervenkostüm – und die Lösung kommt manches Mal wie von selbst zu uns, weil wir Abstand zum Geschehen hatten. Nur in der Gegenwart finden wir, was es gerade braucht. **Entspannung ist der Schlüssel dazu.** Probiere es mal aus mit dieser:

Anleitung zur Kurzentspannung:
<u>Die stille Minute:</u>

Atme bewusst tief und langsam für **eine Minute** ein und aus. Nach Möglichkeit schließe deine Augen dabei. Das ist alles. Richte deine Gedanken in dieser kostbaren Minute nur auf deinen Atem, dann hören alle anderen Gedanken auf zu sein. Wenn wir den Geist nur für **eine einzige Minute** zur Ruhe bringen, kommen wir wieder bei uns selbst an. Wir können der Stimme unserer Intuition nun zuhören und vertrauen. Du kannst es auch auf 2-5 Minuten ausdehnen, wenn du magst. Spürst du, wie gut es dir tut? Sage und *fühle* im Anschluss:

<u>„Ich bin ganz entspannt im Hier und Jetzt!"</u>

Komme bei dir selbst an. Unpässlichkeiten dürfen sein. Lass lediglich die Gedanken daran los. Kreise nicht immer wieder darum. Es ist, wie es gerade ist. Du kannst ihnen nun etwas Positives entgegensetzen: **Entspannung!**

Ungelöste Gefühle speichert der Körper in Form von Verspannungen, (wie z. B. Nervosität, Ärger, Zorn, Wut, Angst und dergleichen). Wut entsteht immer aus einer (versteckten) Angst heraus. Enttarne sie! Wovor ängstigst du dich? Mit diesem Wissen kannst du dich in Gelassenheit üben, Altes auflösen und schließlich loslassen. Werde durchlässig für die Begebenheiten im Außen. Sie müssen dich nicht länger reizen und deine Nerven unnötig überstrapazieren.

22. Oktober: Gelassenheit

Seelische Ruhe und Gelassenheit entstehen, wenn wir gleichmütig anerkennen und annehmen, was gerade ist, und uns nicht dagegen auflehnen. Wir können uns nicht mit der Realität anlegen, denn dieser Kampf kann nicht gewonnen werden. Die Realität ist, wie sie ist. Das ist eine Tatsache. Es sollte so kommen, sonst wäre es nicht passiert. Alles wird seinen Sinn haben. Irgendwann werden wir es erkennen.

Wenn wir auf etwas keinen Einfluss haben, können wir uns überlegen, wie wir mit dem umgehen, was wir vorfinden. All dies fällt uns leichter, wenn wir älter und reifer werden. **Der Mensch lernt aus Erfahrungen.** Und wir können heute damit beginnen. Dann kommen die Einsichten und Handlungen aus unserem Verstand und aus der Vernunft heraus, und nicht (mehr) aus dem Affekt.

Unerschütterlich kommen wir jetzt auch mit widrigen Umständen zurecht, da wir auf ein breites Repertoire an erlernten Möglichkeiten zurückgreifen können. Wir gehen gemächlich und ohne Hast durchs Leben. **Heitere Gelassenheit macht die Seele weit.** Sie bringt Frieden hinein. Wisse:

"Die richtigen Dinge geschehen zur richtigen Zeit!"

Gleichmut und die Gewissheit tiefen inneren Friedens lassen uns den Dingen gelassen entgegensehen. **Wir *wissen* einfach, dass wir das Leben meistern können.** Aufkommendes Ungemach im Außen schleudert uns nicht (mehr) herum oder wirft uns aus der Bahn. Wir manövrieren unser Bötchen über die aufschäumenden Wellen der Höhen und Tiefen der Zeit. **Das ist innere Freiheit – und Weisheit.**

Den Fluss unserer Gedanken, Gefühle und Empfindungen einfach nur wahrnehmen. Ganz im Hier und Jetzt, in der Gegenwart sein, der einzigen Zeit, die wir tatsächlich haben. Bewusst den Moment erleben und wahrnehmen, was gerade ist. Nichts bewerten, sondern die Situation so ruhig und gelassen wie möglich von außen betrachten, akzeptieren und anerkennen. **Einfach annehmen, was ist ...**

23. Oktober: Seelenverwandtschaft

Hin und wieder begegnen wir im Laufe unseres Lebens Menschen, die anders sind als andere. Sie fühlen sich schon vom ersten Moment an anders an als alle bisherigen. Es sind unsere **Seelenpartner**.

Wenn wir uns begegnen, empfinden wir sofort ein tiefes Gefühl des stillen Verständnisses. Worte sind unzureichend, um dieses Gefühl zu beschreiben. **Man muss es selbst erlebt und empfunden haben.**

Es gibt ein altes Wissen in uns, dass diese Begegnung nicht zufällig geschieht, und dass man eine gemeinsame Basis hat, eine kosmische Verstrickung im positiven Sinne. Nicht immer handelt es sich dabei um Lebenspartner oder Liebespartner, kann es aber. Wir können uns auch auf einer anderen Ebene tief miteinander verbunden fühlen. Wir erkennen es daran, dass es keiner Worte bedarf, und dass beide sofort wissen: Das ist etwas Besonderes, das uns gerade widerfahren ist! Nicht immer ist diese Beziehung von Dauer. Manchmal hat man auch nur eine gemeinsame Aufgabe zu lösen. Doch sei nicht besorgt:

„Es gibt stets mehrere Seelenpartner – für jeden von uns!"

24. Oktober: Fügung

Es gibt Fügungen in unserem Leben, die ereignen sich einfach, auch ohne unser bewusstes Zutun. Es sind immer Dinge, die jeweils „dran sind", die gerade sein sollen. Man sagt gerne auch: Wir sind zur richtigen Zeit am richtigen Ort und treffen die richtigen Menschen. Im Nachgang sind wir oft erstaunt, wie alles gekommen ist, wie sich eines zum anderen fügte.

Meistens geschehen derlei Fügungen in der Interaktion mit anderen Menschen, im Gespräch oder bei gemeinsamen Aktivitäten. Jemand sagt oder tut etwas, und **in unserem Innern schellt ein Glöckchen**. Wir halten für einen Moment inne und spüren: **Da war was!** Da hat uns etwas im positiven Sinne getriggert. Sind wir aufmerksam und gehen diesem Gefühl nach und stellen fest, *was* in uns auf Resonanz gestoßen ist, können wir diesem Pfad der **Erkenntnis** folgen. Er kann uns zu unserer Bestimmung führen, zu einem neuen Job, einer neuen Liebe, zu der Lösung eines Problems und tausenderlei Dingen mehr.

Wir können der göttlichen oder universellen Führung vertrauen, die Zeichen oder Botschaften sehen oder hören, die sich im Außen zeigen, ihre Bedeutung erkennen und erfahren, indem wir den Weg gehen, der sich uns zeigt, und uns nicht davon ablenken lassen. Andernfalls weiß das Universum nicht, wie es uns unterstützen soll, und andere Menschen ebenso wenig. Oftmals dienen andere Menschen als „Vermittler" und bringen uns weiter, wenn wir uns darauf einlassen.

„Ich bin aufmerksam und achte auf die Fügungen des Lebens!"

25. Oktober: Lebensenergie

Ein anderes Wort für Lebensenergie ist **Prana**. Im Sanskrit bedeutet es **Leben und Lebenskraft** sowie **Lebensatem, Lebenshauch**. Der uns umgebende Raum ist erfüllt von endloser und unerschöpflicher Energie. Die universelle, ursprüngliche und schöpferische Kraft dieser Energiequelle ermöglicht alles Leben auf der Erde.

Als menschliche Wesen sind wir, sowie alle Tiere und Pflanzen, umgeben von universeller Lebensenergie. Es ist eine feine Form der Energie, die in unserer Luft, der Nahrung, die wir zu uns nehmen, im Wasser und im Sonnenlicht vorhanden ist und alle Materie belebt.

Sie ist zudem eine der ältesten der Menschheit bekannte Möglichkeit zur Aktivierung der Selbstheilungskräfte sowie zur **Entspannung** und **Harmonisierung** des ganzen Körpersystems.

Universelle Lebensenergie dient der Steigerung der Lebenskraft. Sie fließt durch die gesamte Schöpfung. Mit unserem Atem können wir diesen Strom lenken, denn alles Leben beginnt stets mit dem Atem:

Eine Übung zur Steigerung der Lebensenergie:

Mitten auf unserem Scheitelpunkt befindet sich der Sitz des **siebten Chakras**, unseres **Kronenchakras**. Stelle dir einen Strom aus Licht vor, der mit dem Einatmen über deinen Scheitel in deinen Körper strömt. Mit dem Ausatmen fließt er zu deinen Füßen hinab in die Erde. Wähle deine persönliche Lieblingsfarbe. Das Licht dieser Farbe soll dich mit seiner Energie ab heute jeden Tag begleiten. Führe diese Übung für **einige Sekunden**, (oder länger, wenn du magst), **am Morgen** aus, damit sie dich für den ganzen Tag auflädt und energetisiert.

„Mit jedem Atemzug atme ich positive Energie ein und lade mich auf!"

26. Oktober: Fülle

Des Lebens ganze Fülle, des Lebens ganzer Genuss, kulinarisch wie auch gefühlsmäßig betrachtet: **Was bedeutet Fülle für dich?**
Definiere es jetzt, um es dir bewusst zu machen und die Fülle in dein Leben einzuladen. Alles ist bereits vorhanden. Du brauchst es nur noch in dein Leben hineinzuziehen. Von allem ist genug für dich da.

Von welchem Gefühl bist du voll und ganz erfüllt und beseelt? Was war im Vorfeld passiert? Genieße diese Fülle jetzt erneut!

Denke und *fühle* gleichzeitig tief in dir: „Fülle umgibt mich!"

27. Oktober: Dankbarkeit

Wertschätzen, was wir haben. Oder einmal anders ausgedrückt: **Wolle, was du hast!** Dann: **Lächle und sei froh und dankbar!** Wenn wir dankbar sind, befinden wir uns bereits im Bereich des positiven Denkens. Es ist wichtig, die schönen und guten Seiten des Lebens zu sehen. Allein das Suchen nach etwas in unserem Leben, für das wir dankbar sind, schüttet schon Glückshormone aus, da wir den Fokus auf das Angenehme lenken. **Dankbarkeit ist ein Gefühl!**

Was glaubst du, wie lange es dauert, **100 Punkte** zu notieren, für die du dankbar bist? Schließe eine Wette mit dir ab. Dann übertriff dich selbst und fange mit dem ersten Punkt an. Jetzt!

Haben wir unsere Sinne erst einmal für das Suchen danach geschärft, entsteht bald ein Automatismus und die Momente, für die wir dankbar sind, fliegen uns zu. **Danke heißt das Zauberwort!** Die Hawaiianer sagen **Mahalo** dazu. Ein kleines Wort mit einer großen Heilkraft. Es wirkt, wenn wir es nicht nur sagen, sondern auch **fühlen**.

„Ich bin dankbar für alles Gute in meinem Leben!

Dankbarkeit und Optimismus sorgen für mehr seelische Ausgeglichenheit und Selbstbewusstsein. Dankbarkeit für das, was ich bereits habe. Die Fülle sehen: **Was war heute schön?**

Dankbarkeit und Mitgefühl kann ich auch mir selbst gegenüber empfinden, indem ich mir Wertschätzung entgegenbringe. Ich kann auch dankbar für meine Fähigkeit der Regeneration sein, für die Leistung meines Körpers sowie dafür, dass ich ihn überhaupt habe. Dann stellen sich Wohlbefinden und innerer Frieden allmählich ein.

Wo in deinem Körper sitzt die Dankbarkeit? Fühle es …

Zu notieren, wofür ich dankbar bin, schafft mir gleichzeitig schöne Erinnerungen. Wenn ich sie durchlese, empfinde ich die schönen Gefühle noch einmal. Sie können sich erneut in mir ausbreiten, in meinem Körper und meiner Seele. Und so entsteht vielleicht zunächst ein **zartes inneres Lächeln, ein Gefühl der Freude**, das ich mir selbst schenken kann. Nun lässt auch das äußere Lächeln, das auch meine Mitmenschen bemerken werden, nicht mehr lange auf sich warten. Ich spüre die Freude und die Leichtigkeit in mir, wie die fliegenden weißen Blütenblätter der Obstbäume, die im Frühlingswind zart und süß nach neuem Leben duften. Ich erinnere mich ihrer …

28. Oktober: Heimat

Heimat ist ein Gefühl! Sie ist dort, wo unser Herz zu Hause ist und die Seele sich wohlfühlt. Wo unsere Lieben sind, die Menschen, die uns am Herzen liegen. Unsere Wurzeln können wir überall auf der Welt eingraben. Jeder Ort kann unsere Heimat werden oder sein. Es spielt keine Rolle, wo wir wohnen oder wo wir herkommen.

Darüber hinaus können wir Heimat auch in Büchern finden. Wir können auch in Büchern reisen, unterwegs sein und in ein anderes Leben eintauchen. In den Geschichten spiegeln sich Teile unseres Lebens wider. Wenn sie die Gefühle ansprechen und vielleicht Erinnerungen in uns wecken, haben wir den Eindruck, ein Teil davon zu sein. Wir können uns in Büchern wiederfinden und sogar aufgehoben fühlen. Sie können Trost und Stütze sein, Heimat eben. Wenn es mir nicht gut geht, tauche ich in ihre Welt ein und fühle mich gleich besser …

Es gibt eine sehr schöne Geschichte zum Thema Heimat, nicht nur für Kinder. Sie ist von Janosch und handelt von dem kleinen Bären und dem kleinen Tiger. Sie gehen gemeinsam auf die Suche nach dem Land ihrer Träume und glauben, es läge in Panama. Hier sei alles besser, größer und schöner als daheim. Sie basteln einen Wegweiser mit der Aufschrift „Panama", stecken ihn in die Erde und gehen in die Richtung, in die er zeigt. Immer wieder fragen sie nach dem Weg und gehen schließlich im Kreis herum, bis sie wieder ihr Häuschen und ihren Garten, die inzwischen in die Jahre gekommen sind, erreichen. Sie erkennen es nicht als ihr eigenes und finden auf der Erde nur das alte Schild mit der Aufschrift „Panama". Da denken sie, sie wären am Ort ihrer Träume angelangt, richten sich alles schön her und freuen sich des Lebens mit dem Ausruf: „Oh, wie schön ist Panama!"

Wo liegt *dein* „Panama"?

29. Oktober: Flexibilität

Anpassung heißt heute das Zauberwort. Beweglich sein, das Beste aus den Umständen machen und die Dinge annehmen, wie sie sind. Es geht um unser Verhalten, wie wir mit Veränderungen umgehen, wie wir sie handhaben. Hier ist **flexibles Denken und Handeln** von Vorteil. Wir stellen uns auf die neue Situation ein, indem wir sie zunächst wie ein Beobachter von außen betrachten. Dann können wir akzeptieren, was ist und die neue Situation schließlich annehmen, denn eine andere Wahl haben wir meist nicht.

Anschließend können wir mit innerem Abstand und in Ruhe überlegen, wie wir nun möglichst neutral, ohne großes Drama, damit umgehen können. Oft erscheint die Lösung eines Problems, wenn wir einmal tief durchgeatmet haben. Oder, bei größeren Anlässen, wenn wir eine Nacht darüber geschlafen haben. Dann ist der Geist wieder frisch und ausgeruht und unser Herz und der Verstand sind offen für neue Möglichkeiten. Jetzt FÜHLEN wir, was wichtig und richtig ist, und können uns vorwärtsbewegen.

Es geht weiter. Immer. Es gibt stets mehrere Wege und Gelegenheiten, ein Ziel zu erreichen, wenn eine Möglichkeit mal nicht funktioniert hat. Wenn die Dinge nicht so laufen, wie du es dir vorgestellt hast, passe deine Vorstellungen der Realität an. Manchmal müssen wir unsere ursprüngliche Idee, wie Menschen oder Situationen zu sein haben, auch aufgeben. Wenn es stockt, ist das eine Aufforderung, kurz innezuhalten und darüber zu reflektieren, ob es die richtige Handlung zum richtigen Zeitpunkt war. Manchmal ist die Zeit noch nicht reif, ob uns das nun passt oder nicht. Wir können nichts erzwingen. Das lehrt uns das Leben.

Sei offen, flexibel und kreativ bei anstehenden Lösungen, wie Wasser, das seinen Weg um jedes Hindernis herum findet. **Improvisiere.** Wenn sich eine Tür schließt, öffnet sich eine andere. Jede Tür führt irgendwohin. Wohin, erfahren wir, wenn wir hindurchgehen.
Die Integration mehrerer Denkanstöße und Möglichkeiten ist oft **der Schlüssel** zu dieser neuen Tür. Welche davon sind effektiv und bringen dich weiter? Was dient dem Wohle aller? Es gibt nicht nur *eine* Wahrheit. Manchmal müssen wir in kleineren Schritten denken. Dann zeigt sich der Weg Stückchen für Stückchen. Sei gewiss:

„Mühelos findet alles seinen richtigen Weg zur richtigen Zeit!"

30. Oktober: Begeisterung

Glück ist, der eigenen Begeisterung zu folgen! Das ist ein Garant für wahre Lebensfreude! Was ist dir wirklich wichtig? Was tut dir gut? Für was brennt dein inneres Feuer der Begeisterung? Wo bist du in **Euphorie**, in gespannter Erwartung? **Folge dieser Spur!** Das verleiht dir Energie, Glück und Erfolg bei allem, was du tust. Endorphine, unsere körpereigenen Hormone, gesellen sich dann von allein zu dir und wollen bleiben. Sie wirken euphorisierend und zudem schmerzlindernd. Sie werden vom Körper gebildet wenn wir Sport treiben oder anderen angenehmen Tätigkeiten nachgehen, die uns erfreuen.

Lebe deiner Bestimmung entsprechend und tue Dinge, die du dir im Leben wünschst, dann führst du **ein erfülltes Leben**. Du wirst dich wieder lebendig fühlen! Wenn du anderen davon erzählst, wie du deine Begeisterung und Leidenschaft lebst und auslebst, findest du womöglich Gleichgesinnte – und ihr könnt euch gegenseitig unterstützen. Das nennt man **Schneeballprinzip**. Lass das Gute sich wie ein **Lauffeuer** verbreiten. Lass es aus dir heraus und schicke es auf den Weg zu seiner Verwirklichung.

Es ist essenziell, mit den Dingen zu beginnen, die *dir* wichtig sind. Wenn wir zuerst unser Leben voller Kleinigkeiten abarbeiten und im Alltagstrott versinken, bleibt womöglich keine Zeit mehr für das, was wir *eigentlich* möchten. Daher sollten wir mehr von den Dingen tun, die wir lieben! **Womit könntest du (endlich) beginnen?**

„Ich verbringe meine Zeit mit Dingen, für die ich mich begeistere!"

31. Oktober: Reformation

Heute ist **Reformationstag**. Was bedarf deiner Meinung nach der Reformation, einer Veränderung in deinem Alltag? Was gehört in die Vergangenheit und soll auch dort bleiben? Wir sind nicht gezwungen, in ihr zu verharren. Wenn es **ein Problem** gibt, gibt es auch **eine Lösung.** Wir können einfach beschließen, dass es nun aus und vorbei ist, und das glückliche Ende dieser Zeit feiern. Dein langer Traum vom Unglück ist endlich ausgeträumt, er ist Geschichte.
Ich wende ab heute keine Zeit, keine Energie und keine Emotionen mehr für die Vergangenheit auf. Ich nutze sie lieber für mein *neues* Leben, das ich anstrebe. Ich kann meine Wahrnehmung ab sofort auf heilsame Weise verändern – und bin geheilt vom alten Kram!

Was habe ich Gutes in meinem Leben, das mit in die Zukunft genommen werden will? Und was will Neues in der Gegenwart gelebt werden? Nutzen wir diesen besonderen Tag dafür und reformieren wir diese Bereiche unseres Lebens. Mach dein Leben leichter und schöner und entscheide selbst, wie du dich fühlen möchtest!

„Heute fängt für mich eine neue Zeit und ein neues Leben an. Es ist *meine* Entscheidung. Und so ist es!"

Eine wirksame Übung:
Ich kann unter der Dusche mental alles von mir abwaschen, was gewesen ist. Es verlässt mich nun über den Abfluss. Kein Schatten der Vergangenheit bleibt mehr übrig, alles Alte fließt von mir fort ...

NOVEMBER: Zeit der Ausrichtung

In diesem Monat wollen wir unsere Antennen neu ausrichten. Es geht darum, sich nicht nur ständig darauf vorzubereiten, irgendwann das Leben zu genießen, das wir führen wollen, sondern es auch tatsächlich zu tun! Es geht nicht darum, es zu sagen oder zu denken, auf unsere Handlungen kommt es an!

Wenn wir das Leben leben, das wir möchten und mehr von den Dingen tun, die uns wichtig sind, kommen wir **dem paradiesischen Gefühl der Zufriedenheit** immer näher. Wir spüren und erleben die Vollkommenheit. Wenn wir uns mit weniger zufriedengeben, werden wir auch weniger bekommen. Daher sollten wir nach dem Bestmöglichen streben – und zugreifen!

„Nichts ist stärker als eine Kraft, deren Zeit gekommen ist.“

Wir suchen uns zwischendurch immer wieder stille Momente und genießen ein tiefes und erfüllendes Wohlsein. Dabei unterstützt dich:

Dein **Ruhebild** im mystischen Novembermonat:

Die magische Kristallkugel:

Eine Kristallkugel ist ein Spiegel, der die universelle Schau ermöglicht. Durch ihre runde Form scheinen sich Raum und Zeit aufzulösen und die Energien können frei kreisen. Durch ihre kristalline Struktur wird das energetische Feld, das alle Informationen enthält, sichtbar. Hast du Lust auf eine kleine Übung im Hellsehen?

Wenn du eine Kristallkugel oder eine Glaskugel besitzt, wische sie blank. Vielleicht hast du auch einen geschliffenen Regenbogenkristall fürs Fenster? Eine spiegelnde Wasserfläche geht auch, z. B. ein ruhiges Gewässer, eine flache Schale mit Wasser, die im Licht steht etc. Oder du stellst es dir nur im Geiste vor. Du kannst diese Übung auch einfach nur zum Abschalten und zur Entspannung deiner Augen machen, die nun nicht scharf sehen müssen.
Konzentriere dich so lange auf das Objekt und schaue hin, ohne zu blinzeln, bis dein Blick verschwimmt. Was nimmst du wahr vor deinen Augen oder vor deinem geistigen Auge? Was sagen dir die Bilder oder Farben? Sieh sie tanzen! Welche guten Gefühle entstehen in dir?

1. November: Andacht

Allerheiligen ist ein wunderbarer Tag für die innere Einkehr. Wenn du einen bestimmten Schutzpatron oder einen Namenspatron hast, gedenke ihm heute ganz bewusst und zünde als Dank eine Kerze für ihn oder für sie an. Andächtig können wir dabei der inneren Stille lauschen und die feierliche Stimmung dieses Tages genießen, vor allem, wenn wir nicht arbeiten müssen. Reflektiere einmal für dich:

Welche Momente in meinem Leben machen mich andächtig?

Wenn wir andächtig werden, werden wir automatisch ruhig. Wir halten inne und nehmen den Moment bewusst wahr. Wir können auch andächtig lauschen, zum Beispiel guter Musik. Andacht ist etwas Schönes. Wir können die positiven Gefühle, die mit ihr einhergehen, still auskosten. Wenn dich dieser Tag jedoch traurig machen sollte, weil du Verstorbener gedenkst, rufe dir heute bewusst die schönen Momente und Gefühle ins Gedächtnis zurück, die ihr zu Lebzeiten geteilt habt. Dann werden sie in dir wieder lebendig. Sie sind für immer.

„Andächtig erinnere ich mich der schönen Gefühle in meinem Leben.“

2. November: Erinnerungen

Willst du schöne Erinnerungen haben, so sorge im Voraus dafür! Alles, was wir Schönes erlebt und in unseren Erinnerungen gespeichert haben, können wir nicht mehr verlieren. Es bleibt uns für immer erhalten. Wie unsere Seele und die Seelen aller lieben Menschen und Tiere, die uns durchs Leben begleiten. Die Seele ist für immer. Erinnern wir uns daran, vor allem heute, an **Allerseelen**. Dann relativiert sich vieles in unserem Dasein auf Erden.
In den Räumen meiner Erinnerungen und meiner Seele kann ich die unschönen Momente zusammenkehren und entsorgen. Nun kann ich schöne, bunte und fröhliche Bilder an die Wände meiner Gedanken in meinem Seelenhaus aufhängen. Sie stehen für die vielen schönen Momente und die guten Erfahrungen. Alles, was gewesen ist, diente als Vorbereitung auf das, was nun ist, was ich jetzt *lebe* und *erlebe* sowie auf das, was sein wird. Ich habe den Boden bereitet.
Wenn wir eine Kerze anzünden, bringen wir Licht hinein ins ewige Sein. Blumen und Gestecke sind stets ein liebevoller Gruß. Das ist ein schöner Brauch an diesem Tag, und nicht nur heute.

„Ich hänge schöne Erinnerungen auf in meinem Seelenhaus!“

3. November: Besinnung

Uns immer wieder auf das Wesentliche, auf das, was im Leben wirklich wichtig ist, zu besinnen fällt leicht, denn der Weg geht auch hier idealerweise über die Gefühle. Das **Fühlen** ist einer unserer Sinne. Daher rührt das Wort „**Be-sinnung**". Besinnen wir uns zunächst:

Das Glück liegt in den einfachen Dingen.
Die Kunst ist, es zu erkennen, wenn es uns begegnet.

Wie fühlst du dich? Und wie *möchtest* du dich fühlen?
Beantworte dir diese Fragen ehrlich. Dann erkennst du, wohin der Weg dich führt:

„Ich richte meine Antennen auf Empfang und besinne mich."

Was hat in meinem Leben und Sein wirklich Bestand?
Worauf oder auf wen kann ich (gefühlsmäßig) bauen?
Was fühlt sich gut an?

4. November: Freundschaft

Wenn aus Bekannten Freunde werden, das ist das schönste Geschenk! Füreinander da zu sein, das macht wahre Freundschaft aus. Sie wächst langsam und geht weit über eine bloße Bekanntschaft hinaus. Sie kann sogar tiefer sein als die Familienbande. Wir können neben unserer Familie auch eine Seelenfamilie haben. Menschen, die uns wichtig sind, gehören dazu. Daher wähle weise, mit wem du deine kostbare Zeit verbringst. **Welche Kontakte nähren deine Seele?**

Wenn wir reifer werden, blicken wir mit anderen Augen darauf. Wir selektieren neu, wer zum erlesenen Kreis gehören kann und wer nicht mehr. Manche Freundschaft überlebt sich auch. Sie hatte ihre Funktion. Wenn man sich in unterschiedliche Richtungen entwickelt, kann es eben auch geschehen, dass Wege sich trennen. Dafür treten neue Menschen in unser Leben und bereichern es.

Worte sind einer der kürzesten Wege von Mensch zu Mensch. Sie können, wenn sie auf Resonanz, also auf nahrhaften Boden stoßen, jahrelange Bekanntschaften ersetzen. Wenn man sich auf Anhieb versteht, dann ist das solch ein Moment, wo Freundschaft beginnt.

„Wahre Freunde erkennen und bereichern sich auf der Seelenebene!"

5. November: Zuhören

Mache heute oder bei allernächster Gelegenheit einem lieben Menschen eine Freude und höre ihm oder ihr zu. Wir brauchen oftmals gar nichts dazu zu sagen. Einfach zuzuhören und mitzufühlen hilft schon, und der oder die Andere fühlt sich angenommen. **Achtsames Zuhören kann wie eine wohlige Umarmung wirken**, und unser Gegenüber fühlt sich nicht allein. Das Vertrauen wächst. In der Rückkopplung beschert es auch uns ein gutes Gefühl. In Zukunft wird auch uns jemand sein Ohr leihen. Im Zwiegespräch mit anderen gelangen wir oft zu neuen Erkenntnissen.

Freundschaften wollen gepflegt werden, damit sie sich erhalten. Sei empathisch, zeige dein Mitgefühl, wenn eine Freundin, ein Freund dich braucht. Echtes Mitgefühl und ehrliches Interesse sind oft schon Trost genug. Einfach zuhören und sich in den anderen hineinversetzen, ihn ernst nehmen. Man muss keinen Rat erteilen oder die Situation zu lösen versuchen. Wir können lieber weitere Fragen stellen, statt abzulenken.

Eine Freundschaft bringt **Freude** auf beiden Seiten und nährt beider Seelen. Man fühlt sich nach einem Treffen erfüllter und glücklicher. Ein Austausch ist auch immer wichtig für die eigene Reflexion. Im Anderen spiegeln wir uns. Wir bekommen Rückmeldungen, wie es um uns steht. Eine wichtige Voraussetzung dafür ist die **Wahrheit**. Wenn wir aufrichtig kommunizieren, bringt uns jedes Gespräch und jedes Treffen weiter. Sinnloses Gefasel und Smalltalk sind daher meine Sache nicht, Klatsch und Tratsch über Abwesende ebenso wenig.

„Ich höre gerne zu und spende Trost, wo ich gebraucht werde."

6. November: Schreiben

Höre dir heute selbst einmal zu und schreibe **stichpunktartig** auf, was dir **spontan**, ohne nachzudenken, in den Sinn kommt. Man nennt dies auch „**intuitives Schreiben**". Dabei kannst du sehr gut reflektieren, was gerade ist. Es ist heilsam, tut dir gut und fokussiert dich wieder. Nun kannst du dich neu ausrichten.

Zünde eine Kerze an, trinke ein Glas Wein oder Tee und schreibe deine intuitiven Gedanken auf. Du kannst zuvor auch eine Frage formulieren, auf die du eine Antwort suchst, oder ein Stichwort, über das du nachdenken möchtest. **Beende diese Übung mit einem kurzen positiven Satz oder Gedanken, der nur für dich bestimmt ist:**

„Ich höre und empfinde die Worte meines Unterbewusstseins."

7. November: Selbstliebe

Sei dir selbst der beste Freund, die beste Freundin, und sage dir heute etwas Liebes, das du gerne hören möchtest. Fühle, dass es wahr ist! Sorge gut für dich und deine Bedürfnisse – jeden Tag des Jahres. Und gehe mit dir selbst stets achtsam und liebevoll um.

Wo braucht dein Körper vielleicht mehr Aufmerksamkeit?
Frage dich auch: **Wie viel Liebe trage ich in mir?**

Liebe finden wir nur in unserem Inneren. Wenn wir sie aus unserem Herzen heraus verteilen, wird sie uns von anderen ebenfalls entgegengebracht. Doch ihr Ursprung liegt *in uns* begründet. Liebevolle Menschen pflegen auch einen liebevollen Umgang mit allen anderen, mit Menschen, Tieren, der Natur und der ganzen Umwelt. Ich muss mir selbst so viel Liebe geben, wie ich sie auch meinem Kind gebe oder geben würde. Ich habe es wirklich verdient! Es hat noch nie einen Menschen gegeben, der so ist wie ich, und es wird ihn auch nie wieder geben. **Ich bin einzigartig, kostbar und unwiederholbar!**
Selbstakzeptanz ist das Schlüsselwort: Wenn wir mit uns selbst im Reinen sind, ist allem anderen Tür und Tor geöffnet. Die Seele wird genährt, und wenn es unserer Seele gutgeht, geht es auch dem Körper (wieder) gut. Wir heilen von innen heraus.

„Mich selbst lieben heißt: mich selbst heilen. Ich liebe mich!"

8. November: Freiheit

Der Geist ist frei! Alles, was zählt, ist die innere Freiheit. Wir sind frei darin, wie wir mit dem, was wir vorfinden, umgehen. Nichts kann dir im Wege stehen, außer deinem eigenen Denken, das dich blockiert. Niemand kann dir sagen oder vorschreiben, was du denken sollst. **Die wahre Natur aller Wesen ist Freiheit!** Alles, was ihr im Wege steht, lass jetzt los, alle Begrenzungen und Beschränkungen. Sie existieren nur in deinem Geist. Alles andere ist nichts als Illusion. Wir können da frei sein, wo wir gerade sind. Wir müssen nicht bloß im Außen oder auf Reisen das Fantastische und Wunderbare suchen.
Sei, was du bist und entfalte dein wahres Selbst – jetzt und hier! Alles ist möglich! **Sei einfach du selbst und *fühle* dich frei!** Lebe diese Freiheit! Lebe frei! Die Seele will frei sein! Von welchem alten Muster kannst du dich heute lösen, um frei zu sein und dich frei zu **fühlen**?

„Meine Gedanken sind frei! Ich bin frei wie der Wind!"

9. November: Versöhnung

Was immer auch gewesen ist – es ist vorbei und wir müssen unseren Frieden damit machen, uns damit aussöhnen. Es gibt keinen anderen Weg in die innere Freiheit als das Verzeihen, das stets von Herzen kommen muss. Dazu gehört auch, dass wir *andere* um Vergebung bitten, sollten wir in der Vergangenheit irgendetwas gesagt, getan oder versäumt haben, das uns nun leidtut.

Vergeben, vergessen und verzeihen heißt die magische Formel der wahren Versöhnung. Erst dann gelangen wir zur Seelenruhe. Ein Zitat von Søren Kierkegaard besagt:

> „**Wer nicht vergessen kann, aus dem wird nichts Gescheites.**"

Wo oder mit wem kannst du dich noch aussöhnen?
Welche Mauer soll heute, am Tag des Mauerfalls, für *dich* fallen?

Sprich aus, was noch gesagt werden muss. Umarme, was geheilt werden will. Lass Licht und Liebe fließen – in Demut und Dankbarkeit. Fühle: „Ich bin versöhnt!"

10. November: Seelenruhe

Wenn wir in uns drin alles befriedet haben, was unsere Seele in Aufruhr brachte, uns mit allem und jedem ausgesöhnt haben, dann fühlen wir uns innerlich endlich ruhig und ausgeglichen. Es herrscht Frieden in uns. **Dann hat die liebe Seele Ruh'.**

Das gilt auch für unsere Gedanken und Probleme, um die wir unaufhörlich kreisen wie ein Satellit, und dabei vom Hölzchen aufs Stöckchen kommen. Lass auch sie ruhen. Nach einer Pause kannst du dich ihnen mit neuer Kraft und mit neuen Ideen und Lösungsansätzen widmen. Wenn wir die Dinge „zerreden", kommen wir auch nicht weiter. Manchmal braucht es Abstand und Ruhe, für alle Beteiligten.

Regelmäßige **Seelen-Fürsorge** ist wichtig für unser Gemüt, damit die Seele sich von Zeit zu Zeit entspannen und wieder auftanken kann.

> **„Den Puls des eigenen Herzens fühlen.**
> **Ruhe im Innern, Ruhe im Äußern.**
> **Wieder Atem holen lernen, das ist es."**
> (Christian Morgenstern)

11. November: Teilen

Heute, am **Martinstag**, tue ich bewusst etwas Gutes und teile, was ich habe. Das kann eine Sache sein, ein liebes Wort, etwas Zeit, eine kleine Spende, ein Lächeln, eine Umarmung oder ein Dank. Dies ist ein Tag der Güte, der Barmherzigkeit und des menschlichen Miteinanders. Nutzen wir ihn, um unseren Mitmenschen eine Freude zu bereiten!

Was kannst du heute spontan mit anderen teilen?

„Ich gebe freien Herzens! Es gibt mir ein gutes Gefühl.“

12. November: Familie

Familie *zu leben* bedeutet, gemeinsam Zeit zu verbringen und füreinander da zu sein, in allen Zeiten, egal ob gut oder schwierig. Wir teilen Freude und Liebe, aber auch Leid. Wenn bedingungslose Liebe da ist, fällt es leicht, dann ist **eine tiefe Herzensbindung** da, die ein Leben lang hält und sogar noch darüber hinaus fortbesteht.
Schätze dich dankbar und glücklich, wenn du ein harmonisches familiäres Umfeld dein Eigen nennst! Es ist wertvoll und kostbar wie ein Schatz. Wir alle kommen aus einer Ursprungsfamilie. Sie gab uns den Hintergrund unseres Daseins. Nicht alle von uns blicken auf leichte und glückliche Zeiten zurück, doch sie dienten unserer Weiterentwicklung und formten uns zu dem Menschen, der wir heute sind.
Nichts im Leben ist umsonst, alles hat einen tieferen Sinn und Zweck, auch wenn es bedeutet, dass wir lernen, wie man es besser *nicht* macht. Trösten wir uns damit, dass unsere Vorfahren es nicht besser wussten. Unsere Aufgabe besteht nun darin, die alten Muster neu zu strukturieren und es selber anders zu machen. Das kann auch heißen, manche Verbindungen aufzulösen. Wir haben die Wahl, mit wem wir unser weiteres Leben verbringen wollen!
Familie ist keine Einbahnstraße. Sie muss von beiden Seiten funktionieren. Ist es einseitig, und das wirst du daran erkennen, dass du dich nicht gut damit fühlst, ziehe deine Konsequenzen – bis dein Gefühl stimmig ist. Jede Familie birgt ihr Potenzial – und ihre Herausforderungen. Gestalte sie für dich so, wie du es brauchst, und stelle dir deine eigene **Wahlfamilie** oder **Seelenfamilie** zusammen. Dazu dürfen auch enge Freunde gehören. Unsere Tochter und unser Schwiegersohn haben beide das hawaiianische Wort für **Familie** auf einem Arm tätowiert: **Ohana**. Beiden ist es extrem wichtig, Familie zu leben.

„Ohana: Ich lebe für meine Familie, Seelenfamilie und Freunde!“

13. November: Freizeit

Familie und Freizeit sind zwei wichtige Basispfeiler in unserem Leben. **Nimm dir heute etwas Zeit für dich!** Das ist ein wesentliches Merkmal deiner Eigenliebe, einem weiteren Pfeiler, der stabil in deinem Leben steht. Tue, was dir Spaß macht. Jeden Tag ein bisschen. Gewöhne es dir an!

Oft genug ist unsere Freizeit eigentlich zu knapp bemessen. Doch es kommt gar nicht auf die Zeitspanne an, die sie währt, sondern auf die Qualität. **Quality time** ist nicht limitiert. Die Definition unserer Qualitätszeit liegt bei uns. Auch kurze Sequenzen können Spaß und Freude in unser Leben und in unseren Alltag zaubern, wenn sie mit besonderen Inhalten gefüllt sind. Also spicke diese Zeit mit einem **Highlight**, mit einem Höhepunkt, der alles bisher Dagewesene übertrifft und wirklich etwas Besonderes für dich ist. **Was kann das sein?**

Wir müssen nicht immer schneller, besser, fleißiger, erfolgreicher und beschäftigter werden. Lass es auch mal gut sein!

**„Es gibt Wichtigeres im Leben,
als beständig dessen Geschwindigkeit zu erhöhen."**
(Mahatma Gandhi)

14. November: Liebesbrief

Schreibe dir selbst einen lieben und aufmunternden Brief oder eine schöne Postkarte. Notiere deine wichtigsten und schönsten Gedanken. Das ist eine gute Gelegenheit, um einen Moment innezuhalten und dir darüber klarzuwerden, was du dir schon immer Schönes sagen wolltest. Ich habe das einst in einer Kur gemacht und mich nachher sehr an meinem Brief erfreut, den ich später bekam.

Gibt es etwas, das du unbedingt erreichen möchtest? Richte deine guten Wünsche an dich persönlich und an die Situation, die entstehen soll. Verwahre den Brief oder die Karte an einem Ort, wo sie dir regelmäßig in die Hände fallen. Erfreue dich jedes Mal daran, wenn du sie siehst. **Wenigstens *ein* liebes Wort oder *einen* Satz richte heute an dich!** Schreibe es zumindest auf ein Zettelchen, damit du es glauben kannst, falls du es nicht gewohnt bist, dir selbst Mitteilungen zu machen. Wie wäre es mit diesem Satz von Louise L. Hay:

„Ich liebe das Leben, und das Leben liebt mich!"

15. November: Blumengruß

Wann hast *du dir* das letzte Mal Blumen geschenkt? Mache es heute, auch ohne besonderen Anlass! Du allein bist Anlass genug! Es kann auch eine hübsche Topfpflanze sein, wenn dir das lieber ist. Daran hast du noch länger Freude. Sogar künstliche Pflanzen sind erlaubt, wenn sie echt aussehen und dir keine Arbeit machen sollen.
Immer wenn du diese Blume oder Pflanze anschaust, wirst du dich **des kleinen Geschenks von *dir* an *dich*** erinnern und dich ein weiteres Mal darüber freuen. Lass Blumen sprechen, auch zu dir!

„Hin und wieder erlaube ich mir Blumen, die meine Seele erfreuen!"

16. November: Lächeln

Lächeln kann man sammeln, indem man anderen eine Freude beschert. Male oder klebe in der nächsten Zeit **100 Smileys** auf und verteile sie in deinem Leben und in der Welt mit dem Gedanken:

„Ich bin guter Laune und verschenke ein Lächeln!"

„Du lächelst – und die Welt verändert sich."
(Buddha)

Wenn du ein Lächeln in die Welt sendest, kehrt es stets zu dir zurück. Wenn wir Freundlichkeit weitergeben, kann sie sich in der Welt verbreiten. Zaubere auch anderen Menschen ein Lächeln aufs Gesicht, nicht nur diese Woche. Lass es zur lieben Gewohnheit werden. Und vielleicht kannst du dein Lächeln ja auch ansammeln. Auf wie viele magst du heute wohl kommen? Das ist doch eine schöne Gewohnheit, die wir alle uns antrainieren könnten.

Lächle und sei fröhlich! Zelebriere Fröhlichkeit! Nimm eine Siegerpose dabei ein. Das steigert deine gute Laune und das Gehirn merkt sich, dass Lächeln für dein Wohlgefühl sorgt, da dein Belohnungszentrum versorgt wird. Das ist eine Weisheit deines Körpers.

Eine Übung:
Setze dich bequem hin, schließe deine Augen und atme bewusst ein paar Mal tief ein und aus. Dann lass ein Lächeln entstehen. Atme es förmlich ein. Beim Ausatmen lass es sich in deinem ganzen Körper ausbreiten und ausdehnen, bis du in jeder Zelle das Lächeln *bist* ...
Wisse: **Ein Gesicht, das lächelt, ist immer ein schönes Gesicht!**

17. November: Fröhlichkeit

Was stimmt dich fröhlich? Welche Menschen vermögen es, dich aufzuheitern? Triff dich öfter mit ihnen! Welche Farben machen dich froh und heiter? Trage sie oder umgib dich mit ihnen in deinem Wohnraum, das ganze Jahr hindurch. Hast du Bilder, Videos oder Fotos von Momenten, in denen die Fröhlichkeit und das Lachen fast aus dem Bild springen? Schau sie dir an, immer wieder. Sie haben noch die gleiche Kraft und Magie, deine Stimmung positiv zu beeinflussen! Am besten suchst du sie gleich heraus und vertagst es nicht. Gerade in diesem eher tristen und dunklen Kalendermonat brauchen wir alle mehr **Leichtigkeit und Frohmut.**

Mach dich auch selbst froh! Was braucht es dazu? In welcher Situation warst du zuletzt fröhlich? Was war passiert? Kann man dies oder Ähnliches wiederholen? Glückshormone werden ausgeschüttet, wenn wir froh und munter sind. Es bilden sich neue neuronale Verknüpfungen in unserem Gehirn – und die heiteren Momente vermehren sich auf magische Weise.

„Heute entscheide ich mich, froh und heiter zu sein!"

18. November: Anker

Der Rettungsanker für alle Fälle: Ein schönes Erlebnis aus der Vergangenheit, wo ich Freudentränen hatte, ganz gerührt und ergriffen war und einen dieser kostbaren Momente im Leben erlebte, die nie verblassen, die man nie mehr vergisst. Bei mir ist es die Hochzeit meiner Tochter. Dieses (innere) Bild, sie so glücklich zu sehen, ist mein Anker für alle (Not-) Fälle des Lebens, wenn es mal nicht so glatt läuft. Ich kann ihn sehr gut auch in Momenten der Angst einsetzen, bei Schmerzen, Trauer, Kummer und jeglichen Turbulenzen. Alles wird dadurch leichter und erträglicher und wird überstrahlt.
Suche auch du nach einem solchen Moment in deinem Gedächtnis. Du wirst nicht lange überlegen müssen. **Frage einfach dein Gefühl.** Nun setze dir **einen äußeren Anker** dazu. Du könntest ein Foto ausdrucken und aufstellen oder aufhängen. Es kann aber auch ein Gegenstand sein, den du in dein Blickfeld setzt, wie ich meinen kleinen goldenen Buddha, der mich daran erinnern soll, mir Zeit für mich zu nehmen und der mich sogar mit in den Urlaub begleitet. Ich verknüpfe nun auch meine schönen Urlaubsgefühle mit ihm.

„Mein Anker sichert mich in den Höhen und Tiefen der Zeit."

19. November: Knopf

Dieser „**Knopf**" hat besondere Kräfte. Er ist imaginär und du kannst ihn nicht verlieren. Er kann mit guten Worten, Gefühlen und Gedanken programmiert werden und wird am Körper getragen. Nehmen wir einmal das schöne Gefühl, das am gestrigen Tag als Anker fungierte. Wo in deinem Körper spürst du es vibrieren und pulsieren, dieses **Gefühl des unbeschreiblichen Glücks und der Freude**?
Lege nun eine beliebige Fingerkuppe auf diese Stelle deines Körpers, z. B. auf das Brustbein, das Herz, den Bauch ... Hier sitzt dein **Knopf**. Mit dem Fingertipp hast du ihn nun auf Glück und Freude programmiert! Und immer dann, wenn du diese Körperstelle mit dem Finger berührst, kehrt das dort verankerte Gefühl im Handumdrehen zu dir zurück, wie auf Knopfdruck. **Es ist der Knopf zu deinem Anker.**

Du kannst auch einen **Knopf für Ruhe und Entspannung** programmieren, z. B. als **Fingermudra**, indem du die Kuppe des Daumens mit der Kuppe deines Zeigefingers zusammenführst. Immer wenn du das tust, wirst du augenblicklich innerlich ruhig. Du *denkst* und *bist* Ruhe.

„Mein Knopf bringt mir augenblicklich schöne Gedanken & Gefühle!"

20. November: Kinder

Elternsein ist eine besondere Aufgabe. Wir bekommen die schöne Verantwortung, eine Zeit lang für eine Seele zu sorgen, sie zu begleiten und sie später ins eigene Leben zu entlassen. Wenn die Kinder klein sind, geben wir ihnen Wurzeln, sind sie groß, geben wir ihnen Flügel. Wenn wir sie freilassen, werden sie immer wieder zu uns zurückkehren, wie Brieftauben. **Liebe lässt frei.** Sie bindet nicht.

Zu unseren Kindern gehören auch **unsere geistigen Kinder**, gerade wenn wir kein eigenes Kind großziehen. Geistige Kinder sind Bücher, die wir schreiben, Bilder, die wir malen, Skulpturen, die wir erschaffen, Holz, das wir bearbeiten und so viel mehr. Gib auch hier all deine Liebe hinein. Sie sind *deine* Kinder.
Auch du selbst bist einst Kind gewesen. Nimm dein inneres Kind, das kleine Mädchen, das du einst warst, oder den kleinen Jungen in dir, in Gedanken auf deinen Schoß und gib ihm mental all die Liebe und Aufmerksamkeit, die es gebraucht hätte, oder was immer dir damals fehlte. Es gibt euch beiden Trost und Heilung ...

„Ich gebe meinem (inneren/geistigen) Kind alles, was es braucht!"

21. November: Geheimnis

Was ist dein Geheimnis? Was macht dich besonders auf dieser Welt? Was ist das Geheimnis deines Erfolges, deiner Ehe, deiner Kochkünste und all der Dinge, die dir leichter fallen als allen anderen Menschen, die du kennst? Jeden von uns zeichnet irgendetwas aus, auch wenn wir es nicht an die große Glocke hängen. Es kann auch im Geheimen und Verborgenen liegen, und ist deshalb nicht weniger wert. Dir selbst darfst du es jetzt verraten …

Viele von uns haben einen sechsten oder siebten Sinn. **Der 6. Sinn** bezieht sich auf ein besonderes Gespür, das wir in Situationen haben, die gerade stattfinden. Manchmal wird uns die richtige Bedeutung erst später klar, doch in dem Moment spüren wir, dass etwas Besonderes im Gange ist. Wir sind zur rechten Zeit am rechten Ort.

Der 7. Sinn bezieht sich auf unsere Vorahnungen für die (nahe) Zukunft. Wir „wissen" instinktiv, was kommt, was als Nächstes dran ist. Oftmals trauen wir uns nicht, mit anderen darüber zu sprechen. Und so darf es ruhig auch dein Geheimnis bleiben, wenn du besondere Empfindungen hast. **Vertraue dir und deiner Intuition!**

„Ich setze alle meine Sinne ein und vertraue meiner Intuition!"

22. November: Ehrlichkeit

Sei ehrlich zu dir selbst: Vor was oder wem drückst du dich? Welche anstehenden Entscheidungen schiebst du immer wieder auf? Oder was gestehst du dir nicht ein, obwohl du *weißt* und *fühlst,* dass es so und nicht anders ist? Lass es raus und befreie dich innerlich von dem Druck, der dadurch auf deiner Seele lastet. Sich selbst zu belügen, macht unglücklich und unzufrieden. **Wo liegt der Hase im Pfeffer?**

Wenn wir ehrlich und authentisch uns selbst gegenüber sind, wenn wir selbstbestimmt unsere Entscheidungen treffen und unsere *eigene* **Wahrheit** leben, haben wir das beste Werkzeug zur Hand für Harmonie und Gesundheit von Körper und Geist. Wir folgen dem Ruf unserer Seele und fühlen uns als Ganzes, als Einheit. Dafür müssen wir manchmal in unserem Leben aufräumen, beruflich etwas verändern, unsere Beziehungen überdenken, umziehen oder eine andere Handlung ausführen oder unterlassen, die nicht mehr stimmig ist.

„Ich bin ehrlich und aufrichtig zu mir selbst und gehe meines Weges!"

23. November: Durchatmen

Egal, was im Leben auch sei: Manchmal ist es besser, erst mal durchzuatmen, bevor wir auf eine schwierige Situation reagieren, eine Entscheidung fällen oder eine Antwort geben. Wenn wir sehr aufgeregt sind, empfiehlt es sich, dass wir zunächst kurz innehalten und uns auf unseren Atem konzentrieren, um uns schnell wieder zu beruhigen. So können wir auch alte Muster durchbrechen, wenn wir dazu neigen sollten, zu impulsiv zu reagieren.

Wenn du das Gefühl hast, etwas oder jemand nimmt dir die Luft zum Atmen, wenn du nicht mehr ein noch aus weißt, so bediene dich für einen bewussten Augenblick der **Kraft deines Atems**. Er weiß, was zu tun ist, denn er geschieht automatisch. Du kannst deinem Atem helfen und ihm mehr Freiraum geben. Lass ihn sich in dir ausbreiten und ausdehnen. Manchmal reichen schon wenige Sekunden.

Es gibt diese **berühmte Formel**, die du anwenden kannst: **Erst mal bis 10 zählen**. Das können auch **zehn Atemzüge** sein. Mit dieser Atempause läuten wir eine **kurze mentale Ruhepause** ein.
Je öfter wir sie praktizieren, desto schneller erkennt unser Geist, dass wir uns eine kleine Auszeit oder Bedenkzeit gönnen, sobald wir unsere Achtsamkeit auf den Atem und das Zählen lenken. Mit der Zeit entsteht ein Automatismus: **Langsam tief ein- und ausatmen – und erst dann weitersehen.** Mit etwas innerem Abstand zur Situation sehen und denken wir wieder klarer.

„Ich atme bewusst durch und werde sofort innerlich ruhig!"

24. November: Patenschaft

Eine Patenschaft einzugehen will gut überlegt sein. Wir übernehmen für lange Zeit eine Verantwortung. Erwartungen werden an uns gestellt. Wollen wir das? Es schadet nicht, *vorher* darüber nachzudenken, sonst entstehen Enttäuschungen. Was erwartest du selbst von deiner Zeit als Patin oder Pate, was der oder die andere? Sprecht das vorher ab. Es ist besser, eine Patenschaft gar nicht erst anzunehmen, als ihrer nachher wortbrüchig zu werden. Das ist auch dem Kind gegenüber, um das es geht, nicht fair.
Tue nur Dinge, von denen du auch langfristig angetan bist. Ein kurzes Strohfeuer kann mehr Schaden als Nutzen anrichten. Wäge ab, ob es auch langfristig zu deinem Leben passt. Wenn nicht, ist es auch nicht schlimm. Außerdem gibt es viele Wege, eine Patenschaft einzugehen.

Wenn du einem Kind einen guten Start ins Leben ermöglichen möchtest, kannst du z. B. auch eine kleine finanzielle Patenschaft für ein Kind aus der Dritten Welt übernehmen. Du musst nicht Pate stehen bei der Taufe. Es geht auch anders.

Ich für meinen Teil habe mich bei der DKMS registrieren lassen, der Deutschen Knochenmarkspenderdatei. Vielleicht werde ich eines Tages als Spenderin gefragt sein und kann dadurch ein Leben retten oder verlängern. Es gibt 1000 Wege, die nach Rom führen, wenn du etwas an andere Menschen weitergeben möchtest. Alles kann sein, nichts muss. Entscheide selbst, was zu dir passt.

„Wenn ich etwas gebe, geschieht es stets aus freien Stücken.“

25. November: Sterne

Zum Thema **Sternegucken**: Wann hast du das letzte Mal den Nachthimmel betrachtet? Hole es allerspätestens im nächsten Urlaub nach, in einer klaren Nacht. Dann kannst du vielleicht sogar **das Wunder einer Sternschnuppe** erleben. Es ist gar nicht so selten. In der allzeit beleuchteten Großstadt ist es schwieriger. Es wird nie ganz dunkel, und richtig sauber und klar ist die Luft meist auch nicht, sprach die Seele aus der Kölner Bucht, die sich gerne in ein Wolkenkleid hüllt.

In den Sternenhimmel zu schauen, entspannt und erdet. **Wir erkennen, wie klein wir sind im Vergleich zum Kosmos.** Vieles relativiert sich durch diese Erkenntnis. Wir sollten uns bei Alltagsdingen viel öfter fragen: **Ist es das wert?** Den Sternenhimmel zu beobachten, die Seele baumeln zu lassen und die Gedanken ziehen zu lassen ist eines der entspannendsten Abendrituale, die man allein oder zu zweit zelebrieren kann.

Glaubst du an die Kraft der Sterne? Wenn dich das Thema Astrologie interessiert, kannst du einmal unter **astrologie.de** nachschauen. Dort kannst du dir von einem renommierten Wirtschaftswissenschaftler für kleines Geld dein Horoskop erstellen lassen, um zu sehen, wo deine Stärken, deine Talente und deine Aufgaben liegen. Es ist wohlwollend formuliert und beinhaltet keinerlei abstruse Zukunftsdeutungen. Vielmehr spiegelt es das, was dich ausmacht, was du mitgebracht hast auf diese Welt, und wie du es am besten einsetzen kannst. Wenn du noch auf der Suche bist nach den verborgenen Schätzen in deinem Inneren, kann dir diese Seite vielleicht weiterhelfen. Wisse:

„Es gibt nur gute Sterne in meinem Leben!“

26. November: Kristall

Finde den Kristall in deinem Inneren! In jedem von uns schlummert ein ungeschliffener Diamant. Unsere Erfahrungen im Leben formen ihn. Wenn wir das Beste in uns zum Vorschein bringen, lassen wir diesen Diamanten strahlen. Dieses kristalline Licht senden wir auch nach außen aus, wir glänzen geradezu. Andere nehmen ebenfalls wahr, wie wir förmlich von innen heraus leuchten. Das tun wir immer dann, wenn wir besondere Momente erlebt haben und uns beseelt und glücklich fühlen. Die Augen strahlen und der ganze Körper sendet scheinbar Licht aus. Die Körperhaltung ist aufrecht, der Kopf hoch erhoben. **Unser ganzes Wesen brilliert.** Diese kostbaren Momente müssen wir uns selbst schaffen. Es sind **Kristall-Momente. Welche hast du bereits erlebt?**

Meditation: Der blaue Diamant
Eine Reise in dein Inneres, zum Kern deines Seins:

Gehe in dich und lasse die äußere Hülle deines Körpers sich wie eine Illusion zusammenziehen, ähnlich einem Luftballon, aus dem du langsam die Luft entweichen lässt ... Du spürst, wie du dich immer weiter komprimierst, wie du alles loslässt, was du nicht bist ... Wie auch deine Körperhülle in diesem Moment keine Rolle spielt und du dich immer weiter und weiter zusammenziehst – zu deiner **Essenz** wirst, das, worauf es wirklich ankommt, was dich tatsächlich ausmacht in diesem Leben ...
Und siehe, dass du ein wundervoller glänzender Diamant geworden bist, der in deinem strahlenden Seelenlicht blau schimmert! Ein Blau, wie es dir am ehesten entspricht und wie es dir ganz besonders gefällt ... Lasse dich von diesem strahlend blauen kristallinen Licht einhüllen und durchdringen. Es ist der wesentliche Teil von dir!

„Meine Essenz, das, was ich bin, strahlt aus der Tiefe meines Seins!"

27. November: Selbstwert

Mein Glaube an mich selbst kann Berge versetzen! Ich kann meinen Selbstwert aus mir selbst heraus finden. Wenn ich mir selbst genüge, ohne abhängig von Bestätigungen durch meine Mitmenschen zu sein, nähre ich mein **Selbstwertgefühl.** Wenn ich mir meiner selbst sicher bin, wenn ich meinen innersten Kern gefunden habe, das, was mich ausmacht, kann ich mich auf meinen Lorbeeren ausruhen und Dinge tun, die ich besonders gut kann und die mir guttun.

So finde ich meine Bestätigung in mir selbst. Heute beschließe ich, mich ganz besonders großartig zu finden! Ich lobe, ehre und achte mich. Und ich bin es wert, ein gutes Leben zu haben. Gutes ist unterwegs zu mir! Aus einer Situation, egal wie sie begann oder sich gestaltet, entsteht nur Gutes! Und Gutes kann nur in mein Leben kommen, wenn ich mich selbst liebe und wertschätze.

Darüber hinaus bin ich ein Geschenk für all die Menschen, denen ich begegne! Es spielt keine Rolle, was andere von mir halten und denken und ob ich ihren Erwartungen entspreche. Deswegen vergleiche ich mich auch nicht mit anderen, denn jeder Mensch ist einzigartig. Auch ich! Aber am wichtigsten ist, dass ich mehr lache und viel mehr lächle – und sei es nur für mich! **Ich bin mir das selbst wert**, denn ich weiß: **Ich bin ein Geschenk!**

„Ich habe es verdient, gesund, glücklich und voller Freude, Liebe und Wohlstand durchs Leben zu gehen!"

28. November: Selbstmitgefühl

Ich darf Nachsicht und Einfühlungsvermögen auch mir selbst gegenüber zeigen! Besonders dann, wenn mal alles nicht so läuft, wie ich mir das vorstelle. Mein Körper ist mein Seelengefäß und tut, was er kann. Ich zeige Mitgefühl für die Bedürfnisse meines Körpers und meiner Seele: nach Pausen, nach Ruhe, nach Erholung oder nach mehr Bewegung und nach guter oder besserer Ernährung. Ich will die Besonderheiten meiner Person **wertschätzen**!

Wenn ich Unterstützung brauche, egal in welcher Hinsicht, hole ich sie mir und sorge für mein Wohlsein. Das kann Bücherwissen sein oder die Konsultation einer/eines Heilkundigen. Wir können Kurse absolvieren oder uns einer Gruppe oder einem Verein anschließen.

Verständnis für die eigenen Besonderheiten zu haben, ist mindestens genauso wichtig, wie das Mitgefühl, das wir für andere hegen. Manchmal haben wir das nicht gelernt. Doch es nie zu spät dafür!
Im Wort **Selbstmitgefühl** schwingt das **Gefühl** mit. Es meint *nicht* Selbstmit*leid*. Das würde nur das Ego bedienen und uns nicht voranbringen. Wir würden auf der Stelle treten und nichts würde sich ändern. Wir wären blockiert im Denken und Handeln. In diesem Wort spiegelt sich das Leid wider. Und wer will schon freiwillig leiden?!

„Ich bin gut zu mir selbst und zeige mir echtes Mitgefühl!"

29. November: Selbstbewusstsein

Selbstbewusstsein bedeutet, an sich selbst zu glauben, an die eigenen Stärken, und vom eigenen Handeln, Denken und Fühlen überzeugt zu sein. Lass dein inneres Licht, deinen Stern leuchten und strahle es aus! Dadurch kannst du auch anderen Menschen dazu verhelfen, ebenfalls zu leuchten, weil du sie inspirierst.

Ich bin gut so, wie ich bin! Ich liebe mein Leben und bin mir bewusst, wie glücklich ich mich schätzen kann, auf der Welt zu sein. Dieses Glück liegt im Erschaffen meines eigenen Lebens, in der Reise zu meinem wahren, zauberhaften Ich, dessen ich mir bewusst bin!

Wir wollen heute unser Selbst erkunden und für mehr Selbstbewusstsein und Achtsamkeit in Bezug auf unsere Bedürfnisse sorgen:

Gehe durch den Tag wie eine Königin oder wie ein König, aufrecht und hoch erhobenen Hauptes. Das allein unterstützt schon dein Selbstbewusstsein. Du verkörperst es nach außen und jeder kann es sehen, inklusive dir, wenn du an einem Schaufenster oder an einem Spiegel vorbeikommst. **Lächle dir zu!** Das hebt augenblicklich deine Stimmung und nährt die gute Beziehung zu dir selbst. Du kannst alles schaffen! Sei dir deiner selbst gewiss und bewusst!

„Ich bin mir meiner selbst bewusst und finde Hilfe in mir selbst!“

30. November: Vorfreude

Vorfreude ist die schönste Freude! Sie währt stets am längsten und beginnt im besten Fall bereits lange im Voraus, wenn wir Glück haben. Lange und ausgiebig können wir von ihr zehren, uns die schönsten Bilder im Kopf ausmalen. Vorfreude ist kostbar wie ein Juwel und hebt umgehend unsere Stimmung.

Worauf kannst du dich schon jetzt freuen?

Rufe es dir immer wieder ins Gedächtnis und lass diese kindliche Freude in dir entstehen. Spüre das innere **Jubeln und Jauchzen**, wie du es von früher kennst, als es dir noch leichtfiel und selbstverständlich war. Anstatt traurig zu sein, dass etwas vorbei ist, kannst du dich bereits auf das nächste Highlight freuen und vorbereiten!

„Durch freudvolle Gedanken erschaffe ich mir eine freudvolle Welt!“

DEZEMBER: Zeit des inneren Lichts

Nutze die Kraft der Sterne im Dezember und lass ihr Licht für dich und für andere, die dir am Herzen liegen, leuchten! Dieser Monat lädt uns dazu ein, Nächstenliebe und Freude *zu leben*, nicht allein zu predigen. Wir zünden die Kerze in unserem Herzen an und lassen ihr Licht weit über uns hinaus strahlen.

In diesem Monat gibt es zum Ruhebild des Monats eine kleine Übung dazu. Wir können beides nach Bedarf gut miteinander kombinieren.

<u>Dein **Ruhebild** für die Weihnachtszeit:</u>

Der Fünfstern:

In der Geometrie wird der fünfzackige Stern, dessen Seiten gleichlang sind und eine der fünf Spitzen nach oben zum Himmel zeigt, **Pentagramm** genannt. Er symbolisiert das Licht und die Liebe des Kosmos und passt hervorragend in diese Zeit. Gleichzeitig steht er für den Schutz und für eine höhere Macht auf Erden. Er repräsentiert den erwachten (göttlichen) Menschen, wie wir ihn von der berühmten Zeichnung von Leonardo da Vinci kennen. Sie zeigt einen Menschen, der mit weiten Beinen und hoch erhobenen, auseinander gestreckten Armen aufrechten Hauptes in der Mitte eines Kreises steht. Der Kreis symbolisiert die Erde, der Körper stellt ein Pentagramm dar.

Der Stern stellt eine Anbindung an die höhere Kraft und die kosmische Ordnung her. Wir verbinden uns mit der Energie des Kosmos. Wenn wir einen Fünfstern vor unserem geistigen Auge visualisieren, haben wir ein Schutzsymbol vor uns. Die Kraft eines jeden Symbols verstärkt sich mit der Zeit, je länger wir uns mit ihm beschäftigen. Es lädt sich beständig mit unserer eigenen Kraft und Energie auf.

<u>**Eine Übung:**</u>

Stelle dich aufrecht hin, wie oben beschrieben, sodass du wie ein Seestern aussiehst. Schließe für einen kurzen Moment deine Augen und sieh dich im Sternenlicht leuchten! Spüre die Kraft des ganzen Universums in dich hineinfließen und durch dich hindurchfließen, über deinen Scheitel, deine Hände und Arme bis hinab in deine Beine und Füße … **Fühle dich gestärkt und beschützt!**

1. Dezember: Überraschung

Überrasche dich heute selbst! Und nebenbei gesagt: Für einen Adventskalender ist man nie zu alt! Es gibt zahlreiche Varianten für Erwachsene und sogar für Haustiere. Mein Favorit ist der Adventskalender von Primavera mit 24 ätherischen Ölen.
Du kannst auch etwas tun, bei dem du dich selbst überraschst! Etwas Ungewohntes. Oder etwas Verrücktes vielleicht? Sei originell! Raus aus dem Alltag und aus dem Einerlei! Wem schmeckt schon der tägliche Einheitsbrei? Dir jedenfalls nicht mehr, spätestens seit heute! Was wirst du anstellen? Was hat dich schon immer „gejuckt"? Es birgt Potenzial für mehr **Lebensfreude**!

<u>Die gute Tat:</u>
Und nun überlege dir etwas Besonderes, womit du einer Person deiner Wahl innerhalb der nächsten 24 Stunden eine kleine Freude machen kannst. Eine freundliche Tat schenkt einem anderen Menschen eine liebevolle Erfahrung und hilft, das Leben insgesamt schöner und angenehmer zu gestalten. Wenn man ein schönes Erlebnis genießen konnte, ist man oftmals ebenfalls bereit, jemand anderem eine Freude zu bereiten. So kann sich das Gefühl der Freude über den Erdball verbreiten und unsere Welt allmählich zu einem besseren Ort machen. Dies ist auch ein schönes **Ritual für die Adventszeit**, für jeden der 24 Tage deines Adventskalenders. 24 kleine Überraschungen und Freuden für dich und die Welt ...

<u>„Ich genieße und verschenke jeden Tag ein kleines bisschen Freude!"</u>

2. Dezember: Segen

Segne dich heute selbst! Sprich einen Segenswunsch für dich, z. B.: **„Möge ich gesund und glücklich sein."** Ich segne auch die Dinge in meinem Leben, um ihre Schwingung zu erhöhen, um das **Segenslicht** hineinzubringen und zu versiegeln. Diese heilsame Energie strebt stets danach, sich zu verwirklichen. Einen Segen auszusprechen hat eine tiefgreifende Kraft. Wir können alles segnen, was uns umgibt.

Sei darüber hinaus **ein Segen für diese Welt** und handle stets zum Wohle aller. Ein Segen soll Gutes anziehen und das Glück einladen. Nun, nachdem du gut für dich gesorgt hast, kannst du auch einen Segen für all jene formulieren, die dir am Herzen liegen. Du kannst deine Ahnen segnen, wenn du magst, und ihnen ein Kerzchen zu ihrem Andenken aufstellen. Es gibt keine Grenzen. Alles ist erlaubt.

Ein **Talisman** kann dich ab heute begleiten. Er gilt als Glücks- und Segensbringer sowie als Schutzsymbol und erinnert daran, dass wir mit Kräften und Energien verbunden sind, die uns stärken. Lade ihn gedanklich mit der Kraft auf, die du gerade brauchst. Wenn du ihn bei dir trägst, wird sich seine Energie im Laufe der Zeit weiter steigern, allein durch die Aufmerksamkeit, die du ihm gibst. Seine Wirkung liegt im Glauben des Trägers, der Trägerin, und so kann er dir sogar Heilung bringen. Alles, was dir gefällt, kann dir als Talisman dienen.

Wir können einen Talisman auch verschenken. Dafür sollten wir ihn mit Bedacht auswählen, denn er sollte zur Trägerin und zum Träger passen. Wir können ihn mit einem guten Segenswunsch versehen: „Möge dieser Talisman dir Schutz, Glück, Heilung, Segen, Liebe ... bringen!"

Ein Talisman will nicht gesucht, er will gefunden werden. Wenn er dir begegnet, wirst du instinktiv wissen, dass er für seine Zwecke taugt. Halte einfach in den nächsten Tagen die Augen offen. Derweil trage dich diese Affirmation durch die Zeit:

„Ich segne mich und mein Leben und erwarte stets das Beste!"

3. Dezember: Glaubensmuster

In 21 Tagen ist Weihnachten. Nutze die Zeit des Advents, um dich auf die Ankunft des Lichts vorzubereiten. Ersetze heute einen alten Glaubenssatz, der dir nicht mehr dient und den du loslassen möchtest, durch einen neuen, positiven und wiederhole ihn täglich als **Mantra**, als **Affirmation**. Das indische Wort „mantra" bedeutet Suggestion. Ein Mantra ist eine Wiederholungsformel. Auch jeder Gedanke ist eine Affirmation. Bis Heiligabend hat sich das neue Muster dieses einen Satzes etabliert und ist dir zur Selbstverständlichkeit geworden.

Du kannst auch eine **Mala** benutzen, eine buddhistische Gebetskette in Form einer Perlenkette mit 108 kleinen und einer etwas größeren Perle, der Guru-Perle, die wir durch die Finger wandern lassen, beginnend mit der großen Perle. Dazu lassen wir die Perlen zwischen Daumen und Mittelfinger der rechten Hand nacheinander abrollen. Der Zeigefinger wird bewusst nicht benutzt, der er für das Ego steht. Man kann die Perlchen auch nur mit dem Daumen im Uhrzeigersinn rollen. Sind wir einmal rund, wandern wir in entgegengesetzter Richtung zurück, ohne über die dicke Perle zu gehen usw. Oder du erfindest deine eigene Art und Weise. **Fühle dich frei!**

Während wir die Perlen durch unsere Finger gleiten lassen, sprechen wir in Gedanken bei jeder Perle unser Mantra. Das Wort Mala stammt aus dem Sanskrit und bedeutet Kranz. Wir kennen hierzulande u. a. auch den Rosenkranz. Gebetsketten dienen der kraftvollen Konzentration, der Meditation und der Beruhigung unseres Geistes. Wir können sie auch zum Stressabbau verwenden und um wieder ins Gleichgewicht zu kommen. Sie zentrieren Geist und Körper. Unser Gehirn unterscheidet nicht zwischen Realität und Vision. Gib ihm neue Nahrung in Form deines Mantras, deiner Affirmation, und stelle dir währenddessen vor, dass der angestrebte Zustand bereits eingetreten ist. **Fühle und wisse, dass es wahr ist! Und so sei es!**

„Mein Mantra des Tages: Das Leben steckt voller Möglichkeiten!"

4. Dezember: Hilfsbereitschaft

Gleichgültig, ob es sich um ein Ehrenamt oder um eine Dienstleistung handelt: **Sei freundlich und hilfsbereit!** Tue diese Woche jemandem einen kleinen Gefallen und zaubere ihm oder ihr ein Lächeln aufs Gesicht! Wenn wir anderen helfen, fühlt sich nicht nur der oder die andere besser, auch uns selbst gibt es ein gutes Gefühl. Der Dank ist uns gewiss, auf menschlicher wie auch auf kosmischer Ebene. Das Gesetz der Resonanz vergisst nichts. **Was kannst du Gutes tun?**

Wenn wir das Leben anderer Menschen oder das Leben der Tiere verbessern, machen wir die Welt zu einem besseren Ort für alle Beteiligten. Alles, was wir für andere tun, ist ein wertvoller Beitrag für das Gemeinwohl, gerade jetzt, in dieser Zeit. Wir sollten unsere Energie dort einsetzen, wo wir sie am liebsten hinfließen lassen wollen, wo unser Herz aufrichtig dabei ist. Auch im Umweltschutz ist unsere Hilfe gefragt. Wo kannst *du* das Leben oder einen klitzekleinen Teil der Welt durch deine Mithilfe auf Dauer ein wenig besser machen? Mache sie freundlicher für alle Lebewesen. Das kann andere Menschen inspirieren, es dir gleichzutun. **Auf dich kann man bauen!**

Sei stets zuverlässig, wenn du deine Hilfe anbietest. Jemandem eine Gefälligkeit zu erweisen, ist ein schöner Dienst an der Menschheit. In der Regel können wir dann ebenfalls mit freudiger Unterstützung rechnen, wenn wir sie einst benötigen sollten. Geben und Nehmen sollten immer im Gleichgewicht sein. Das kann ein schöner Brauch, ein schönes Ritual sein, nicht nur am heutigen **Barbaratag**.

„Ich biete meine Hilfe an, wo man sie gebrauchen kann!"

5. Dezember: Herzensenergie

Hörst du auf dein Herz? Es kennt den Weg ...
Lerne den Unterschied herauszuhören zwischen dem, was dein Kopf
dir sagt und der Botschaft deines Herzens. Im Herzen fühlen wir die
Wahrheit. Die Stimme des Herzens kommt stets mit einer tiefen inneren Ruhe daher. Die Stimme des Kopfes hingegen ist aufgeregter, lauter, plappernder. Es fehlt meist das positive innere Gefühl dazu. Das
ist der Unterschied.

**Wir wollen heute bewusst in der Herzensenergie sein und die
Liebe weitergeben, die in uns allen ist, sie teilen und vermehren!**

Wer in der eigenen Harmonie und in der inneren Mitte ist und bleibt,
hilft auch anderen, ihre Mitte zu finden. Sei Vorreiter*in in dieser
Herzensangelegenheit! Rosen stehen symbolisch für die Herzensmit-
te, für Liebe, Licht und Leben. Und so passt dieses Thema wunderbar
in den Monat Dezember. Es gibt ein einfaches Rezept, das uns helfen
kann, unser Herz zu öffnen und in die Herzensenergie zu kommen:

Rosenblüten-Tee:
Nimm einen Teelöffel Rosenblüten-Wasser (z. B. von Primavera) auf
eine große Tasse gekochtes Wasser und atme den Duft des Tees beim
Trinken tief ein! Denke und fühle: „Mein Herz ist weit und weich!"

6. Dezember: Geben

Der heutige **Nikolaustag** soll uns an die Gaben erinnern, die Bischof
Nikolaus von Myra im 4. Jahrhundert an Bedürftige verteilte. Nun ist
es an der Zeit für uns, ebenfalls zu geben, was wir (übrig) haben.
Sei ein Wunscherfüller für andere! Wen kannst du überraschen?

Verteile heute zumindest dein schönstes Lächeln, auch an dich selbst,
sobald du einem Spiegel begegnest. Das kostet nichts und macht den
Tag für dich und andere schöner. Gib freien Herzens, ohne Erwartung
einer Gegenleistung. Bringe Licht und Wärme in die Seele der Menschen. Das können auch Essensspenden an die Tafel oder an die Tier-
tafel sein, Geldspenden oder Kleiderspenden für Obdachlose ... Es
gibt unzählige Möglichkeiten, für andere ein Nikolaus zu sein.
Und was kannst du heute für dich selbst tun? Vergiss auch *dich* nicht
und tanke dich immer mal wieder auf. Gönne auch dir etwas Gutes!

„Von Herzen gern bin ich Wunscherfüller*in!"

7. Dezember: Innere Stimme

Meine innere Stimme wohnt in meinem Bauchraum. Hier ist der Sitz des sogenannten „Bauchhirns". In der Mitte unseres Bauches befindet sich das größte Nervengeflecht, der Solarplexus, auch Sonnengeflecht genannt. Es ist der Sitz unserer Empfindungen, der Gefühle und Emotionen. Hier spüren wir, wenn etwas nicht stimmig ist. Hören wir auf unseren Bauch, auf unser Bauchgefühl, dann hören wir auf unsere innere Stimme.

Wenn wir innere Reisen unternehmen, kommen wir unserer inneren Stimme näher. **Wir kommen an die Quelle.** Es gibt zahlreiche geführte Meditationen, die uns dorthin bringen können. Einige sind in diesem Buch enthalten. Doch letztendlich reicht es aus, innerlich vollkommen ruhig zu werden und der leisen, zarten Stimme in uns zu lauschen. Sie kommt stets unaufgeregt daher, und genau genommen ist sie **mehr ein Gefühl als ein Gedanke.** Es können auch Bilder hochkommen, die Erinnerung an einen Geruch oder Geschmack.

Doch selbst mit „Lärm" können wir ihr begegnen. Rituelles Trommeln erfüllt diesen Zweck. Es dient der Meditation und kann uns in Trance bringen. Zum Trommeln eignet sich jedes Ding, das einen für unsere Ohren harmonischen Klang erzeugt. Finde deinen eigenen Weg, der zu dir passt. Deine innere Stimme ist immer da und führt dich!

„Ich nehme mein Bauchgefühl wahr und lausche seinen Botschaften."

8. Dezember: Geburtstag

Feiere dich selbst! Jeden Tag ein bisschen, und manchmal auch ein bisschen mehr. **Du bist wichtig!** Denke und **fühle** gerade heute:
„Ich bin willkommen auf dieser Welt!"

Erinnere dich an deinem Geburtstag daran! Oder zelebriere ihn einfach auch heute ein bisschen, (in Gedanken mit mir zusammen). Zünde an deinem Geburtstag eine schöne Kerze für dich an, um deinen guten Wünschen für dich Nachdruck zu verleihen. Sie steht symbolisch für dein Lebenslicht. **Lass auch dein inneres Licht leuchten!**

Heute ist **ein Marientag**, Mariä Empfängnis, und in vielen Ländern ist Feiertag. Du kannst ihn auch für dich feiern! Dabei spielt es keine Rolle, ob du Mutter Maria gedenkst, Mutter Erde, der Sonne, des Mondes oder was und wer auch immer für dich passend erscheint.

Fühle dich gerade heute angenommen, geliebt und geborgen und hülle dich in den blauen Mantel des Vertrauens in das Leben. Die Mutter aller Dinge sorgt stets für dich. Alles wird geheilt, was der Heilung und der Versöhnung auf emotionaler Ebene bedarf. Du kannst heute und/oder an deinem Geburtstag in deinem **Buch des Lebens** lesen:

Stelle dir eine sehr alte, geweihte Tempelanlage inmitten einer einsamen Bergregion vor, vielleicht wie „Celestine" in den Bergen Perus. In der Mitte steht ein runder Altar aus Sandstein auf dem roten Erdboden. In dieser Erde liegt ein altes Buch vergraben. Du weißt, wo es ist und gräbst es aus … Du legst es auf den Altarstein und blätterst darin bis zu einer Seite, die dich magisch anzieht. Was findest du dort? Ein Bild, ein heiliges Symbol, ein Wort oder ein Gefühl dazu?

Die Botschaft ist allein für dich bestimmt. Sie stammt aus deinem Unterbewusstsein. Nimm sie in Gedanken mit und lege das Buch wieder zurück. Was hat sich in dir verändert?
Welches Gefühl spielt nun eine Rolle?
Wenn du ihm eine Form geben könntest, wie sähe es aus?
Welche „himmlische" Botschaft erreicht dich auf dem Wege deiner Gedanken und Gefühle? **Fühle dich gesegnet …**

9. Dezember: Inneres Kind

Auch unser „inneres Kind" möchte von Zeit zu Zeit Aufmerksamkeit bekommen und gefeiert werden. Lade das kleine Kind, das du einst gewesen bist und das als Seelenaspekt noch immer in dir wohnt, in deinen Herzensraum ein und begrüße es liebevoll … Fühle die Liebe in deinem Herzen. Sie heilt. Hier findet Versöhnung statt. Vor allem, wenn der Beginn deines Lebensweges steinig war. Dann braucht das Kind in dir Trost und Zuspruch. Gib ihm alles, was es braucht, um gesund, glücklich und fröhlich zu sein. Du kannst dem Kind in dir alles sagen, was dich seelisch bewegt. Sei stets liebevoll dabei …

Dann höre, ob es dir auch etwas sagen möchte, ob es einen Wunsch oder eine Bitte hat. Manchmal sind noch sehr alte Bedürfnisse offen. Vielleicht hat es auch eine Botschaft für dich. Höre ihm einfach eine Weile zu … Dann umarme es in Gedanken liebevoll und verabschiede dich von ihm mit dem Versprechen auf ein baldiges Wiedersehen. Du weißt nun, wo es wohnt und was es braucht. Die Vergangenheit ist vorbei. Ihr beide, du und dein inneres Kind, könnt sie nun loslassen …

„Ich sehe mein inneres Kind gesund, glücklich und fröhlich!"

10. Dezember: Geborgenheit

Wenn dir die inneren Bilder deiner Kindheit, die du in deinem Gedächtnis abgespeichert hast, nicht gefallen, dann beginne damit, sie zu verändern, bis sie so aussehen, wie du es gern gehabt hättest. Gestalte und erlebe es noch einmal ganz neu und schenke dir heute selbst die Geborgenheit, die du gebraucht hättest. Jetzt kann dein Bild harmonisch werden, und du selbst wirst wieder ein Stückchen heiler.

„Ich gebe mir selbst Geborgenheit. Tief in meinem Inneren fühle ich die Geborgenheit, die ich einst mitbrachte auf diese Welt."

Ein **Traumfänger** kann **Schutz und Geborgenheit** vermitteln. Ans Fenster oder übers Bett gehangen soll er schlechte Träume und negative Energien und Gedanken, die sich darin verfangen, transformieren. In der Regel besteht er aus einem runden geflochtenen Netz, an dem bunte Federn befestigt wurden, (siehe S. 5 unter der Widmung). Es gibt sie in zahlreichen Farben, Größen und Ausführungen für jeden Geschmack. Selbst als kleines Amulett oder als Anhänger sind sie erhältlich, um sie immer bei sich zu tragen.

11. Dezember: Verbesserung

Ab heute wird alles besser! Ich verspreche es mir hoch und heilig und weiß, dass es so ist! **Ich verbessere mein Leben**, indem ich ab heute **jeden Tag** einen negativen Gedanken bewusst in einen positiven Gedanken umwandle! So ändere ich auf Dauer mein Denken und erschaffe mir eine andere, bessere Welt. Ich beschreite neue Wege. Ein Leben lang. Ich habe mich dazu entschieden. Und so ist es. Die Würfel sind gefallen! **Welchen Gedanken schreibst *du* heute um?**

Diese Idee können wir weitergeben und andere Menschen animieren, das Gleiche zu tun. Damit nähren wir das kollektive Feld, wie es Rupert Sheldrake beschrieb, indem er die Theorie von den morphogenetischen (= formbildenden) Feldern formulierte. Alles ist durch unsichtbare energetische Informationsfelder mit allem verbunden. Es ist das kollektive Gedächtnis der Menschheit. Wenn viele Menschen das Gleiche denken und tun, werden Bewusstseinsfelder geschaffen. Wir verbinden uns energetisch miteinander. **Daher ist es so wichtig, unser Bewusstsein nur auf Gutes und Förderliches zu richten!**

Aus dem negativen Gedanken „Ich kann das nicht" wird jetzt:
„Ich verbessere mein Leben von Tag zu Tag!"

12. Dezember: Sternschnuppe

In diesem Moment zieht eine Sternschnuppe am Himmel vorbei. Nun ist sie deine „**Wunschschnuppe**". Schnell: **Wünsch dir was!**

Jeder Tag bietet uns die Gelegenheit zu tun, was immer wir möchten. Die Frage ist nur, ob wir diese Gelegenheit auch beim Schopfe greifen?! Zeit und Dauer spielen keine Rolle. Es geht allein darum, sich bewusst zu werden, was wir möchten – und es dann in die Realität hineinzubringen. **Alles beginnt mit dem ersten Gedanken!**

Wie gut ist dein Leben mit deinen Träumen gefüllt?
Heute darf ein neuer Traum oder ein neuer Wunsch hinzukommen! Du darfst in gespannter Erwartung sein, was sich ereignen wird …

Begeistere dich für dein Leben! Was kann dein allererster Schritt in Richtung der Verwirklichung deines Wunsches sein? Mache ihn innerhalb von 24 Stunden und tue es nur für dich, für deinen Weg. Gib dir selbst das Versprechen ab: **Heute sorge ich gut für mich!**

„Ich habe gute Gedanken, die sich als Träume tarnen."

13. Dezember: Liebe

Wenn wir Liebe teilen, vermehrt sie sich! Heute denken wir wieder an andere. So geht es immer im Wechsel. Alles braucht einen Ausgleich. Wenn wir gut für unsere Bedürfnisse gesorgt haben, können wir gestärkt und genährt auch wieder für andere da sein.

Liebe heilt alles. Selbst alte seelische Wunden können durch die Kraft der Liebe heilen. Leid und Kummer werden gelindert und wir tanken neue Energie. Liebe ist unendlich. Es gibt ein schönes Sprichwort: „Liebend Auge ist ein milder Richter." Liebe verzeiht. Es wird uns weich, warm und weit ums Herz, wenn wir bedingungslose Liebe senden und empfangen: Wir fühlen Frieden, Freude und ein Lächeln. Um unsere Liebe und Zuneigung zu zeigen, gibt es die schöne Redewendung, jemanden an sein Herz zu drücken. Wen möchtest du heute ans Herz drücken? Tue es in Gedanken oder real, je nach Möglichkeit. **Liebe und Glück gehen Hand in Hand.** Wo Glück ist, da ist Liebe – und umgekehrt. Sie schimmert in rosafarbenem Licht in der Seele …
Die Liebe im Herzen zu tragen, das ist es, worauf es ankommt!

„Ich bin liebevoll zu mir und zu anderen!"

Heute ist „**Luciatag.**" Er soll uns an das Licht, das in allem Lebendigen leuchtet, erinnern. Wenn du magst, bitte die Heilige Lucia hinzu, um dich zu unterstützen. Sie bringt Licht und Liebe hinein, wo es gebraucht wird und trägt sie von Herz zu Herz. In den Augen deines Gegenübers kannst du stets erkennen, wenn **echte Liebe** im Spiel ist. Augen lügen nicht. Das Herz auch nicht.

Zünde das Licht der Liebe in deinem Herzen an! Sieh vor deinem inneren Auge dieses Licht und die Liebe von deinem Herzen aus zu den Herzen der anderen, die dir am Herzen liegen, fließen. Wisse, dass es jetzt geschieht! **Ätherisches Rosenöl** in der Duftlampe kann diese schöne Stimmung unterstützen und fördern.

14. Dezember: Vergebung

Wenn eine Versöhnung auf persönlicher Ebene nicht (mehr) möglich ist, so ist es von besonderer Wichtigkeit, dass wir vergeben. Vergebung findet im Herzen statt, und nur hier. Sie muss ehrlich gemeint sein und wir müssen sie FÜHLEN, nicht nur sagen. Dann können wir verzeihen und schließlich loslassen und die alten Fesseln, die uns aneinanderbanden, lösen. Wir können die Last der Vergangenheit loslassen. Wir sind nicht mehr bereit, länger zu leiden. Es würde nur wertvolle Lebenszeit vergeuden.

Wer aus ehrlichem Herzen heraus vergibt, löst die schicksalhafte Verknüpfung – und das Rad des Ausgleichs kann aufhören sich zu drehen. Eine segensreiche Tat für beide Seiten! Alles, was nicht in der Liebe ist, kommt zur richtigen Zeit ans Licht, um geheilt zu werden.

Vergebung ist ein Geschenk, das du dir selbst machst!

Alles, was in uns verhärtet und verkantet, starr und schmerzhaft war, kommt nun ins Fließen. Wir kommen wieder in die eigene Kraft. Und in die Liebe. Es gibt eine hilfreiche Regel:

Vergib, bevor der Tag endet!

Mache deinen Frieden und nimm es nicht mit in den Schlaf. Symbolisch hilft es, wenn wir die alten Verstrickungen in Gedanken „durchschneiden" wie einen Faden oder einen Strick. Löse bestehende Knoten. Damit löst und löschst du sie auch in deinem Geist. Wenn wir wahrhaft vergeben, verliert die Vergangenheit ihre Macht:

Frieden und Seelenfrieden sei nun und für alle Zeiten!

Wir erkennen tief in unserem Innersten, dass nichts, was je geschah, unseren strahlenden Wesenskern berührt hat. Den kleinen göttlichen Funken, den wir alle in uns tragen, der für immer ist und in der geheimen 5. Kammer unseres Herzens wohnt. Es ist die ewige Flamme, auch das Licht Gottes oder göttliches Licht genannt. Sie hat die Größe eines Atoms – und doch ist diese kleine Flamme alles, was uns ausmacht. Sie ist gleichzeitig unser inneres Wesen, das sich nichts mehr von uns wünscht, als dass wir uns im Innersten mit ihm in Frieden verbinden. Dann machen wir auch unseren Frieden mit dem Außen.

Eine Übung:
Lege deine Hände auf die Stelle deines Körpers, in der du Unbehagen spürst. Sage dir in Gedanken und **fühle** dabei:

„Alles ist vergeben und vergessen! Ich vergebe und bin frei!"

15. Dezember: Tatkraft

Wem kannst du, heute und auch in der nächsten Zeit, Kraft und Unterstützung geben? Wo braucht es gerade deine Nächstenliebe und deine Tatkraft, deine „tätige Kraft" in Aktion? Wer in deiner Nähe, aus dem Freundeskreis oder Familienkreis könnte mal wieder eine kleine Freude und Unterstützung gebrauchen?

Nutze diese Tatkraft so kurz vor den Feiertagen auch für deine eigenen Belange. Prokrastinieren, das Aufschieben von Dingen, gilt nicht. Nichts wird vertagt. Wir schreiten jetzt voller Tatkraft voran!

Was soll dieses Jahr unbedingt noch über die Bühne gehen?
Was willst du erledigen, damit es im alten Jahr bleibt? Tue es!

Überwinde deinen inneren Schweinehund, kremple die Ärmel hoch und lege los. **Schreite zur Tat!** Das belebt. Von allein ändert und erledigt sich nichts. Im Anschluss an unsere Taten dürfen wir das Wohlgefühl genießen, das sich einstellt, wenn Aufgeschobenes und Aufgehobenes endlich erledigt wurde. Wenn wir die anstehenden Feiertage in Ruhe verbringen wollen, schadet gute Vorbereitung nicht.

Wenn du dich gerade energielos oder lustlos fühlst, suche nach etwas, das dir neuen Schwung verleiht. Was kann dich motivieren? Kannst du dir eine klitzekleine Belohnung in Aussicht stellen?

„Voller Energie und Schwung gehe ich die Dinge des Lebens an!"

16. Dezember: Toleranz

Toleranz ist eine gefühlsmäßige Beurteilung von Situationen oder anderen Menschen. **Wir haben stets die Wahl**, wie wir auf etwas oder jemanden reagieren. Wir können beobachten, ohne zu beurteilen und frei von allen Vorstellungen und Erwartungen sein, wie die anderen zu sein haben, und die Menschen nehmen, wie sie sind oder wie sie sein *wollen*. Jeder hat das Recht, so zu sein, wie er/sie es für richtig hält, ob uns das nun gefällt oder nicht, sei dahingestellt.

Toleranz ist, es **anzunehmen, wie es ist**, ohne es zu bewerten, weder in Gut noch in Schlecht. Sollte das Verhalten anderer mir gegenüber inakzeptabel sein, habe ich die Wahl, die Situation zu verlassen. Ich kann auch einfach gehen und den anderen sein lassen, wie er ist. Ich werde ihn oder sie sowieso nicht ändern. Da kann ich mir meine Energie auch sparen und für Wichtigeres im Leben verwenden, nämlich für die Dinge, die in *meiner* Macht stehen, die *ich* beeinflussen kann. Und das sind *meine eigenen* Belange und Angelegenheiten sowie alles, was *mich* und *mein* Verhalten angeht.

Wie ich über andere denke und rede, so werde auch ich behandelt. **Ich entwickle Güte und bringe Verständnis auf**, denn jeder folgt seiner eigenen Lebensauffassung, so gut er oder sie eben kann. Das hilft mir enorm bei allen zwischenmenschlichen Begegnungen, vor allem mit mir nahestehenden Menschen an Feiertagen und auf Festen. Ich werde durchlässig und ziehe mir die Schuhe der anderen nicht an. Ich übe mich im Vergeben und Verzeihen und bin mir bewusst: Jeder kann mein Lehrer oder meine Lehrerin in Sachen Toleranz sein!

„Ich bin nachsichtig – mit mir und mit dem Rest der Welt!"

17. Dezember: Verzeihen

Was kannst du noch verzeihen, damit du es nicht mit ins nächste Jahr schleppen musst? Wo braucht es noch einen Ausgleich? Was muss ins Gleichgewicht gebracht werden, damit es endlich in die Harmonie kommen kann? Wir können uns beispielsweise auch noch nachträglich entschließen, unsere Eltern oder Geschwister usw. einfach zu mögen und ihnen zu verzeihen, sogar wenn sie nicht mehr leben sollten. Wenn sie es besser gewusst hätten, hätten sie sich uns gegenüber anders verhalten. Wir alle können unseren Mitmenschen nur geben, was wir selbst erlebt und gelernt haben und als Anteil in uns tragen. **Lassen wir es einfach gut sein und vergessen wir es!**

Auch Auswandern hilft hier nicht. Wir nehmen unser (emotionales) Gepäck stets mit. Wenn wir unsere Beziehungen befrieden, müssen wir auch nicht mehr vor ihnen fliehen.

Du kannst das Verzeihen und Loslassen im Rahmen einer kleinen Meditation auch mental zelebrieren:

Stelle dir die Person, mit der du ein Thema hast, vor. *Fühle* sie ... Formuliere in dir den tiefen Wunsch und die Sehnsucht, alles möge vergeben und verziehen sein, jetzt und für immer. Richte diesen Wunsch an die Seele des oder der anderen. <u>Wisse:</u> Auf der Seelenebene ist alles möglich. Heilung beginnt stets hier. Sie ist für immer.

In diesem Moment geschieht es: Sieh vor deinem inneren Auge, wie sich alles klärt und (er-)löst und Frieden und Harmonie einkehren. **Fühle die Erleichterung darüber!** Das reinigt und klärt deinen Geist und deine Seele. Du wirst diese Erleichterung auch auf der körperlichen Ebene wahrnehmen. Atme dazu nun ganz tief ein – und mit einem tiefen (lauten) Seufzen wieder aus. Wiederhole und genieße es!

<u>„Ich verzeihe aufrichtig und es geht mir gut damit!“</u>

18. Dezember: Rückzug

Wenn wir den Wald vor lauter Bäumen nicht mehr sehen, kann es helfen, die Einsamkeit bewusst zu wählen. Nur in der Stille können wir unsere innere Quelle anzapfen und aus den Tiefen unseres Seins schöpfen. Hier können wir aus uns selbst heraus Kraft beziehen. Gerade wenn Veränderungen in unserem Leben anstehen, was meistens der Fall ist, hilft uns ein Rückzug, unseren Kompass neu auszurichten. **Zeiten der inneren Einkehr** ermöglichen es uns darüber hinaus, wieder mit uns ins Reine zu kommen. Wir begegnen uns selbst – und damit der wichtigsten Person in unserem Leben!

Wir können uns zentrieren, wenn wir etwas tun, das unsere Aufmerksamkeit weckt und uns gleichzeitig entspannt, wie beim Ausmalen von Mandalas. Das Wort Mandala stammt aus dem Sanskrit und bedeutet Kreis. Mandalas sind konzentrische Kreise, die harmonische Muster beinhalten. Malen wir sie von außen nach innen, zentrieren wir uns. Malen wir sie von innen nach außen, öffnen wir unseren Geist. Dadurch dient das Ausmalen von Mandalas sowohl der **Meditation** als auch der **Konzentration**. Es ist für alle geeignet, denen bloßes Sitzen und Meditieren zu langweilig oder zu langatmig ist.

Eine weiche Decke kann uns **Geborgenheit** schenken. Wir können uns in sie zurückziehen und nahezu in ihr verschwinden. Sie umgibt und schützt uns, wärmt und tröstet. Unter der Decke sind wir nur noch von unserer eigenen Energie umgeben. Wir können uns wieder **aufladen, neue Kraft schöpfen** und unsere Selbstheilungskräfte aktivieren. Die wohltuende Wärme unterstützt diesen Prozess. Kapsel dich ruhig mal ein bisschen von der Welt ab, frei nach dem Motto:

„Heute habe ich keine Sprechstunde. Dieser Moment gehört mir!"

19. Dezember: Schutzengel

Engel gelten in zahlreichen Religionen als **Götterboten**. Als himmlische Wesen des Lichtreiches können sie gerufen werden, um uns zu schützen, zu helfen und unterstützen. Hat dein Schutzengel einen Namen? Was bedeutet er für dich?
Du kannst ihm auch Fragen stellen. Die Antwort wird spontan kommen, ohne dein Nachdenken oder Zutun. Heute hat dein Schutzengel eine Botschaft für dich. **Erkenne die Zeichen!** Viele Dinge wissen wir, bevor wir sie „wissen" können. Stets kommen die Antworten still, liebevoll und unaufgeregt zu uns. Das ist wahre **Engelmagie**!

Wir können unseren Schutzengel für eine besondere Situation auch zu einer anderen Person schicken, die ihn gerade benötigt. Dazu können wir ihn in Gedanken einfach beauftragen.
Ein Beispiel: Wenn unsere Tochter als kleines Kind nicht schlafen konnte, habe ich ihr abends meinen Schutzengel ans Bett geschickt. Auch zu wichtigen Terminen, Prüfungen und Klausuren etc. habe ich ihn stets losgeschickt. Es hat immer funktioniert! Wem kannst du heute einen Engel schicken? Bedanke dich im Anschluss bei ihm:

„Mein Schutzengel, ich danke dir für deine Unterstützung!"

20. Dezember: Kraft

Was gibt dir Kraft? Woraus kannst du neue Kraft beziehen? Gedanken und Worte der Kraft bringen uns (Seelen-)Heil. Mit ihnen bejahen wir das Leben. Suche dir heute bewusst **ein kleines Ritual**, bei dem du leicht und schnell **Energie und Stärke** tanken kannst. Es sind die einfachen Dinge, die uns im Leben weiterbringen, ohne großes Brimborium. Wähle eine Technik, die simpel ist und sich jederzeit, (auch unbemerkt), kurzfristig einschieben lässt, wie diese Übung:

Wir können uns auf unseren Atem konzentrieren und eine Welle von Energie und Kraft durch unseren Körper strömen lassen. Mit jedem Einatmen nehmen wir diese Energie und Stärke nun in uns auf …

Wir können gleichzeitig oder alternativ dazu **ein einziges Wort** wie „Kraft" oder „Liebe" in Dauerschleife affirmieren, oder welches Wort auch immer dir Kraft gibt. Bei welchem Wort kannst du auftanken?

Am besten ist es, sich **kleine Kraftpolster** für verschiedene Zeitspannen zurechtzulegen und diese dann in den Alltag und in die Freizeit zu integrieren. Das kann von wenigen Sekunden bis zu einer Minute reichen, 5-10 Minuten, einer Stunde oder einem halben bis einem ganzen Tag, je nach Möglichkeiten. Wenn wir es uns in unserem Kalender notieren, wird es verbindlicher. Das kann helfen, es zeitlich besser zu planen und tatsächlich regelmäßig umzusetzen. Wisse:

„Alle Kraft ist in mir!

21. Dezember: Wandlung

Wir gehen heute von der Dunkelheit ins Licht. Am 21. oder 22. Dezember ist die Zeit des astronomischen Winteranfangs und der **Wintersonnenwende**. Es ist ein altes **Sonnenfest**, an dem in der dunkelsten Nacht des Jahres die **Wiedergeburt der Sonne** gefeiert wird, die Geburt des Lichts, das ab heute noch drei Tage braucht, um sich zu stabilisieren. Dann erst nehmen wir die Veränderung wahr.

Das neue Licht beginnt über die Nacht zu siegen, die Tage werden wieder länger, die Nächte kürzer. Die Sonne gewinnt jeden Tag an Kraft, und das Rad der Zeit dreht sich weiter. Das neue Licht will auch in uns empfangen werden, für eine neue Runde im Erdkreislauf. Nun vollzieht sich auch die innere Wandlung, analog zur äußeren. Feiern wir heute die Wiederkehr des Lichts. Alle Wunder werden im Licht gesehen!

Diese Nacht gehört zu den Raunächten. Die Schleier zur Anderswelt sind heute dünner. Wir können aufräumen und putzen, eine Kerze anzünden, räuchern, eine Orakelkarte ziehen sowie einen Segen oder Wünsche für das kommende Jahr aussprechen. Wir können heute alles tun, was die guten Kräfte und Energien aktiviert und erhöht.

„Wir können den Wind nicht ändern, aber die Segel anders setzen." (Aristoteles)

22. Dezember: Weisheit

Die Quelle aller Weisheit liegt in dir. Das ganze Himmelreich ist in dir, in der Essenz deines Seins. Es geht um die Art und Weise, wie wir unser Wissen, das wir im Laufe unseres Lebens angesammelt haben, anwenden. Treten wir nun gemeinsam **eine kleine Reise** an:

Stell dir vor, du könntest die Uhr vorstellen und für einen Moment in deine Zukunft reisen und dir deinen Lebensfilm ansehen Du bist gereift und befindest dich bereits seit einiger Zeit im Ruhestand. Sieh dich als weise alte Frau oder als weisen alten Mann und halte eine Rückschau auf dein bisher gelebtes Leben:
Ist es so geworden, wie du es dir einst vorgestellt hattest? Was war wichtig in diesem Leben? Was kannst du *heute* daraus lernen? Welche Botschaften hat dein weises, altes ICH an dich, die du noch umzusetzen in der Lage bist? Einfach weil du noch Zeit hast dazu.

Was ist es noch? Ist dein weises ICH zufrieden oder hat es Aspekte seines Lebens, die ihm doch einst wichtig waren, gar nicht gelebt? War irgendetwas zu viel oder zu wenig vorhanden? Es kann auch etwas aufgehört oder losgelassen werden. Du hast nun die einmalige Gelegenheit, die Weichen neu zu stellen! An welchen Schrauben muss noch gedreht werden? Vielleicht braucht es auch ein paar neue, glänzende Schräubchen anstelle der alten und verrosteten?

> **„Wenn der Wind der Veränderung weht,**
> **bauen die einen Mauern und die anderen Windmühlen.“**
> (Chinesische Weisheit)

Baue deine eigene Windmühle und lass ihre Flügel im Wind sausen! Nutze die ganze Kraft und Energie, die dadurch entsteht, für eine Veränderung, wo es einer bedarf! Höre auf deine **innere Weisheit**, auf die Weisheit deiner Seele und deiner inneren weisen Frau, deines inneren weisen Mannes. Sie sind ein Teil von dir. Kehre mit ihren Botschaften anschließend bewusst wieder zurück ins Hier und Jetzt und nimm deine Chance wahr, entsprechende Veränderungen einzuleiten. Du hast noch Zeit dazu. **Welch ein Geschenk!**

Wir können aus jeder **Erkenntnis** einen spirituellen Gewinn ziehen. Erzähle der Welt von deinen Erfahrungen. Weise handeln bedeutet auch, sich so zu verhalten, dass es dem höchsten Wohle allen Lebens überall dient.

„Ich öffne mich für meine innere Weisheit!“

23. Dezember: Vorbereitung

Öffne dich innerlich für das Neue und für das, was in deinem Leben wirklich wichtig ist. Sei bereit und sei gegenwärtig. Nur im Hier und Jetzt kann deine Intuition dich erreichen, deine innere Stimme. Sie wird dir den Weg weisen, der nun der richtige für dich ist. Im Geiste weißt du es bereits. Du kannst die Wahrheit und Wahrhaftigkeit stets *fühlen*. Sie liegt hinter der sichtbaren Form. Wenn du in deine innere Stille gehst, stellst du die Verbindung zu dir selbst wieder her. Dann bist du mit deiner inneren Quelle verbunden.

Eine Meditation:
Stelle dir einen inneren blauen See vor. Er ist tief in dir verborgen, in den Tiefen deines Seins. Nur du kannst ihn sehen und erreichen. Er wird gespeist von deiner inneren Quelle, die unaufhörlich sprudelt. In ihr ist alle Weisheit enthalten, deine eigene und die kollektive Weisheit allen Seins zwischen Himmel und Erde.

Wo entspringt deine Quelle? Wie groß und tief ist sie? Welche Farben gibt es dort noch? Gibt es Licht und Schatten? Sind Geräusche da? Ist die Quelle eher ruhig oder lebhaft und sprudelnd? Ist sie eher flach oder tief? Gibt es Untiefen? Wohin fließt und mündet sie? In was verwandelt sie sich? Gibt es einen Wasserfall, der sich aus ihr ergießt?

Wo in deinem Körper spürst du deine Quelle? Im Kopf, im Herzen oder im Bauch vielleicht? Welche ihrer Eigenschaften nimmst du in dir wahr? Lass deine Gedanken schweifen und fühle einfach. Spüre in dich hinein und „erspüre" deine innere Energiequelle. Sei ganz wachsam und anwesend im Hier und Jetzt. Lass dir Zeit dazu ...

Bewusst gehen wir **vom Denken zum Fühlen** über, um uns mit unserem Inneren zu verbinden. Wir können den Geist dabei ganz leer werden lassen. Sei ganz du selbst. Genieße die Ruhe in der Meditation. Diese Zeit dient deiner Regeneration ...

Bade in deinem inneren See und tauche ein in die Unendlichkeit deiner Seele. Wasche alles ab, was du loslassen möchtest, und mache dich frei für Neues. **Alte Wunden heilen jetzt – und alles ist gut.**

Alle Antworten auf alle Fragen findest du hier, in deinem blauen Seelensee. Sei still und lausche. Dein inneres Licht wird kommen und die Dunkelheit ablösen. Es kommt aus deiner Quelle. Es war immer da.

„Ich bin bereit, alles Gute in mein Leben zu lassen!"

24. Dezember: Licht

Das Licht ist da! Es leuchtet für alle!

Heute feiern wir die Ankunft des Lichts, das nun sichtbar wird, und gleichzeitig das Fest der Liebe. Weihnachten ist das Fest der Liebe und des Lichts. Es ist eine heilige Zeit, die wir nun begehen dürfen, unabhängig davon, welcher Religion wir uns zugehörig fühlen. **Das Licht der Liebe ist heute das größte Geschenk.** Es ist zeitlos und immerwährend. Heute hat es sich in uns erneuert. Dieses Licht trägst du auch in dir. Jedes Atom und jede Zelle ist schwingendes Licht.

Lass dein inneres Licht heute besonders hell leuchten und strahle es in die Welt hinaus. Spüre die goldene Flamme in deinem Herzen lodern. Dann lass sie sich ausdehnen und alles um dich herum in ein **goldenes Segenslicht** hüllen. Die Farbe **Gold** ist der **Sonne** zugeordnet. Sie verleiht uns Glücksgefühle. Darüber hinaus hilft sie gegen Depressionen und Angstgefühle, was gerade in der dunklen Jahreszeit von Vorteil ist. Sie bringt Licht in die Seelen der Menschen.

Heute, um Mitternacht, in der Nacht vom 24. auf den 25. Dezember, beginnen die **12 Raunächte**. Sie füllen die fehlenden Tage zwischen dem Mondjahr, das mit seinen 12 Mondphasen während des Jahres etwa 354 Tage andauert, und dem Sonnenjahr mit seinen 365 bzw. 366 Tagen auf und befinden sich stets in dieser Zeit zwischen den Jahren. Sie dauern vom 24. Dezember bis zum 5. Januar. Jede Raunacht steht darüber hinaus thematisch für einen der zwölf Kalendermonate. Die heutige erste Raunacht gehört damit zum Monat Januar.

Die Raunächte gelten seit jeher als magisch und mystisch. Sie stellen eine Brücke zwischen den Zeiten und zwischen den Welten dar. Nun bereiten sie uns auf die Geschicke des neuen Jahres vor. Die Portale zur Anderswelt öffnen sich während der Raunächte und der Torweg steht uns nun für eine Weile zur Verfügung. Die Schleier lichten sich, auch in unserer Traumwelt. Wir werden sensibler, feinfühliger.

Achte auf die Zeichen bei Tag und auf deine Träume in der Nacht. Alles ist in Licht aufgezeichnet. Alles, was wir in der materiellen Welt erleben und erleben werden, hat sich im Vorfeld durch die Energie unserer Gedanken und Gefühlen manifestiert. Doch zuerst sind die Träume da. Notiere sie dir, um sie dir zu merken. Sie wollen dir etwas über dein Unterbewusstsein mitteilen, was wichtig für dich ist.

„Ich lasse das goldene Licht des Segens in meine Seele scheinen!"

25. Dezember: Freude

Heute soll bewusst die Freude gelebt werden! Sie nährt die Seele und den Geist. Wir wollen im Leben nicht bloß glücklich sein, wir wollen **bleibende Freude durch bleibende Erinnerungen** erleben. Das ist weit mehr, das geht tiefer!

Mache dir und anderen Menschen eine Freude, genießt das Beisammensein und stärkt gemeinsam eure Wurzeln. Dazu gehört auch, weise zu wählen, wen wir an den Feiertagen sehen wollen und wen lieber nicht. Pflichtbesuche machen niemandem eine Freude. Es muss aus dem Herzen kommen, dann sind wir in der Lage, echte Freude, Zufriedenheit und Dankbarkeit zu spüren und sie auch anderen zu zeigen.

Es kommt darauf an, wie wir die Angelegenheiten und die Beziehungen zu anderen Menschen, die uns im Leben begegnen, wahrnehmen und interpretieren, worauf wir unsere Achtsamkeit richten. Was ist wirklich wesentlich? Welche Personen gehören dazu?

Die Antwort ist das Rezept zu deiner Freude!

Wir bleiben eher in Balance und die Widrigkeiten des Lebens wiegen nicht mehr so schwer. Manchmal können wir die Dinge auch in einem neuen Licht sehen. Dabei hilft uns ein Wechsel der Perspektive. Wir können die Freude wieder im Kleinen und Alltäglichen entdecken:

Wertschätzen, was ich habe – und den Moment genießen!

Daraus können wir neue Kraft schöpfen. Wir erfahren die **Freude als Kraftquelle**. Unser Körper schüttet das körpereigene Hormon Serotonin aus, das der Stimmungsregulierung dient, wodurch Zufriedenheit und innere Ruhe empfunden werden. Das Glücksgefühl gesellt sich ganz von allein dazu. **Genieße den Spaß an der Freude!** Sorge auch insgesamt das ganze Jahr hindurch für mehr Freude in deinem Leben! Wir können unsere innere Waage auf der Seite für die Freude jeden Tag bewusst füllen!

Die **1. Raunacht**, die heute um 0 Uhr begann, steht für die Basis im Leben, für deine Wurzeln, deine Familie, deine Ahnen, dein gesamtes soziales Gefüge mit allen Menschen und Tieren, die dir etwas bedeuten. Sie kann dich heute und im ganzen Monat **Januar** unterstützen.

„Ich ruhe sicher in meiner Basis, meiner Quelle für Kraft und Freude!"

26. Dezember: Frieden

Wenn wir Frieden in unserem Inneren fühlen, in Geist und Seele, strahlen wir das auch aus. Dann finden wir in unserem Umfeld ebenfalls Frieden. **Was erfüllt dich innerlich mit Frieden?**

Gute und freundlich gesinnte Gedanken verursachen ebensolche Gefühle: „**Zu-frieden-heit**"! Weihnachten ist ein Gefühl. Stets sollte es von Freude, Frieden, Harmonie und Mitgefühl erfüllt sein. Fangen wir bei uns an – und seien wir selbst ein Vorbild für andere.
Was immer auch sei: Ich wähle immer den friedlichen Weg. <u>Wisse:</u> Ein Kampf oder Krieg kann nicht gewonnen werden. Es gibt immer Opfer. Die Behauptung, jemand hätte ihn gewonnen, ist allein aus diesem Grund eine Illusion, die nur das Ego bedient und nicht den Tatsachen entspricht. Da bin ich doch lieber für den Frieden!

Die **2. Raunacht** steht für unsere innere Führung. Sie repräsentiert darüber hinaus den Monat **Februar**. Wenn es friedlich und still in uns wird, können wir der Stimme unseres höheren Selbst lauschen, was sie uns mitzuteilen hat. Wir müssen sie nur fragen. Alle Antworten sind bereits da. Sie müssen lediglich abgerufen werden. In Ruhe und in Frieden mit uns selbst und mit dem Rest der Welt. Denn:

„Das Herz kennt den Weg." (Buddha)

<u>**Machen wir eine kleine Übung zum Thema innerer Frieden:**</u>

Meditiere kurz über das Wort FRIEDEN. Lass es durch deinen Körper schwingen und sich in dir ausbreiten. Worte haben eine eigene Energie, je nachdem, was sie ausdrücken. Liebevolle Worte tragen auch eine liebevolle Schwingung in sich. Spüre das Wort FRIEDEN nun in dir. Fühle, wie der Frieden sich in dir ausbreitet, in deinem Geist sowie in deinem Körper. Wie du innerlich ganz ruhig und entspannt wirst, ganz friedvoll. Denke einfach immer nur wieder: **Frieden** ...

<u>**Auf einer Skala von 1 bis 10:**</u> Wo steht dein Regler für inneren Frieden jetzt? Kannst du ihn etwas weiter nach oben schieben? Es ist alles allein durch die Kraft der Imagination möglich und geschieht auf der Emotionsebene. Wie fühlst du dich nun?

Dies ist eine schöne Übung für alle Fälle, wo es mehr inneren Frieden braucht. Denke dir dabei:

<u>„Der Frieden ist in *mir*!"</u>

27. Dezember: Harmonie

Heute ist Tag der Harmonie! Ich mache ihn ganz bewusst dazu! Der Trubel der vergangenen Tage ist vorbei und ich tue heute etwas *für mich*. Das Zeichen der Harmonie unterstützt mich dabei. Es ist die 8 – die liegende Acht, das Unendlichkeitszeichen, auch Lemniskate genannt. Sie ist ein mathematisches Zeichen, das die Unendlichkeit und das ewig Wiederkehrende symbolisiert. Sie bringt uns in Harmonie und in Einklang mit Körper, Geist und Seele und dient darüber hinaus als Schutzzeichen.

Es gibt eine kleine, entspannende Übung dazu:
Zeichne die liegende 8 zuerst in die eine Richtung, dann in die entgegengesetzte Richtung, einmal mit der rechten Hand, dann mit der linken. Das bringt dich rasch in deine innere Balance zurück. Innere Anspannungen und Blockaden lösen sich auf, Stress wird abgebaut und beide Hirnhälften harmonisieren sich. Du kannst sie auch in Gedanken zeichnen oder in die Luft malen. Damit malst du das Zeichen in deine Aura, in dein Energiefeld, das deinen Körper umgibt.

Die 3. Raunacht bringt uns in die Öffnung des Herzens und gilt für den Monat **März**. Wenn wir innerlich in Balance und in Harmonie sind, fällt uns alles leichter. Öffnen wir unser Herz für die bedingungslose Liebe. Sie ist das Einzige, worauf es im Leben wirklich ankommt. Darüber hinaus ist sie auch das Einzige, was wir mitnehmen können, wenn wir eines Tages diese Erde verlassen. Tauche ganz tief ein in diese weiche und warme, das Herz öffnende Energie. Fühle:

„Alles ist in Harmonie!"

28. Dezember: Illusion

Nichts ist, wie es scheint. Ich lüfte den Schleier. Täuschungen lösen sich auf und ich sehe den wahren Kern der Dinge, das, worauf es *mir* wirklich ankommt. Die Dinge sind oft nicht so, wie sie erscheinen.

„Um klar zu sehen, genügt oft ein Wechsel der Blickrichtung."
(Antoine de Saint-Exupéry)

Schaue hinter den Vorhang der Dinge. Lüfte die Schleier und *fühle* die Wahrheit dahinter. Dann kommt das Echte zum Vorschein. Wahrheit und Gerechtigkeit werden sich zeigen und am Ende siegen. So will es das Gesetz der Resonanz, an das ich fest glauben will.

Die 4. Raunacht bringt die Auflösung derjenigen Dinge, die uns nicht mehr länger dienen. Sie steht sinnbildlich für den Monat **April**. Die **Blume des Lebens** kann uns hierbei unterstützen. Sie wird auch „Zirkelblume" genannt, da sie allein mit einem Zirkel gezeichnet werden kann. Sie gilt als Symbol für die Seele, für Erleuchtung und für die Vollkommenheit. Es handelt sich um ein sehr altes Symbol aus der **Heiligen Geometrie**, auf dem die Welt basiert: Es ist das Urmuster der Schöpfung.

Die Blume des Lebens bewirkt eine deutliche Energieanhebung und kann positive Veränderungen bei jeglichen negativen Energieeinflüssen und Belastungen bewirken. Sie erinnert unseren Energiekörper an seine ursprüngliche Vollkommenheit, die er einst besaß, und kann diese sogar wieder aufbauen. Es gibt dazu eine kleine **Übung:**

Stelle dir die Blume des Lebens als großes goldenes Sieb vor, das du in deinen Händen hältst. Recke deine Arme hoch über deinen Kopf und ziehe das goldene Sieb von oben nach unten durch deinen ganzen Körper, deine Aura, deine Chakren, durch dein ganzes Bewusstsein. Wie ein Filter nimmt es alles mit, was nicht (mehr) zu dir gehört. Wenn du das Sieb bis zu deinen Füßen geführt hast, schüttele es aus in Richtung Himmel. Der Himmel erlöst nun alles, was aus dir herausgelöst wurde und neutralisiert es. Du kannst dies mehrfach wiederholen, wenn du möchtest. Lass es eine Weile nachwirken ...

Jetzt kann Platz für die Vision von etwas Neuem entstehen. Dieses Bild, das schließlich in dir entsteht, erstrahlt in hellem Licht. Und aus dieser Vision werde Wirklichkeit, aus der scheinbaren Illusion werde Realität. Wir suchen uns unsere Form der Realität kraft unserer inneren Bilder selbst aus! Heute wähle ich für mich:

„Licht, Freude, Frieden und Gesundheit sind in mir!"

29. Dezember: Intuition

Intuition ist ein inneres Wissen, ein intuitives „Sehen", was zu tun ist. Ich fühle, was wichtig und richtig ist in meinem Leben und welche Lebens- und Lernaufgaben ich zurzeit habe. Es ist wie eine Offenbarung. Wenn wir in innerer Achtsamkeit auf unsere Intuition hören, können wir das Unsichtbare sichtbar machen. Es kommt darauf an, wo wir den Fokus hinsetzen, denn die Energie folgt stets der Aufmerksamkeit. Wenn wir sie nach innen richten, bekommen wir Zugang zu unserem Unbewussten und können Licht hineinbringen.

Es gibt Dinge, die wir tief in unserem Herzen wissen, instinktiv. Dazu brauchen wir nicht unbedingt in medialen Fähigkeiten geschult zu sein. Jeder Mensch kann es. Bereits Hildegard von Bingen kannte das „Kristallene Bewusstsein". Es bedeutet, Ahnungen und Visionen zu haben. Sie nannte es „die Schau". Auch die Telepathie gehört dazu. Wir fühlen und wissen, was andere denken. Wir fühlen Veränderungen lange bevor sie tatsächlich eintreten. Es gibt darüber hinaus Dinge in unserem Leben, die lange vorbereitet wurden ...

Die 5. Raunacht steht für die Menschen, mit denen wir uns in Liebe oder in Freundschaft seelisch verbunden fühlen, für unseren Seelenzwilling oder die Seelenpartnerschaft. Sie hat Bezug zum Wonnemonat **Mai**. Somit steht dieser Tag für alle Menschen, die unser Leben und Sein tief berühren, inklusive uns selbst mit unserem höheren Selbst, unserer inneren Stimme der Intuition, unserem Schutzengel, dem Seelenzwilling, den wir nie verlieren können. Das höhere Selbst ist ein tiefes Wissen und Bewusstsein, das weit über unseren begrenzten menschlichen Körper und Horizont hinausstrahlt.

Eine Übung zur Aktivierung des 6. Chakras, des Stirnchakras:

Massiere etwa 10 Sekunden lang das **Dritte Auge**, um deine Intuition und Fantasie anzuregen. Es ist der Ort unserer Intuition und Inspiration und sitzt mittig zwischen den Augenbrauen auf der Stirn. Ihm sind die Farben Indigo und Violett zugeordnet.
Lass dich inspirieren. Höre auf deinen Instinkt. Lausche auf Hinweise, die von außen kommen können und die etwas in dir zum Klingen bringen. Es kann auch ein Gedanke sein, der plötzlich auftaucht. Dir kann ein Buch begegnen oder ein Lied, das eine Botschaft für dich hat. Vor allem höre in dich hinein. Du weißt, dass deine innere Stimme zu dir gesprochen hat, wenn es ruhig und friedlich in dir ist. Die Wahrheit kommt immer ohne Drama, ohne Gängelung oder erhobenen Zeigefinger.

Erinnerst du dich an die alte Weisheit **„aller guten Dinge sind drei"**? Es bedeutet auch, innezuhalten, wenn dir etwas dreimal hintereinander begegnet oder du innerhalb kurzer Zeit dreimal denselben Menschen triffst, dasselbe denkst oder siehst. Dann sollten wir hinschauen und gucken, ob die jeweilige Situation eine Botschaft für uns bereithält. Es könnte ein Hinweis darauf sein, was jetzt dran ist. Die Drei ist eine magische Zahl. Sie ist die Zahl der Manifestation. Etwas will sich verwirklichen.

„Ich folge meinen inneren Eingebungen. Ich höre, was meine innere Stimme mir offenbart, und vertraue ihr!"

30. Dezember: Abschluss

Bewusst schließe ich dieses Jahr ab. Ich beende, was im alten Jahr bleiben soll, damit ich frisch und frei bin für den Übergang ins nächste Jahr. Ich habe Glück, denn ich habe einen kleinen Zeitpuffer. Wenn ich heute nicht damit fertig werden sollte, kann ich es auch morgen noch zu Ende bringen. Es ist alles eine Sache der Einteilung.

Die 6. Raunacht unterstützt uns dabei. Sie steht auch für den Monat **Juni**. Heute wird alles bereinigt. Im Innen wie im Außen. Wir können unser Zuhause aufräumen und saubermachen, Geliehenes zurückgeben und eventuelle Schulden begleichen. Wir können auch eine kleine Räucher-Zeremonie gestalten, um es bildlich zu machen. Die Kraft des Rauches ist transformierend. Der Rauch macht die Energie des Räucherstoffes sichtbar. Wir sehen mit eigenen Augen, wie die Dinge sich im Rauch aufzulösen beginnen. Das hat eine viel intensivere Qualität als eine Duftlampe. Wenn der Rauch sich verflüchtigt, bleibt nur noch ein zarter, unsichtbarer Duft übrig, der bereits eine Ahnung des Neuen in sich trägt. Aus alt wird neu.

Eine Imaginationsübung zum Abschluss und zur Bereinigung:

Ich forme mit meinen Händen in Gedanken eine Kugel aus Sonnenschein. Ich lege alle meine Sorgen hinein und vergrabe diese Kugel an einem sicheren Ort ... Eine zweite Kugel fülle ich mit all meinen Vorurteilen, starren Prinzipien und fixen Vorstellungen und vergrabe sie ebenfalls ... In eine dritte Kugel lege ich nun mein ICH hinein, mit allen Rollen, die es in diesem Leben spielt. Auch sie vergrabe ich vorerst ... Jetzt kann ich meine ganze Energie auf ein Ziel richten, das ich mir im Laufe des vergangenen Jahres überlegt habe. Ich fühle die innere Bereitschaft, mich für dieses Ziel zu engagieren ...

Nun hole ich mir die Kugel mit meinem ICH zurück und integriere es wieder in mich. Ich fühle die Kraft, die zu mir zurückkehrt!
Dann nehme ich die zweite Kugel hervor: Welche meiner alten Ansichten möchte ich zurückhaben? Werden sie mir bei der Erreichung meines Ziels dienen? Nur diese nehme ich mir wieder heraus.
Nun widme ich mich der ersten Kugel. Was ist mit meinen Sorgen? Ich werde mir bewusst, dass sie meist nur aus meinen Ängsten bestehen ... Will ich sie noch?
Alles, was ich nicht mehr haben möchte, vergrabe ich nun wieder. Es dient dem Boden als Dünger, damit Neues darauf wachsen kann ...

„Ich fühle mich frisch und frei!"

31. Dezember: Reflexion

Es ist Zeit für einen Rückblick. Nimm dir Zeit für einen Augenblick der Stille. Atme ein – und aus – … Lass dann das ganze vergangene Jahr Revue passieren … Was hast du erreicht? Was gelernt? Wozu können dir deine neuen Erkenntnisse dienen? Sie bereiten dich auf das Neue vor, das vor dir liegt. Manches mag dir wie eine Offenbarung erscheinen.

**„Was wir heute tun, entscheidet darüber,
wie die Welt morgen aussieht."
„Niemals war mehr Anfang als jetzt."**
(Walt Whitman)

Unsere Ansprüche und Vorlieben verändern sich im Laufe der Zeit, weil auch wir uns verändern, dazulernen und uns weiterentwickeln. Wir sollten daher immer mal wieder eine neue Runde darüber drehen. Wunderbare Gelegenheiten dazu bieten sich gerade zum neuen Jahr, in den Raunächten sowie an deinem Geburtstag. Jetzt können wir noch einmal ganz neu anfangen! **Was war, ist vorbei!** Ich lobe mich selbst für all das, was ich in diesem Jahr erreicht habe! Voller Zuversicht schaue ich jetzt nach vorne und erwarte nur das Beste. Das Feuerwerk um Mitternacht vertreibt den Geist des vergangenen Jahres und versprüht die bunte, schillernde Lebensfreude!

Die 7. Raunacht mag dir eine Vision des Kommenden schicken. Sie entfaltet ihre Wirkung darüber hinaus auch für den Monat **Juli**. Nicht umsonst wird in der Silvesternacht gerne orakelt. Die Energie dieses Tages eignet sich auch wieder hervorragend zum Räuchern. Das Räuchern schlägt eine Brücke zwischen dem Alten und dem Neuen. Wenn du den Rauch beobachtest: Kannst du bestimmte Formen erkennen? Wir können im Rauch wie in den Wolken lesen, auch einfach nur so zum Spaß. Mögen alle deine **Wünsche und Träume**, die deinem weiteren Weg dienlich sind, im neuen Jahr Erfüllung finden!

Nun ist dieses Buch jedoch nicht zu Ende. Dieser Tag ist auch der Auftakt für die nächste Runde in deinem Leben und im Erdensein. Beginne morgen von Neuem und schaue, wie die Dinge sich entwickelt haben, was sich schon verändert hat und wo es noch eines Wandels bedarf. Alles ist ständig in Bewegung – und auch wir entwickeln uns beständig weiter, von Jahr zu Jahr. **Freue dich auf neue Erfahrungen und Erkenntnisse!** Und so wünsche ich dir nun einen sanften Übergang ins Neue Jahr. **Mögest du in Balance und in Harmonie sein!**

„Die Zukunft wird sein, was wir daraus machen!"

Nachwort

Nach all diesen schönen Gedanken, die uns das ganze Jahr über begleitet haben, gehen wir jetzt vom DENKEN zum SEIN über. Wir sind unendlich viel mehr als unsere Gedanken! Und so dient dieses Buch schließlich auch unserer Bewusstseinserweiterung. Bei jedem Lesen ein bisschen mehr. Denn es ist so:

**„Du kannst nicht zurückgehen und den Anfang verändern.
Aber du kannst starten, wo du bist, und das Ende verändern!**
(C. S. Lewis)

Die Inspiration zu diesem Buchtitel kam ursprünglich durch meine Mutter. Irgendwann einmal hatte sie in einem ihrer regelmäßigen Briefe an mich geschrieben:

„Man muss sich öfter gute Gedanken verschaffen.“

Dieser Satz prägte sich mir ein. Er entspricht genau meinem Denken. Und er ist die Botschaft dieses Buches. Ja, man muss einfach öfter gute Gedanken haben. Das wollte ich mit diesem Buch vermitteln: Jeden Tag im Jahr bewusst wenigstens einen guten Gedanken zu pflegen. Wenn wir es uns angewöhnen, kultivieren wir mit der Zeit eine neue Gewohnheit – und die guten Gedanken vermehren sich von ganz allein wie ausgesäte Kressesamen.

Hier folgt nun noch die Auflösung zum Rätsel in der Einleitung:

„Glück besteht darin, herauszufinden, was das eine Notwendige in meinem Leben ist, und freudig auf den Rest zu verzichten.“
(von Thomas Merton) **Die Lösung lautet:** Es ist die Liebe!

Und so möchte ich dieses Buch mit einem letzten Zitat beenden:

**„Die Frage ist nicht, was man betrachtet –
sondern was man sieht.“**
(Henry David Thoreau)

Ich wünsche dir noch viele gute Gedanken!

Deine Autorin

Ich bin am 8. Dezember 1972 geboren und beschäftige mich seit über 25 Jahren mit alternativen Methoden, Verfahren und Techniken, durch die ich persönlich schon viele wunderbare Erfahrungen sammeln durfte. Diese ermöglichen mir u. a. die sinnvolle und einzigartige Kombination von unterschiedlichen erprobten und bewährten Methoden, um Körper, Geist und Seele wieder in Harmonie und in Balance zu bringen. Alles, was mir einst selbst geholfen hat, möchte ich gerne weitergeben. Mein Wunsch ist es, viele Menschen zu unterstützen, dass sie ihren Weg zu mehr Glück, Lebensfreude und Entspannung finden. Dazu biete ich gerne bedarfsgerechte und individuelle Beratungen und Coachings an.

Als Entspannungstrainerin und Psychologische Beraterin mit den Schwerpunkten Entspannung, Aromatherapie, Bachblüten und Energiearbeit gebe ich seit vielen Jahren Kurse und Workshops in Progressiver Muskelentspannung und in Autogenem Training für alle Altersstufen in Kitas, Grund- und weiterführenden Schulen sowie in Vereinen. Sinnvoll ergänzt und bereichert werden meine Kurse und Entspannungsstunden stets durch integrierte Fantasiereisen und Traumreisen sowie Kurzgeschichten mit tieferem Inhalt, die bereits seit über zehn Jahren in Buchform erscheinen. Es sind heilsame Geschichten, die die Menschen berühren sollen.

Inzwischen sind über ein Dutzend Bücher und Ratgeber von mir auf dem Markt zu verschiedenen ganzheitlichen Themen wie Entspannung, persönliches Wachstum, Gesundheit und Wohlbefinden für Jung und Alt, für Familien, Singles und Paare, für Erzieher*innen und Betreuer*innen sowie für Kurs- u. Übungsleiter*innen in Vereinen, Schulen, Kindergärten usw. Unter meinem Vornamen und Nachnamen erscheinen bei Amazon alle veröffentlichten Werke. Auch im Buchhandel vor Ort kann man Bücher von mir bestellen. Mittlerweile gibt es auf allen bekannten Kanälen im Internet auch Hörbücher meiner Fantasiereisen und Traumreisen mit Progressiver Muskelentspannung und Autogenem Training.

Wenn dir dieses Buch gefallen hat, freue ich mich über dein Feedback! Vielleicht magst du dir kurz etwas Zeit nehmen, um bei Amazon eine Bewertung und/oder eine kleine Rezension zu hinterlassen. Jedes Feedback hilft mir für künftige Bücher. So kann ich individueller auf die Bedürfnisse meiner Leser*innen eingehen. Darüber hinaus finden auch andere Interessierte das Buch leichter und können sich an den Bewertungen orientieren. Und vielleicht möchtest du es auch an andere liebe Menschen verschenken, die dir am Herzen liegen.

Wenn du weitere Fragen oder Anregungen hast, schreibe mir gerne eine E-Mail an: **manuela_thiel@hotmail.com**

Seit ein paar Jahren führe ich einen kostenlosen Blog mit vielen interessanten Infos, Bildern und Geschichten sowie Beiträgen rund ums entspannte Leben unter:

manuela-thiel.blogspot.com

Ich bin glücklich verheiratet und seit 1997 bin ich Mutter einer wunderbaren Tochter. Katzen gehören ebenfalls zu unserem Leben. Sie sind die wahren Meister der Entspannung!

Deine Autorin

Manuela Thiel

P.S.:

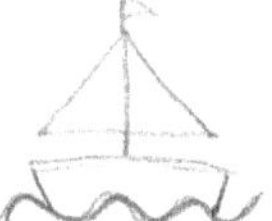

Ein Boot steht symbolisch für den Aufbruch zu neuen Ufern und in bisher unbekannte Gefilde. Es gilt auch als Symbol für das Loslassen.

Weitere Publikationen

- **Entspannungsreisen & Harmonie**
  Jeden Tag Urlaubsgefühle! Fantasiereisen mit Autogenem Training, Band 1

- **Kurzgeschichten & Entspannung**
  Jeden Tag Urlaub! Neue Fantasiereisen mit Autogenem Training, Band 2

- **Fantasiereisen & Erholung**
  Entspannung zu Hause mit Autogenem Training, Band 3

- **Traumfänger Fantasiereisen**
  Entspannung & Autogenes Training, Band 4
  Jetzt auch als Hörbuch!

- **Entspannung für mich!**
  Fantasiereisen & Progressive Muskelentspannung

- **Traumreisen für Kinder & Erwachsene**
  mit Progressiver Muskelentspannung, Band 1
  Jetzt auch als Hörbuch!

- **Traumzeiten für Kinder & Erwachsene**
  Traumreisen mit Progressiver Muskelentspannung, Band 2
  Jetzt auch als Hörbuch!

- **Traumwelten für Kinder & Erwachsene**
  Traumreisen mit Progressiver Muskelentspannung, Band 3

- **Trauminseln für Kinder & Erwachsene**
  Traumreisen mit Progressiver Muskelentspannung und Autogenem Training, Band 4

- **Traumpfade für Kinder & Erwachsene**
  Traumreisen mit Autogenem Training und Progressiver Muskelentspannung, Band 5

- **Märchen zum Entspannen**
  22 Grimms-Märchen für Kinder & Erwachsene: neu erzählt und aufbereitet mit Entspannungsübungen aus der Progressiven Muskelentspannung und dem Autogenen Training

- **Eine TIERISCHE Reise durch das ABC**
  Entspannungsgeschichten für Kinder mit Progressiver
  Muskelentspannung & Autogenem Training

- **Die kleine Schule des Autogenen Trainings**
  Angeleitete Traumreisen für Schulkinder;
  das Buch ist auch für Jugendliche & Erwachsene geeignet!

- **Der entspannte Weg zum Glück**
  35 Bausteine als Leitfaden und Ratgeber für ein entspanntes
  Leben im Hier & Jetzt!

- **Die mediterrane Leichtigkeit**
  Eine Novelle des Südens & Reiseimpressionen für
  entspannte Stunden & um die Seele baumeln zu lassen

- **Honeymoon & Sonnenschein**
  Eine Reise in die Provence; Reiseerzählungen zum
  Abschalten und Träumen

- **Die Energie des Himmels**
  Energiearbeit & Entspannung zur Selbsthilfe & Selbsthei-
  lung; ein Handbuch als Leitfaden und Ratgeber für alle Lebenslagen zur Erholung und Regeneration von Körper, Herz,
  Geist und Seele; mit angeleiteten Übungen & Meditationen

- **Die Engel der Bachblüten**
  Mit der Energie der Engel und der Bachblüten die Gefühle
  und Emotionen heilen

- **Im Zauber der Bachblüten**
  Lebensfreude, Harmonie & Optimismus mit den berühmten
  Blütenessenzen des Dr. Edward Bach

- **Im Zauber der Düfte**
  Ein Handbuch für Wohlbefinden & Lebensfreude durch
  Blumen, Pflanzen & Aromatherapie

- **Entspannt in den Schlaf**
  111 Gute-Nacht-Geschichten für Erwachsene mit Autogenem
  Training zum leichteren Einschlafen & Träumen

Einfach auf amazon.de **Manuela Thiel** eingeben, dann erscheinen
alle Bücher, E-Books und Hörbücher auf einen Blick!